A Modulação de Efeitos Temporais pelo STF no Controle de Constitucionalidade

1423

A958m   Ávila, Ana Paula Oliveira
        A modulação de efeitos temporais pelo STF no controle de constitucionalidade: ponderação e regras de argumentação para a interpretação conforme a constituição do artigo 27 da Lei nº 9.868/99 / Ana Paula Oliveira Ávila. – Porto Alegre: Livraria do Advogado Editora, 2009.
        182 p.; 23 cm.
        ISBN 978-85-7348-587-5

        1. Controle da constitucionalidade. 2. Anulação: Direito. 3. Nulidade: Direito. I. Título.

                                                        CDU – 342

            Índice para o catálogo sistemático:
            Controle da constitucionalidade   342
            Nulidade : Direito   347.13
            Anulação : Direito   347.13

(Bibliotecária responsável: Marta Roberto, CRB-10/652)

Ana Paula Ávila

A Modulação de Efeitos Temporais pelo STF no Controle de Constitucionalidade

PONDERAÇÃO E REGRAS DE ARGUMENTAÇÃO PARA
A INTERPRETAÇÃO CONFORME A CONSTITUIÇÃO
DO ARTIGO 27 DA LEI Nº 9.868/99

Porto Alegre, 2009

© Ana Paula Oliveira Ávila, 2009

Capa, projeto gráfico e diagramação
Livraria do Advogado Editora

Revisão
Rosane Marques Borba

Direitos desta edição reservados por
Livraria do Advogado Editora Ltda.
Rua Riachuelo, 1338
90010-273 Porto Alegre RS
Fone/fax: 0800-51-7522
editora@livrariadoadvogado.com.br
www.doadvogado.com.br

Impresso no Brasil / Printed in Brazil

*Ao Professor Almiro do Couto e Silva,
com carinho e admiração.*

*Para Georgia e André, minhas obras-primas,
com muito amor.*

"O direito – e, desde logo, o direito constitucional – descobre-se, mas não se inventa".

>RONALD DWORKIN,
>*La chaine du droit, in Droit et Societé,* 1/1985

Agradecimentos

Certa vez, quando eu era pequenininha e nem sabia o que era Constituição, minha mãe me corrigiu dizendo que a maior palavra da língua portuguesa não era paralelepípedo, e, sim *inconstitucionalissimamente*. Eu decorei esse palavrão, mas cresci sem entendê-la direito. Mais tarde, já na faculdade de Direito, tive que concluir que a tal palavra devia ser mesmo inútil, pois não a encontrara na literatura jurídica. Pois bem, levou pouco mais de 35 anos, mas consegui finalmente empregá-la! Assim, aos meus pais, Ana Maria e Luiz Celso, tenho que dizer obrigada, não só por todas as coisas úteis (afinal) que me ensinaram, mas também porque, de algum jeito, conseguiram me fazer crescer auto-confiante e destemida. A vida adulta vem depredando esse grande presente que eles me deram, mas foi muito bom enquanto durou!

Além deles, muitas pessoas contribuíram para a realização deste trabalho, que consiste na tese de doutoramento defendida perante a Universidade Federal do Rio Grande do Sul no ano de 2007. A banca examinadora, presidida pelo Prof. Dr. Almiro do Couto e Silva e composta pelos Professores Doutores Clèmerson Merlin Clève, Adroaldo Furtado Fabrício, Luis Fernando Barzotto, Itiberê de Oliveira Rodrigues e Rafael da Cás Maffini, conferiu ao presente trabalho a nota máxima, recomendando-o à publicação. A esses mestres, segue meu primeiro agradecimento, tanto pelo rigor científico com que conduziram suas argüições, o que só me envaideceu, como pela cordialidade com que manifestaram este rigor, fazendo daquele exame um momento que eu sempre gosto de recordar.

O Professor Almiro do Couto e Silva é o *meu mestre* desde que ingressei no curso de mestrado da Universidade Federal do Rio Grande do Sul, há dez anos. É um privilégio ter nele um amigo que me guia nessas aventuras jurídicas desde o início. A confiança que ele depositou em mim ao decidir me orientar nesta tese de doutorado foi um gesto sobre o qual eu pensei, muitas vezes, neste período de pesquisa. Não sou a pessoa indicada para falar sobre a qualidade deste trabalho, mas, se ele tiver alguma, deve-se à lembrança permanente da ocasião em que o Professor Almiro defendeu-me, bravamente, numa disputa acadêmica bastante acirrada pela vaga no curso de doutorado. Seja como for, eu dedico a ele este trabalho, por todas as razões: por suas virtudes, por seu talento para pensar o Direito como eu acredito que deva ser pensado, por ser, além de um grande jurista, também um *fofo querido* (quem o conhece de perto sabe), e, claro, porque ele apostou em mim num momento decisivo. Como sempre, o Professor Almiro é a melhor referência bibliográfica, e, sobretudo, biográfica, que eu tenho a satisfação de ter por perto, e as suas lições me guiaram, com a máxima segurança, no aprofundamento dos estudos sobre a segurança jurídica. Para ele vai o meu agradecimento especial.

O meu Professor de Filosofia do Direito e querido amigo, Cláudio Michelon Júnior, ensinou-me a pensar muitas coisas, inclusive a teoria das invalidades, de fora para dentro, de dentro para fora e, também, na contramão dos consensos. O querido Professor Luís Roberto Barroso teve acesso a este trabalho na sua fase embrionária, em 2005, e contribuiu com os questionamentos e o incentivo necessários para que a pesquisa avançasse.

O advogado Brian Weilbacher foi um constante interlocutor durante a realização do meu doutorado. Além de me explicar a sua lógica, a do *common-law*, foi um amigo com quem pude contar para a pesquisa jurisprudencial estrangeira e também para alguns momentos difíceis. O auxílio eficiente da bacharel Analise Dias foi imprescindível para a pesquisa bibliográfica. Luana Noronha foi indispensável para que eu não abandonasse a pesquisa e o mesmo se diga sobre a Dra. Maria Regina Giffoni – quem, mesmo sabendo de *tudo*, ainda não desistiu de mim! O meu querido amigo, Dr. Daniel Mitidiero, e também o nosso editor, Sr. Walter Abel Filho, foram os responsáveis pela celeridade da presente publicação.

Finalmente, devo agradecer ao meu querido Humberto, parceiro de tantos anos. Por um lado, ele quase me torturou para que eu concluísse este projeto, mas, por outro, ele me ajudou muito, muito mesmo, em momentos pessoais nos quais ele próprio faria bom uso de alguma ajuda. Não fossem as suas cobranças e constantes manifestações de confiança na minha capacidade, eu teria ficado no meio do caminho. Nesta pesquisa, claro está que ele segue sendo, no plano acadêmico, uma fonte doutrinária sólida e segura para o aprimoramento das minhas idéias. E segue sendo, no plano pessoal, um grande exemplo de maturidade, decência, esforço e seriedade científica. Utilizando uma linguagem que é para mim literalmente *familiar*, o Humberto personifica um "princípio" no melhor sentido *imediatamente finalístico* de *estado-ideal-de-coisas*. Mas, aqui, terminologias e conceitos devem ficar de lado, pois a verdade é que minha gratidão a ele estende-se para muito além das palavras. Eu não sou uma esposa muito obediente, mas, pelo menos uma vez, tentando obedecer ao que ele volta e meia diz, o melhor é não falar demais!

Lista de abreviaturas

ACO	Ação Cível Originária
ADC	Ação Direta de Constitucionalidade
ADIn	Ação Declaratória de Inconstitucionalidade
ADPF	Argüição de Descumprimento de Preceito Fundamental
ADV	Informativo Semanal Advocacia Dinâmica
Ag	Agravo
AgRg	Agravo Regimental
AI	Agravo de Instrumento
AO	Ação Originária
AP	Ação Penal
AR	Ação Rescisória
BverfGE	*Entscheidungen des Bundesverfassungsgerichts*
DJU	Diário de Justiça da União
DORJ	Diário Oficial do Estado do Rio de Janeiro
EC	Emenda Constitucional
ED	Embargos de Declaração
EDiv	Embargos de Divergência
Extr	Extradição
FA	Fórum Administrativo
HC	Habeas Corpus
IF	Intervenção Federal
Inf. STF	Informativo do Supremo Tribunal Federal
IP	Revista de Interesse Público
MC	Medida Cautelar
MI	Mandado de Injunção
MS	Mandado de Segurança
PET	Petição
QO	Questão de Ordem
Rcl	Reclamação

RDA	Revista de Direito Administrativo
RDDT	Revista Dialética de Direito Tributário
RDP	Revista de Direito Público
RE	Recurso Extraordinário
Rep	Representação
REsp	Recurso Especial
RF	Revista Forense
RMS	Recurso em Mandado de Segurança
RP	Revista de Processo
RPGR	Revista da Procuradoria-Geral da República
RSTJ	Revista do Superior Tribunal de Justiça
RT	Revista dos Tribunais
RT	CDCCP – Revista dos Tribunais – Cadernos de Direito Constitucional e Ciência Política
RTDC	Revista Trimestral de Direito Civil
RTDP	Revista Trimestral de Direito Público
RTJ	Revista Trimestral de Jurisprudência
STF	Supremo Tribunal Federal
STJ	Superior Tribunal de Justiça
TASP	Tribunal de Alçada de São Paulo
TJRS	Tribunal de Justiça do Estado do Rio Grande do Sul
TRF	Tribunal Regional Federal

Prefácio

Inovação importante, formalmente introduzida no Direito Constitucional brasileiro no fim do século XX, foi a possibilidade de o Supremo Tribunal Federal, em determinadas circunstâncias, graduar ou modular os efeitos de decisão que declara a inconstitucionalidade de lei.

A Lei 9.868, de 10 de novembro de 1999, que disciplina a ação direta de inconstitucionalidade e a ação declaratória de constitucionalidade, estatui no seu art. 27 que «*ao declarar a inconstitucionalidade de lei ou ato normativo, e tendo em vista razões de segurança jurídica ou de excepcional interesse social, poderá o Supremo Tribunal Federal, por maioria de 2/3 de seus membros, restringir os efeitos daquela declaração ou decidir que ela só tenha eficácia a partir de seu trânsito em julgado ou de outro momento que venha a ser fixado.*»

Também a Lei 9.882, de 3 de dezembro de 1999, que dispõe sobre o processo e julgamento da argüição de descumprimento de preceito fundamental, possui, no art. 11, norma de enunciado praticamente idêntico ao que acabamos de transcrever.

Essas regras inauguraram novo paradigma no nosso direito positivo pertinente à Jurisdição Constitucional, rompendo com o dogma da eficácia *ex tunc* da sentença declaratória de inconstitucionalidade.

Alguns meses antes desses provimentos legislativos, a Lei 9784, de 29 de janeiro de 1999, no art. 54, inspirando-se no princípio constitucional da segurança jurídica, na vertente da proteção da confiança, determinou a estabilização de atos administrativos ilegais, geradores de efeitos favoráveis aos destinatários, ao fixar em cinco anos o prazo decadencial do direito da Administração Pública a invalidá-los. Apenas não se consuma a decadência se houver comprovada má-fé dos beneficiários.

Tal preceito operou profundas transformações no nosso Direito Administrativo, notadamente no campo da teoria das invalidades, pois, ao contrário do consignado nas Súmulas 473 do STF, após o transcurso do prazo de cinco anos, fica Administração Pública inibida de anular o ato administrativo, o qual não poderá mais ser desconstituído. Vale dizer, ele permanece no mundo jurídico com todos seus efeitos.

São, porém, insuscetíveis de convalidação, confirmação ou convalescimento os atos administrativos ilegais maculados por vícios grosseiros, flagrantes, evidentes e manifestos, que a doutrina francesa e italiana designa como atos administrativos inexistentes e que a Lei de Processo Administrativo alemã qualifica como atos administrativos nulos. Integram esse grupo não apenas os atos administrativos cujo objeto constitui crime (p.ex., a ordem para torturar presos ou a autorização para funcionamento de casa de prostituição infantil), como também aqueles cujo objeto é absolutamente impossível (p. ex., a aposentadoria como servidor público de alguém que nunca exerceu função pública), ou ainda os exarados por agente administrativo evidentemente incompetente (p.ex., desapropriação, por prefeito do município A de imóvel situado no Município B; anulação de sentença do Poder Judiciário pelo Secretário-Geral de Ministério), a par de outros eivados de defeitos que os situam, como esses, nas camadas mais profundas da patologia jurídica.

Observe-se que a inexistência, a que alude a doutrina francesa e italiana, não é a inexistência material (p. ex., a deliberação, que nunca existiu, embora estivesse referida em ata do órgão colegiado), mas sim a inexistência jurídica, que se confunde, portanto, com a nulidade. Atos administrativos nulos, por conseqüência, insuscetíveis de estabilização pelo transcurso de prazo decadencial, são apenas os que ostentam irregularidades gravíssimas, flagrantes, que logo saltam aos olhos, como, aliás, é hoje assente no Direito Administrativo da União Européia, que, nesse particular, acolheu as contribuições trazidas, principalmente, pelo direito francês, italiano e alemão.

O art. 54 da Lei 9.784, que, dispondo para a União Federal, fixou em cinco anos o prazo decadencial do direito da Administração Pública de anular seus atos administrativos, há de ser interpretado de acordo com esses parâmetros, concebidos pelo direito de países que despertaram mais cedo para a questão da estabilização das relações jurídicas pela proteção da confiança.

É este, especialmente, o caso da França, desde o *affaire* Dame Cachet, de 1922, e da Alemanha, desde a década de 50 do século XX.

Não se pode esquecer que, na França, foi o estabelecimento do prazo decadencial de 60 dias para a Administração Pública invalidar seus atos administrativos, que levou à elaboração mais refinada da teoria dos atos administrativos inexistentes, aos quais aquele prazo não se aplica. Razões semelhantes informam o desenho conceitual dos atos administrativos nulos, no art. 44 da Lei de Processo Administrativo germânica. Também estes não se estabilizam pelo decurso do tempo.

Bem se vê, por estas sumárias considerações que, em toda a parte (e, pois, igualmente, também no Brasil) a teoria da invalidade dos atos administrativos distanciou-se consideravelmente dos esquemas e padrões vigentes no Direito Privado. O número dos atos administrativos nulos por ilegais ou inconstitucionais, assim entendidos os que são insuscetíveis de convalidação, confirmação ou convalescimento, passou a ser extremamente reduzido, limitando-se às hipóteses de vícios grosseiros, flagrantes, manifestos e evidentes. Todos os demais atos administrativos irregulares, manchados de ilegalidade – que constituem a grande maioria – são passíveis de estabilização pelo decurso do tempo, como decorrência da aplicação do princípio constitucional da proteção da confiança (que é um dos aspectos da segurança jurídica), ou pela incidência de regra instituidora de prazo decadencial, como o art. 54 da Lei de Processo Administrativo da União. São eles, portanto, atos administrativos anuláveis, visto que produzem efeitos enquanto não forem invalidados.

No plano do direito constitucional, a desconformidade da lei com a Constituição torna a lei, desde sua edição, *void and null*, segundo antigo e clássico entendimento da Suprema Corte dos Estados Unidos, recebido no direito brasileiro. Assim, desde o seu nascimento, a lei ou será válida ou será nula. Daí porque a sentença que pronuncia a inconstitucionalidade da lei tem natureza puramente declaratória, não possuindo qualquer efeito constitutivo negativo.

Como se vê, trata-se de uma solução ditada por critérios estritamente racionalistas.

Com o passar do tempo, entretanto, a Suprema Corte americana teve de flexibilizar, ainda que com caráter de excepcionalidade, algumas linhas dessa rígida estrutura lógica, para admitir que a lei inconstitucional é um «*operative fact*», como lembrou o Ministro Leitão de Abreu, em voto vencido que se tornou célebre (RE 79.343, RTJ 82/792) e no qual conclui com estas considerações: «*A tutela da boa fé exige que, em determinadas circunstâncias, notadamente quando sob a lei ainda não declarada inconstitucional se estabeleceram relações entre o particular e o poder público, se apure, prudentemente, até que ponto a retroatividade da decisão, que decreta a inconstitucionalidade, pode atingir, prejudicando-o, o agente que teve por legítimo o ato e, fundado nele, operou na presunção de que estava operando sob o amparo do direito objetivo.*»

É a esta linha de pensamento que se prende o art. 27 da Lei 9.868, de 1999, objeto de acurada análise na excelente tese de doutoramento da Professora Ana Paula Oliveira Ávila, que agora vem a lume em forma de livro, sob o título «*A Modulação de Efeitos Temporais pelo STF no Controle de Constitucionalidade: ponderação e regras de argumentação para a interpretação conforme a Constituição do artigo 27 da Lei nº 9.868, de 1999*».

Parte a autora da crítica à distinção estabelecida no direito privado entre ato jurídico nulo e ato jurídico anulável, a qual se baseia apenas na maior ou menor gravidade do defeito. A falha mais grave acarreta a nulidade, a menos grave a anulabilidade. Não há, entretanto, *a priori*, qualquer outro critério que sirva para distinguir o ato nulo do anulável. Eles são diferençados por um feixe de indícios, que só irão aparecer depois de o ato jurídico ser praticado e que lhe são externos, portanto. Assim, do ato nulo se diz que a invalidade pode ser decretada de ofício pelo juiz, até mesmo incidentemente, e a invalidação do ato anulável depende de provocação dos interessados, sendo necessária ação específica; que o direito à decretação de nulidade é insuscetível de decadência, enquanto que a anulabilidade está sujeita à decadência e à prescrição; que o ato nulo não produz, via de regra, efeitos jurídicos, ao passo que o ato anulável irradia efeitos até ser anulado.

Contudo, ainda que excepcionalmente, o ato nulo, até sua invalidação, pode produzir efeitos, como sucede com o chamado casamento putativo. Assim já acontecia no Código Civil anterior e a hipótese agora está contemplada no art. 1561 do Código Civil vigente. Por essa regra, o casamento, mesmo nulo, se celebrado de boa-fé por ambos os cônjuge, com relação a estes e aos filhos «*produz todos os efeitos até o dia da sentença anulatória.*»

Fica claro, portanto, que a boa-fé e as expectativas legítimas que a crença na regularidade do ato engendra afastam a regra da inexistência de efeitos jurídicos do ato nulo, permitindo que eles se formem e subsistam até o advento da sentença que desconstitua o ato jurídico.

Cuida-se de situação muito semelhante à considerada no art. 27 da Lei 9878, de 1999. Como visto, esse preceito autoriza o STF, tendo em vista razões de segurança jurídica ou de excepcional interesse social, por maioria de dois terços de seus membros, a modular os efeitos da sentença declaratória de inconstitucionalidade, restringindo-os ou determinado que aquela declaração só tenha eficácia a partir do seu trânsito em julgado ou de outro momento que venha a ser fixado.

Nessa perspectiva, como bem registra a autora, perde relevo a discussão se a lei inconstitucional é nula, como pretendia Ruy Barbosa, na esteira dos primeiros precedentes da Suprema Corte dos Estados Unidos, ou se a lei é simplesmente anulável, como queria Kelsen. Diz ela: «*Assim, de tudo o que foi dito, chega-se à conclusão preliminar de que, à falta de elementos intrínsecos que permitam identificar nulidade e anulabilidade como institutos diversos, cabe ao ordenamento jurídico fixar quais sejam esses vícios, bem como o regime de decretação e efeitos que lhes correspondam. Não é numa prévia conformação desses institutos que o legislador encontrará empecilho para disciplinar a matéria. Ele tem a faculdade de discipliná-la e, no tocante ao vício de inconstitucionalidade, houve por bem fixar o regime do art. 27 da Lei nº 9.868 de 1999. A análise desse dispositivo com a Constituição, porém, depende da consideração a outros elementos, a serem examinados ao longo desta investigação.*»

Na verdade, o que é questionável é se a lei ordinária poderia dispor sobre efeitos da sentença declaratória de inconstitucionalidade e se isso não colidiria com noções constitucionais eminentes, como a da supremacia da Constituição, de onde se extrai a eficácia *ex tunc* da sentença declaratória de inconstitucionalidade.

A Professora Ana Paula Ávila, em seu magistral estudo, enfrentou essa matéria sob duplo ângulo. Analisou, em primeiro lugar, a compatibilidade, *in abstracto*, do art. 27 da Lei 9.868 com a Constituição, à luz das idéias contemporâneas e do espírito do que Luís Roberto Barroso denomina de «*novo direito constitucional*». Esclarece Ana Paula: «*Essa fase do constitucionalismo, que Barroso denomina de pós-positivismo, pressupõe que se tome em linha de conta a "ascensão dos valores, o reconhecimento da normatividade dos princípios e a essencialidade dos direitos fundamentais" e ainda a noção de que a Constituição é "o conjunto de princípios e regras destinados a realizá-los".*»
A seguir, empreende uma larga digressão sobre a constitucionalidade *in concreto* do art. 27, onde se ocupa da aplicabilidade do preceito, que tem como pressupostos dois conceitos jurídicos indeterminados, o de «*segurança jurídica*» e o de «*excepcional interesse social*».

Conquanto hoje não mais se discuta que segurança jurídica e proteção da confiança sejam valores constitucionais, hierarquizados como sub-princípios do princípio maior do Estado de Direito, o mesmo não se poderá dizer do «*excepcional interesse social*», que evidentemente não tem, no direito brasileiro, o *status* de princípio constitucional.

Nesse ponto o legislador, ao elaborar a regra do art. 27 da Lei 9.868, inspirou-se no art. 282, n° 4, da Constituição de Portugal, o qual permite que o Tribunal Constitucional gradue os efeitos da declaração de inconstitucionalidade, quando o exigirem «*a segurança jurídica, razões de equidade ou interesse público de excepcional relevo.*»

A Professora Ana Paula Ávila relata as dúvidas e as dificuldades de interpretação que a locução «*interesse público de especial relevo*» tem suscitado em Portugal, bem como as cautelas exegéticas recomendadas pela doutrina para evitar que se injete, sob a pele de sua expressão literal, conteúdos políticos que lhe desfigurem o sentido, por não estarem relacionados com interesses constitucionalmente protegidos.

Bem se percebe que, no Brasil, no que diz com o art. 27 da Lei 9.868 de 1999, as dúvidas quanto a constitucionalidade da cláusula «excepcional interesse social», ali inserida, sejam consideravelmente mais significativas, uma vez que a Constituição a ela não se refere expressamente e nem pode ela ser extraída do texto da Constituição, por maior que seja o esforço hermenêutico.

A admirável monografia da Professora Ana Paula Ávila esgota, sob todos os aspectos, o tema que se propôs examinar, constituindo preciosa contribuição para o Direito Constitucional brasileiro, quer pelo rigor científico da investigação, quer pela sempre judiciosa utilização da opulenta bibliografia coligida e consultada, quer pela impecável estruturação do trabalho.

A obra que agora vai para as livrarias é, além disso, de viva atualidade e certamente atende o interesse dos estudiosos das grandes questões de Direito Público. Dentre estas, não é demais repetir, poucas terão a importância das modificações verificadas no Direito Constitucional e no Direito Administrativo decorrentes do reconhecimento da segurança jurídica e da proteção da confiança como princípios constitucionais. Tal reconhecimento só recentemente foi realizado pela legislação brasileira e mais recentemente ainda pela jurisprudência do Supremo Tribunal Federal. É nesse quadro que se situa a complexa questão da modulação dos efeitos da sentença declaratória de inconstitucionalidade, tratada com maestria, precisão e talento pela jovem jurista, Professora Ana Paula Ávila. Tantas e tão notáveis qualidades asseguram o sucesso do livro. É o que firmemente espero.

Porto Alegre, Santa Teresa, agosto de 2008.

Almiro do Couto e Silva

Sumário

Introdução 21

Parte I – Problemática dos efeitos: constitucionalidade *in abstracto* do art. 27 da Lei nº 9.868/99 25

1. Defeitos e efeitos no direito privado: análise genérica das invalidades dos atos 27
   1.1. Ato nulo 28
   1.2. Ato anulável 28
   1.3. Apreciação crítica 31
2. Efeitos e defeitos na doutrina de direito constitucional 37
   2.1. Tese da nulidade ato inconstitucional 37
   2.2. Tese da anulabilidade do ato inconstitucional 41
   2.3. Apreciação crítica 45
3. Efeitos na jurisprudência do Supremo Tribunal Federal 47
   3.1. Tradição: o predomínio do efeito *ex tunc* 47
   3.2. Reconhecimento excepcional de efeitos *ex nunc* 48
   3.3. Reconhecimento de efeitos com termo inicial diferido 49
4. Efeitos na legislação: o art. 27 da Lei nº 9.868/99 57
   4.1. Requisito formal. Possibilidade de aplicação do art. 27 no controle difuso de constitucionalidade 58
   4.2. Requisitos materiais 61
5. Interpretação conforme a Constituição do art. 27 da Lei nº 9.868/99 62
   5.1. Ruptura com o dogma da nulidade da lei inconstitucional e com a supremacia da constituição? 63
   5.2. Constitucionalidade do art. 27: ponderação e argumentação exclusivamente constitucional 68

Parte II – Determinação dos efeitos: constitucionalidade *in concreto* do art. 27 da Lei nº 9.868/99 73

1. Conceitos jurídicos indeterminados 75
   1.1. Definição 75
   1.2. Necessidade de preenchimento valorativo 79
      1.2.1. Valoração e racionalidade em Larenz/Bydlinski 80
      1.2.2. Valoração e racionalidade em Hesse/Müller 81
      1.2.3. Valoração e racionalidade em Alexy 84
2. Preenchimento dos conceitos jurídicos indeterminados 88

2.1. Ponderação 91
   2.1.1. Identificação dos princípios aplicáveis 93
      2.1.1.1. Princípios que suportam a rejeição do ato ou de seus efeitos 95
         2.1.1.1.1. Direito à igualdade 96
         2.1.1.1.2. Direito de propriedade: o problema da repetição
                    de indébito em matéria tributária 98
      2.1.1.2. Princípios que suportam a manutenção do ato
              ou de seus efeitos 104
         2.1.1.2.1. Segurança jurídica e "acefalia" do ente estatal 104
         2.1.1.2.2. Segurança jurídica e proteção do acesso à jurisdição 107
         2.1.1.2.3. Segurança jurídica e proteção da confiança e da boa-fé ... 110
   2.1.2. Atribuição de peso 111
   2.1.3. Determinação da prevalência e argumentação jurídica: critérios 112
      2.1.3.1. Pressuposto: a qualificação dos argumentos 113
         2.1.3.1.1. Argumentos institucionais 114
         2.1.3.1.2. Argumentos não-institucionais: pragmatismo e
                    conseqüencialismo. A questão política 119
      2.1.3.2. Peso do argumento e regras de prevalência 122
2.2. Proporcionalidade 134
2.3. Unidade e coerência 138
2.4. A ponderação proposta e a justificação das decisões nos casos examinados 143
3. Aplicação dos conceitos de *razões de segurança jurídica* e *excepcional interesse social*
   do art. 27 da Lei nº 9.86/99 146
3.1. Significado de razões de segurança jurídica 146
   3.1.1. Segurança jurídica e proteção da confiança 149
   3.1.2. Fundamentação da proteção da confiança no ordenamento
          jurídico: do Estado de Direito à boa-fé 152
   3.1.3. Proteção da confiança do cidadão na jurisprudência dos
          Tribunais Superiores 157
3.2. Significado de excepcional interesse social 163
4. Conclusão (Teses) 169
5. Referências bibliográficas 177
   5.1. Referências jurisprudenciais 181

Introdução

O tema das invalidades é antigo e a discussão sobre a natureza do defeito do ato jurídico sempre foi tomada como um pressuposto da discussão acerca dos seus efeitos. Assim, para estabelecer se os efeitos produzidos pelo ato seriam ou não mantidos, era necessário, primeiro, identificar o tipo de invalidade que o atingia – se anulável ou nulo o ato.

Em relação ao controle de constitucionalidade das normas, até a Lei nº 9.868/99, a questão dos efeitos estava estreitamente ligada à definição da natureza da inconstitucionalidade do ato. Com lastro na divergência entre as lições de Rui Barbosa e Hans Kelsen,[1] duas posições se confrontavam: aquela que entendia todo ato inconstitucional como nulo e a que o compreendia como anulável. Para os defensores da primeira posição, os efeitos produzidos pelo ato defeituoso deviam ser desconstituídos *ab initio*; disso decorria a necessidade de projeção *ex tunc* dos efeitos da declaração de inconstitucionalidade. Para os que entendiam o ato normativo inconstitucional como passível de anulação, todos os efeitos produzidos durante sua vigência deviam ser preservados, pois, somente a partir da declaração de sua invalidade, é que um ato deixaria de produzir efeitos (efeitos *ex nunc*).

Em 1999, foi editada a Lei nº 9.868, que disciplinou o processamento das ações diretas de inconstitucionalidade e das ações declaratórias de constitucionalidade perante o Supremo Tribunal Federal. Essa lei trata, em detalhes, dos aspectos procedimentais em relação àquelas ações e também dos vários aspectos atinentes à decisão resultante desses processos, seja pela fixação do *quorum* necessário para deliberação e votação no mérito, seja no que diz respeito aos seus efeitos. O art. 27 da Lei nº 9.868 inovou significativamente no que concerne aos efeitos temporais da decisão de inconstitucionalidade, ao fixar a prerrogativa de o Supremo Tribunal Federal, por maioria de dois terços e em vista de razões de segurança jurídica ou de excepcional interesse social, restringi-los ou determinar que as declarações de inconstitucionalidade proferidas em abstrato produzam

---
[1] KELSEN, Hans. *Teoria pura do direito*. Traduzido por João Baptista Machado. 3ª ed. São Paulo: Martins Fontes, 1991, p. 287; BARBOSA, Rui. Os atos inconstitucionais do congresso e do executivo. In: *Trabalhos jurídicos*. Rio de Janeiro: Casa de Rui Barbosa, 1962, p. 70 *et seq.*

efeitos a partir da publicação da decisão (*ex nunc*) ou de outro momento que ache por bem fixar (*pro futuro*). Criou-se, assim, um regime em que a retroatividade dos efeitos é uma regra que deve conviver com as exceções. Com isso, o legislador afastou-se de um modelo rígido e absoluto que obrigava à definição, por uma ou por outra natureza jurídica, a ser atribuída à inconstitucionalidade. Isso porque, quanto aos efeitos, o dispositivo permite que sejam disciplinados ora como se o ato inconstitucional fosse nulo, ora como se fosse anulável, ora como se fosse "ainda válido".

Em sintonia com os objetivos da investigação, a primeira parte deste estudo dedica-se à análise da questão referente à *nulidade* ou à *anulabilidade* das normas inválidas em face da Constituição, seja no campo do direito privado, no qual se originaram essas categorias, seja no do direito constitucional, ou ainda, no da jurisprudência. Várias são as questões que devem ser consideradas para o esclarecimento da matéria, e, neste momento, propõe-se que sejam enfrentadas as seguintes: primeiro, deve-se recorrer às origens das invalidades no direito privado e analisar os critérios que foram propostos para estremar nulidade de anulabilidade; segundo, deve-se depurar esses critérios e verificar se nulidade e anulabilidade são, intrinsecamente, situações realmente diversas, para, após, verificar se o regime de efeitos no controle de constitucionalidade dos atos normativos depende mesmo desta discussão prévia acerca do tipo de invalidade; finalmente, deve-se responder se o chamado *dogma da nulidade da lei inconstitucional* é norma sobre a qual o legislador não tem o poder de conformação e se o art. 27 da Lei nº 9.868/99, viola implícita ou explicitamente a Constituição Federal. Uma vez contemplada a permanência do dispositivo no ordenamento jurídico vigente, deve-se verificar como fazer uso do poder ali previsto em conformidade com a Constituição Federal.

Assim, ainda na primeira parte, são estabelecidas algumas premissas que permitem o tratamento da matéria sob um novo enfoque, mais coerente com os avanços verificados na teoria da constituição. As teses desenvolvidas e justificadas nesta etapa defendem que: primeiro, nulo e anulável têm sua fonte no direito objetivo, não possuindo elementos intrínsecos que justifiquem sua divisão, pela doutrina (*metadiscurso*), em duas categorias exclusivas, situação que autoriza o legislador a fixar regimes diferenciados quanto à disposição de efeitos dos atos inválidos; segundo, mesmo que se discorde do artificialismo atribuído à construção que distingue o nulo do anulável e se insista em afirmar essa distinção, sustenta-se que ela é irrelevante para a discussão sobre a modulação dos efeitos dos atos inconstitucionais, que deve se basear em outros elementos – a saber: o direito objetivo constitucional e a necessidade de manutenção de sua normatividade como um todo –; e, terceiro, a autorização normativa para a proteção dos efeitos gerados pela norma declarada inconstitucional não viola, por si só, a supremacia da Constituição, constituindo, ao contrário, uma fórmula para promovê-la.

Evidentemente, a presente análise pressupõe a vigência do dispositivo em questão, sem o que não haveria razão por que empreender maior investigação sobre o tema. Por outro lado, ainda que a jurisprudência tenha se manifestado de forma tímida logo que o art. 27 entrou em vigor, nos últimos anos, referências a ele vêm ocorrendo de modo crescente e significativo, e o Supremo Tribunal Federal, embora sempre com muito cuidado e ausência de unanimidade, tem, efetivamente, utilizado o dispositivo para o reconhecimento ou a garantia da permanência *pro futuro* dos efeitos produzidos por normas declaradas inconstitucionais. É neste contexto, portanto, que se justifica a preocupação com as interpretações que a Corte possa conferir ao dispositivo.

Aliás, esse interesse hermenêutico é o foco central da segunda parte deste trabalho, que objetiva, antes de mais, lançar, sobre a modulação dos efeitos do controle abstrato de constitucionalidade, as luzes da moderna teoria da constituição, preocupada com as condições que asseguram a normatividade da Constituição, com a permanência dos valores que ela consagra por meio dos princípios constitucionais e com o relevante papel constitucional do STF na proteção e garantia dos direitos fundamentais do indivíduo. Pretende-se trilhar o caminho que vai do *discurso teórico* da doutrina constitucional à *prática constitucional*, confrontando as normas fundamentais da Constituição com teorias tradicionalmente acatadas em nível doutrinário e jurisprudencial, e também com a suposta discricionariedade do intérprete no enfrentamento dos problemas suscitados pela aplicação de normas com conceitos jurídicos indeterminados. É que, não bastasse o art. 27 desafiar a razão da tradicional regra da nulidade dos atos inconstitucionais e sua respectiva prática de desconstituição retroativa dos efeitos por ventura produzidos, ele apresenta, em seu dispositivo, dois conceitos indeterminados – *razões de segurança jurídica* e *excepcional interesse social*.

Nessa segunda parte, apresentam-se diversas considerações sobre a interpretação dos conceitos indeterminados. Sugere-se a necessidade de um exame rigoroso e específico da argumentação jurídica que envolva matéria constitucional, defendendo-se o ponto de vista de que as possibilidades de aplicação do art. 27 nas declarações de inconstitucionalidade pelo Supremo Tribunal Federal são limitadas e controláveis, a partir do próprio sistema constitucional, o que afasta a suposta discricionariedade do intérprete e a possibilidade de utilização da norma com base em critérios de conveniência e oportunidade. Primeiro, porque o processo de aplicação do art. 27 sujeita-se a regras argumentativas formais que influenciam o próprio discurso que o justifica, pois esses limites afastam, liminarmente, argumentos externos ao sistema normativo constitucional, sob pena de ruptura com a supremacia da Constituição. Segundo, porque a justificativa da aplicação do dispositivo em questão se submete à regra de prevalência lógico-material que estabelece uma primazia, *prima facie,* para as normas fundamentais da Constituição, o que inclui os direitos e garantias fundamentais. E, terceiro, firme em proposições extraídas da segurança jurídica, da proteção da confiança e da boa-fé, sustenta-se a tese de que, em todo caso, a aplicação do art. 27 somente está autorizada quando resultar em benefício ou proteção do indivíduo ou da sociedade – jamais do próprio Estado. É que a posição jurídica que porventura o favoreça foi, necessariamente, obtida mediante uma conduta contrária à Constituição (criação de norma inconstitucional), e o respeito à boa-fé exige represália à infidelidade jurídica.

Finalmente, cabe registrar que a análise formal do art. 27 da Lei nº 9.868/99, do ponto de vista do direito processual civil, não é objeto de estudo deste trabalho. Essa delimitação sustenta-se em duas premissas. A primeira reside no fato de que o problema da eficácia das decisões de inconstitucionalidade é concernente ao direito material, envolvendo, justamente, os direitos, bens, interesses e valores suportados pela Constituição Federal. Com efeito, afirma-se, em nível doutrinário, que a questão da eficácia do controle de constitucionalidade:

> (...) não é um problema de direito processual, mas sim um problema de direito substantivo, porque se traduz em saber quais as alterações efectivas que a decisão provoca ou deixa de provocar, quer no respeitante às normas a que se refere, quer no conjunto do ordenamento jurídico estadual.[2]

A segunda premissa reside na crença em que, de todos os enfoques que se possa dar ao referido dispositivo, o mais importante é o que diz respeito (a) a uma interpretação do próprio dispositivo, conciliadora com a Constituição e sua supremacia, exposta na primeira parte, e (b) às interpretações que podem ser justificadas à luz do dispositivo nas decisões de inconstitucionalidade do Supremo Tribunal Federal, expostas na segunda parte.

Deseja-se, ainda, para finalizar, reafirmar que esta investigação propõe-se, apenas, a contribuir para o debate sobre a modulação dos efeitos em nível científico e dogmático e, quiçá, auxiliar os intérpretes do direito na utilização *segura* do poder facultado pelo art. 27 da Lei nº 9.868/99.

---

[2] MIRANDA, Jorge. *Manual de direito constitucional.* 2ª ed. Coimbra: Coimbra, 1983. t.2, p. 385.
Citam-se também, nesse mesmo sentido: DELITALA, Giacomo; CAPELLETTI, Mauro; GOMES, Canotilho; MOREIRA, Vital; SCHLAICH, Klaus, entre outros.

Parte I

Problemática dos efeitos: constitucionalidade *in abstracto* do art. 27 da Lei nº 9.868/99

A primeira parte deste trabalho preocupa-se com o estabelecimento de algumas premissas que permitam uma abordagem mais atual e coerente com os avanços teóricos sobre as questões concernentes às invalidades jurídicas, particularmente no que se refere à forma de tratamento dos efeitos de tais atos. Registra-se, a esse respeito, a presença de duas posturas, bastante radicais, que impedem qualquer tentativa de diálogo, representadas pelos adeptos das teses da *nulidade* e da *anulabilidade*.

É interessante perceber que *nulidade* e *anulabilidade* são dois sistemas que se constituíram em épocas cronologicamente distintas: o primeiro surge com o direito romano; o segundo, desenvolvido na Idade Média, estrutura-se a partir do direito canônico. Mas, o que hoje é conhecido como o dogma da nulidade do ato inconstitucional tem sua origem mais remota na Inglaterra, quando o *Chief-Justice* Coke afirmou, em seu famoso *dictum*, no caso Bonham (1610), que, quando um ato do parlamento é contrário ao direito e à razão, a *common law* deve controlá-lo e julgá-lo nulo.[3] A tese da anulabilidade do ato inconstitucional, por outro lado, firma-se com Hans Kelsen que, compromissado com a segurança e a certeza jurídica, sustentava, em sua teoria pura do direito, a necessidade de manutenção dos atos produzidos pela lei considerada válida até o momento de sua cassação pela Corte competente.

Desenvolvida inicialmente no âmbito do direito privado, a consolidação desses dois modelos – o *nulo* e o *anulável* –, enquanto categorias distintas de invalidades, tem dividido os teóricos quando se trata de aferir a natureza do ato normativo lançado ao arrepio da Constituição. Quem se anima a enfrentar o tema, percebe, de pronto, na doutrina do direito constitucional, o firme propósito de se estabelecer, em caráter definitivo, se uma norma declarada inconstitucional é um ato nulo ou um ato anulável,[4] pois, dependendo do posicionamento adotado, os efeitos que, por ventu-

---

[3] COKE, 1610, *apud* CAPPELLETTI, Mauro. *O controle judicial de constitucionalidade das leis no direito comparado*. 2ª ed. Porto Alegre: Fabris, 1992, p. 59: "(...) for when an act of parliament is against common right and reason, or repugnant, or impossible to be performed, the common law will control it and adjudge such act to be void".

[4] Para excelente síntese sobre essa discussão: MACHADO, Hugo de Brito. Declaração de inconstitucionalidade e direito intertemporal. In: *Revista Dialética de Direito Tributário*, n. 57, 2000, p. 72-80.

ra, advenham do ato, produzidos durante a sua vigência, serão desfeitos ou não.

A Lei nº 9.868/99, em seu art. 27, pretendeu inovar no que concerne à disciplina dos efeitos da declaração de inconstitucionalidade, permitindo a possibilidade de disposição e reconhecimento desses efeitos pelo órgão julgador. Parte da doutrina nacional insurgiu-se contra o permissivo legal, considerando-o inconstitucional por contrariar o *dogma da nulidade do ato inconstitucional* e, conseqüentemente, o postulado da supremacia constitucional.[5] Considera-se, não obstante, prematuro ingressar nessa discussão sem antes percorrer os fundamentos desses posicionamentos e analisar criticamente a distinção entre o ato nulo e o anulável.

---

[5] Cf. DANTAS, Ivo. O valor da Constituição. 2ª ed. Rio de Janeiro: Renovar, 2001; OLIVEIRA, Marcelo Andrade Cattoni. Devido processo legislativo e controle jurisdicional de constitucionalidade no Brasil. In: *Jurisdição e hermenêutica constitucional*. Belo Horizonte: Mandamentos, 2004.

1. Defeitos e efeitos no direito privado: análise genérica das invalidades dos atos

A teoria das invalidades tem suas origens mais remotas no âmbito do direito privado, campo em que a distinção entre nulo e anulável sempre apresentou dificuldades. O primeiro passo foi assumir a nulidade como propriedade do ato existente, pois, no direito romano, não se falava em anulabilidade, equivalendo o nulo ao inexistente.[6] A anulabilidade, apesar de originada no instituto romano da *in integrum restitutio*, desenvolveu-se somente a partir do final da Idade Média, sempre ligada à idéia de produção de efeitos que pudessem ser desconstituídos.[7]

As tentativas iniciais de distinção entre nulo e anulável tomaram como critério a gravidade do defeito que afetava o ato.[8] Assim, os atos nulos apresentariam defeitos mais graves que os anuláveis. Ainda que o fator intensidade possa parecer um critério âmbiguo, a verdade é que, através dele, nulo e anulável assumiram diversas características específicas, e o regime jurídico que lhes foi atribuído tem permitido a identificação das diferenças entre eles. Senão, veja-se.

---

[6] KASER, Max. *Direito privado romano*. Lisboa: Fundação Calouste Gulbenkian, 1992, p. 80.

O direito romano conhecia apenas a figura do *nullus*, que então equivalia à nulidade segundo o *ius civile*. Os negócios ineficazes denominavam-se *nullum*, e a eles negavam-se os efeitos que deviam ter por sua natureza e finalidade. Esta ineficácia podia fazer-se valer por qualquer um e a qualquer momento (p. 81). Tal regime deve-se ao fato de que os romanos não distinguiam entre nulo e inexistência. Daí a afirmação de Pontes de Miranda: "*Qualquer pessoa podia argüir ser nulo o ato, porque ele não existia, não era*" (PONTES DE MIRANDA, Francisco Cavalcanti. *Tratado de direito privado*. São Paulo: Revista dos Tribunais, 1983. t. 4). Também ALVES, José Carlos Moreira. *Direito romano*. Rio de Janeiro: Forense, 2003, p. 169: "No direito romano clássico, ao invés da dicotomia moderna *nulidade-anulabilidade*, encontramos a seguinte distinção: (a) nulidade reconhecida pelo ius *civile*, e que opera *ipso iure* (automaticamente, sem necessidade de declaração judicial); e (b) impugnabilidade, admitida pelo *ius honorarium* (por meio, principalmente, da *denegatio actionis*, da *exceptio* ou da *restitutio integrum*), de negócio jurídico que persiste válido em face do *ius civile*".

[7] MICHELON JÚNIOR, Cláudio Fortunato. Ensaio sobre a história, as possibilidades e os limites de uma teoria das invalidades dos atos jurídicos. In: *Revista do Ministério Público do Rio Grande do Sul*, Porto Alegre, Ciência Jurídica Nova Alvorada, n. 40, p. 47-74 e p. 67-68, jan/jun 1998.

[8] PONTES DE MIRANDA, 1983, op. cit., p. 29: "Nulo e anulável existem. No plano da existência (=entrada no mundo jurídico), não há distingui-los. (...) Trata-se de distinção interna ao planos da validade, baseada em maior ou menor gravidade do défice".

1.1. ATO NULO

A *nulidade* corresponde a um defeito mais grave, imputado a um ato jurídico, defeito esse que:

a) configura o ato como insanável e irratificável;

b) pode ser alegado por parte de qualquer interessado, fazendo com que a nulidade do ato seja pronunciada;

c) permite a decretação de ofício da nulidade do ato pelo juiz;

d) não exige ação específica para o pronunciamento da nulidade, que pode ocorrer de forma incidental;

e) torna o ato imprescritível, não sendo sanado pela passagem do tempo;

f) não produz, via de regra, efeito.

1.2. ATO ANULÁVEL

A *anulabilidade* corresponde a um defeito menos grave, imputado ao ato jurídico, caracterizando-se pela forma negativa que assume em relação à nulidade, defeito esse que:

a) torna o ato sanável e ratificável;

b) pode ser alegado pela parte prejudicada – detentora do direito potestativo ao desfazimento do ato, fazendo com que a anulabilidade do ato seja pronunciada;

c) não pode ser decretado de ofício pelo juiz;

d) exige requerimento para a decretação da anulabilidade;

e) pode ser sanado pelo decurso do tempo, porque o direito à desconstituição pode sofrer os efeitos da decadência. Se não exercido o direito de desconstituir no prazo decadencial de 4 anos (novo Código Civil, art. 178), o ato continua a produzir efeitos;

f) permite que o ato produza todos os seus efeitos normais, mais o efeito do direito à invalidação pelo interessado.[9]

Embora as definições desses dois tipos de atos sejam construídas por oposição uma a outra, fundada exatamente no princípio da dessemelhança – ser o que a outra não é –, algumas dessas distinções, entretanto, não têm um caráter definitivo. É o caso da legitimidade para alegação, que,

---

[9] Cf. ALVES, José Carlos Moreira. *Direito romano*. Rio de Janeiro: Forense, 2003, p. 168.

para a nulidade, é extensiva a todos e, para a anulabilidade, é restrita: existem, não obstante, anulabilidades cuja possibilidade de alegação é ampla, não se restringindo necessariamente à parte beneficiada pela decretação.[10] Também, quando se trata de defeito da própria norma e se adentra no campo do controle abstrato de constitucionalidade, percebe-se que a inconstitucionalidade, mesmo que tradicionalmente equiparada à nulidade, somente pode ser argüida por um rol restrito de pessoas legitimadas – aquelas previstas no art. 103 da Constituição Federal de 1988. Além disso, a alegação por meio de ação específica nem sempre é determinante da indecretabilidade de ofício, precisando de lei que o diga,[11] o que leva a crer que seja concernente à questão de política legislativa. Mais interessante ainda, à guisa de ilustração, é a questão da ineficácia, que não decorre necessariamente da nulidade, uma vez que há nulidades que podem produzir ou não produzir eficácia:[12] há atos anuláveis e nulos eficazes. Nesse particular, afirma Pontes de Miranda: "a ineficácia não é, de modo algum, sinal de que o ato seja nulo".[13] Não se deve, portanto, identificar nulidade com ineficácia. Serve de exemplo o art. 1.561 do Novo Código Civil, adiante analisado, apresentando hipótese em que a própria lei obriga ao reconhecimento dos efeitos produzidos pelo casamento nulo.

Em retrospecto, outros critérios podem ser encontrados na tentativa de diferenciação entre nulo e anulável. O primeiro diploma legislativo a tratar da questão das invalidades no Brasil foi o Regulamento 737, datado do ano de 1850, e, certamente, uma das concepções influentes na sua disciplina dos vícios foi a distinção entre as *nulidades de pleno direito* e *nulidades dependentes de ação*, desenvolvida especialmente a partir da obra de Toullier, para quem existem duas espécies de nulidades: (a) as que são pronunciadas "imediatamente pela própria lei", *ipso jure*, chamadas de nulidades *de pleno direito*; e (b) as que são pronunciadas "a partir da apreciação judicial", em casos de rescisão.[14]

O determinante, segundo Toullier, é a *visibilidade* do vício. A nulidade de pleno direito trata de um *vício extrínseco e aparente*, cuja visibilidade impede o ato de se firmar validamente, pois a lei a isso antecipadamente se opõe. No entanto, nem todos os vícios ostentam essa visibilidade. Há atos que encerram um *vício intrínseco e oculto*, não se apresentando como uma nulidade visível, e, sim, como uma nulidade que só pode ser percebida depois de procedimentos probatórios que ponham a descoberto o

---

[10] Exemplo, a incapacidade relativa.

[11] PONTES DE MIRANDA, 1983, op. cit., p. 23 e p. 29: "a distinção entre nulidade e anulabilidade é criação técnica".

[12] Cf. art.1.561 do *Novo Código Civil*, adiante analisado.

[13] Id., ibid., p. 24.

[14] CARVALHO, Francisco Pereira de Bulhões. *Sistemas de nulidades dos atos jurídicos*. 2ª ed. Rio de Janeiro: Forense, 1981, p. 28.

vício latente que impediu o ato de se formar.[15] Daí se considerar uma segunda espécie, a nulidade cuja decretação depende de apreciação judicial. É que:

> (...) até que esse vício seja descoberto, existe ao menos a aparência dum contrato; e esta aparência tem o efeito de realidade, enquanto não vier a ser destruído por um julgamento proferido em conhecimento de causa, que declara que o contrato é realmente nulo, e que reponha as partes no mesmo estado em que elas se encontravam, anteriormente.[16]

Ainda em França se desenvolveu uma segunda concepção que influenciou o Regulamento 737, distinguindo as *nulidades absolutas* das *nulidades relativas*. Essa classificação, via de regra, leva em conta o universo de pessoas que possam alegar o vício que inquina um ato jurídico. Assim, a nulidade absoluta seria aquela que pode ser alegada por qualquer pessoa, ao passo que a nulidade relativa somente pode ser alegada pela pessoa em favor de quem a decretação do vício se opera.

Sabendo que essas distinções funcionam basicamente no âmbito do direito privado, parece mais adequado admitir que o critério para essa classificação não contempla, exatamente, a pessoa legitimada para argüir o vício; é necessário, antes, saber se a disposição violada, responsável pelo defeito gerado, é de ordem pública (*nulidade absoluta*), podendo ser alegada por qualquer pessoa, ou se a disposição se constitui em medida de proteção das relações jurídicas, caso em que a alegação compete à pessoa em favor de quem a proteção é instituída (*nulidade relativa*).[17] O Regulamento 737 parece fazer, acertadamente, uma combinação entre as duas distinções anteriores, estabelecendo que as nulidades absolutas e relativas podem ser de pleno direito ou dependentes de ação, uma vez que os critérios distintivos não são excludentes.

Outras diferenças relevantes, elaboradas no âmbito da teoria geral do direito, podem ser mencionadas para a caracterização do nulo e do anulável. Elas dizem respeito à possibilidade de decretação *ex officio* pelo juiz, à necessidade de a decretação ocorrer por via principal ou *incidenter tantum*, à prescritibilidade ou não da alegação, à produção ou não de efeitos. Tais distinções giram em torno da tradicional não-atribuição de efeitos ao ato nulo e da atribuição de efeitos ao anulável. É que, se o ato é anulável, considera-se que produziu todos os seus efeitos próprios e mais um – o direito subjetivo potestativo ao desfazimento do ato. Como se verifica, aí, uma situação de direito subjetivo, diversas considerações são necessárias. Primeiro, quem pode invocar esse direito e exigir o desfazimento é o titular, pois a nulidade, por não gerar efeitos, não gera posição subjetiva

---

[15] CARVALHO, 1981, op. cit.

[16] Id., ibid., p. 29.

[17] Id., ibid., p. 54.

nem titularidade, razão por que pode ser alegada por qualquer pessoa. Como decorrência, o juiz não pode decretar a anulabilidade de ofício, pois, se o fizesse, estaria substituindo o titular do direito subjetivo ao desfazimento; por inexistir direito ou titularidade na nulidade, ao juiz é dado decretar de ofício. Segundo, a anulabilidade está sujeita à convalidação, esta equivaleria à renúncia ao direito potestativo ao desfazimento, o que é impossível na nulidade porque, aí, não há direito a renunciar. Finalmente, o saneamento pelo decurso do tempo ocorre na anulabilidade porque, gerando uma situação de direito subjetivo (ao desfazimento), este pode ser atingido pelo tempo, ao passo que, na nulidade, a imprescritibilidade da alegação do vício deve-se à falta do que prescrever, porquanto, como visto, não se forma o direito.[18]

1.3. APRECIAÇÃO CRÍTICA

Importa observar que todo o esforço empreendido para o estabelecimento de traços distintivos entre o nulo e o anulável acaba sempre por se voltar a aspectos exteriores à invalidade em si. O fato de os critérios serem sempre *quanto a isso, quanto àquilo* – ou seja, quanto às pessoas que podem argüir a prova manifesta, etc. – permite entrever a enorme dificuldade de distinção entre as categorias do nulo e do anulável. Isso se deve, acredita-se, à carência de elementos que sejam intrínsecos a esses defeitos, de maneira a poder diferenciá-los de forma clara e segura.

A matéria é menos complexa do que parece. Os conceitos de nulidade e anulabilidade foram criados na doutrina, que, em muitos casos, se divorcia daquilo que a própria lei prevê. Tem-se, assim, uma situação em que o *metadiscurso* (doutrina) não se constrói a partir do discurso (direito objetivo). O que define o que seja nulidade e anulabilidade?

O problema aqui é mais de *autoritas* que de objeto. Tudo depende do regime jurídico fixado pelo legislador, uma vez que é a lei que, em geral, determina se certa invalidade constitui ato nulo ou anulável. Nesse particular, o art. 27 da Lei nº 9.868 prevê formas de fixação de efeitos que podem equiparar a invalidade reconhecida a diversas categorias: ao ato *totalmente nulo* (regra, com retroação *ex tunc*), ao ato *relativamente nulo* (*ex tunc* parcial ou restringido), ao *ato anulável* (efeito *ex nunc*) e, ainda, ao ato *ainda válido* (ou *ex nunc* com termo inicial diferido, que o Supremo vem designando como efeito *pro futuro*).

---
[18] MICHELON Jr., Cláudio Fortunato. Ensaio sobre a história, as possibilidades e os limites de uma teoria das invalidades dos atos jurídicos. In: *Revista do Ministério Público*, Porto Alegre, Ciência Jurídica Nova Alvorada, n 40, p. 47-74 e p. 68-69, jan./jun. 1998.

Não parece correto que a disposição dos efeitos deva ser condicionada à condição de nulidade ou anulabilidade da invalidade, pois assim se cairia em uma petição de princípio: é nulo, porque não produz efeitos e não produz efeitos porque é nulo, ou é anulável porque produz efeitos ou produz efeitos, porque é anulável. Como se pretende demonstrar, nulidade e anulabilidade são, intrinsecamente, muito mais parecidas do que diferentes.[19]

Por um lado, ambas se tratam de defeitos contemporâneos à formação do ato. Aí, dizem alguns: no caso da nulidade, defeito mais grave; no da anulabilidade, defeito menos grave. Observa-se pelo argumento que, intrinsecamente, nulo e anulável têm a mesma natureza, variando apenas em intensidade. E, mais ainda, o critério para a mensuração da intensidade da gravidade é decorrente da disciplina legal que rege a matéria.

Por outro lado, quanto à visibilidade do defeito, a nulidade, é verdade, resulta de defeito visível, suscetível de prova literal, ao passo que a anulabilidade decorre de defeito oculto, carecendo de elaboração de prova para ser verificada. Mas esse argumento, mais uma vez, confirma a sua mesma natureza: ambas são defeitos. Registre-se que, nesse caso, a distinção que leva em conta o critério visibilidade, diz respeito à forma de exteriorização do defeito, e, não, ao próprio conteúdo defeituoso do ato.

Da mesma forma, tomar como critério distintivo dessas figuras a legitimação ampla ou restrita para a argüição do defeito, a possibilidade de ser decretada ou não de ofício pelo juiz, a condição de poder ser argüida principal ou incidentalmente, ou o reconhecimento da produção ou não de efeitos, é fundar-se em traços que transcendem o defeito em si. Não se devem confundir os efeitos de um ato com o próprio ato, até porque, como se sabe, trata-se de instâncias distintas. A análise baseada nesses critérios torna impossível o reconhecimento do que é típico, intrínseco, ou próprio de cada tipo de invalidade. É dessa falta de tipicidade intrínseca, demonstrada pelas figuras de nulidade e anulabilidade, que resulta a não-imposição, necessariamente, de uma forma típica e rígida para a fixação de efeitos num ou noutro caso, podendo haver flexibilidade na modulação desses efeitos no caso de desfazimento do ato, dependendo da liberdade de conformação do legislador.

Em breve conclusão, reitera-se que nulidade e anulabilidade não apresentam diferença intrínseca: são defeitos com maior ou menor poten-

---

[19] Por outra ótica, mas com semelhante conclusão: Cf. FERRARI, Regina Maria Macedo Nery. *Efeitos da declaração de inconstitucionalidade*. 4ª ed. São Paulo: Revista dos Tribunais, 1999, p. 121: "(...) o que nos leva a afastar a dicotomia acima citada (nulidade e anulabilidade), por considerar que, no campo do direito constitucional, ela não pode vigorar – já que, uma vez identificada a não concordância da norma inferior com os ditames constitucionais, não haverá possibilidade de se fazer tal diferenciação de graduação entre uma nulidade absoluta e uma relativa, pois a norma, assim viciada, padece de um só nível de invalidade, isto é, de inconstitucionalidade".

cialidade para desconstituir os efeitos do ato jurídico existente. É o legislador quem atribui a condição de nulidade ou anulabilidade para os defeitos que ele próprio descreve. O mesmo se diga em relação ao regime dos efeitos da invalidação do ato: é facultado ao legislador fixá-lo.

Para corroborar esta tese e observar como isso funciona na prática, algumas situações são esclarecedoras. Observe-se, à guisa de exemplo, o que ocorreu com a simulação, vício de vontade regulado pelo direito civil: no Código Civil de 1916, a simulação recebeu o tratamento de anulabilidade (art. 147, inc. II); no Novo Código Civil, a figura é tratada como causa de nulidade (art. 167). Ora, o defeito é o mesmo – a manifestação enganosa de vontade, com objetivo de produzir apenas uma aparência em face de terceiros, havendo oposição entre o pretendido e o declarado –; sujeitou-se, no entanto, à luz de diferentes diplomas, à qualificação legislativa diversa.

Aliás, o art. 1.561 do Novo Código Civil apresenta hipótese que vai ao encontro da ampla possibilidade de fixação do regime de efeitos pelo legislador, ao estabelecer que "embora anulável *ou mesmo nulo*, se contraído de boa-fé por ambos os cônjuges, o casamento, em relação a estes como aos filhos, produz todos os efeitos até o dia da sentença anulatória" (grifei). Trata-se de atribuição de efeito *ex nunc* ao reconhecimento da nulidade, em contraste com a tradição de negar-lhe efeitos. Na mesma linha, segue o art. 1.573, segundo o qual:

> (...) a sentença que decretar a nulidade do casamento retroagirá à data de sua celebração, sem prejudicar a aquisição de direitos, a título oneroso, por terceiros de boa-fé, nem a resultante de sentença transitada em julgado.

Nota-se que a própria lei determina a manutenção de efeitos do ato nulo, apesar da retroação da decretação da nulidade, uma vez que a aparência do ato gerou, em relação aos terceiros de boa-fé, expectativas quanto à sua validade.

Tome-se, finalmente, por exemplo, a debatida união entre homossexuais. Se celebrada como união estável, tem-se um ato nulo, em vista da impossibilidade do objeto, uma vez que a Constituição Federal e também o art. 1.723 do Novo Código Civil estabelecem, na composição desse tipo jurídico, que a referida união deve ser celebrada entre homem e mulher. Nada obstante, têm-se reconhecido efeitos típicos da união estável àquela espécie de união,[20] apesar de, à luz do art. 1.723, c/c art. 166, II, tratar-se de ato totalmente nulo. É que a união homossexual, embora seja, à primeira

---

[20] Ação ordinária da Justiça Federal nº 960002030-2, 4ª Região. Juiz: Roger Raupp Rios. Trata, especificamente, do direito à inclusão do parceiro como beneficiário em plano de saúde (assistência). Em verdade, na pior das hipóteses, face à letra da lei, essa união seria considerada tecnicamente inexistente, mas isso não altera a validade da interpretação que reconhece efeitos produzidos pelo fato, especialmente porque esses efeitos decorrem da norma que protege a igualdade.

vista, ato nulo, é, sem dúvida, um fato eficaz, na medida em que dela podem decorrer, por exemplo, os deveres de lealdade, respeito, assistência e proteção, sem falar em direitos patrimoniais que, em atenção ao princípio da igualdade, forçosamente haverão de ser reconhecidos.

Como se vê, em face das determinações legislativas, e, no último caso referido, judicial, nem mesmo a atribuição ou não de efeitos serve como critério distintivo entre nulidade e anulabilidade. Isso porque, mesmo a nulidade, em determinadas circunstâncias, tem a produção de efeitos reconhecida, assim como se anulabilidade fosse. Mais uma vez, a conclusão é de que a distinção entre nulo e anulável é meramente extrínseca; fica à disposição para que o legislador, no uso de sua liberdade de conformação, caracterize cada qual dessas figuras. Os tipos clássicos de nulidade e de anulabilidade podem ser considerados pelo legislador apenas como *referenciais opostos entre os quais transitam outros regimes possíveis*.[21]

Em certa medida, essa realidade não passou despercebida por Seabra Fagundes, que, em clássica incursão sobre o tema das invalidades no direito administrativo, alertou para o fato de que:

> No direito administrativo, importa menos a natureza do defeito em si do que as repercussões que a invalidez do ato, atentas as circunstâncias eventuais, venha trazer ao interesse público, pelo que um mesmo vício pode, muita vez, acarretar conseqüências diversas.[22]

Disse isso considerando o exemplo de determinados vícios que, segundo a terminologia empregada no direito privado, seriam considerados nulos (v.g., a incapacidade absoluta do agente), mas que, no direito administrativo (falta de competência ao agente), ora desconstituiriam absolutamente o ato por ele praticado e seus efeitos (abuso de poder), ora preservariam os efeitos dos atos praticados até a invalidação (função de fato).[23]

---

[21] MICHELON Jr., 1998, op. cit., p. 71.

[22] SEABRA FAGUNDES, Miguel. *O controle dos atos administrativos pelo Poder Judiciário*. 7ª ed. Atualizada por Gustavo Binenbojm. Rio de Janeiro: Forense, 2005, p. 70. Merece referência o fato de que Seabra Fagundes foi um dos primeiros a perceber que a aplicação acriteriosa dos conceitos do direito privado no direito público pode levar a uma disciplina equivocada e distante dos princípios que orientam o direito público. Segundo o autor, de fato, os princípios do código civil podem, em parte, ser aplicados aos atos administrativos com efeito jurídico. Em muitos casos, no entanto, devido à particular natureza dos atos administrativos, a sistematização da legislação civil não pode ser aplicada, eis que não se adapta àqueles atos (p. 51-54). Em vista disso, "a aplicação dos princípios do direito privado aos atos administrativos tem de ser aceita, limitadamente, por meio de uma adaptação inteligente feita pela doutrina, no tocante à sistematização geral e pela jurisprudência, no que respeita aos casos concretos, de modo a articulá-los com os princípios gerais e especiais do direito administrativo". Mais adiante, prossegue: "Acolher a orientação do código apenas para catalogar de nulos ou anuláveis os atos administrativos será, positivamente, muito pouco. E talvez se possa dizer até mais, isto é, que nenhuma vantagem resulta para o direito administrativo do acolhimento da terminologia civilista, quando a isso não corresponda considerável afinidade de conceitos. A comum nomenclatura poderá tornar-se, então, antes um fator de confusão de princípios do que de aproveitamento das experiências e sedimentações do direito privado" (p. 64).

[23] SEABRA FAGUNDES, 2005, op. cit., p. 70.

Por sua origem histórica, o nulo, em princípio, não geraria efeitos jurídicos. E, até o art. 27 da Lei nº 9.868/99, entrar em vigor, não havia norma que atribuísse ao intérprete poderes genéricos para dispor sobre a manutenção dos efeitos do ato no momento da decretação de sua invalidade. Parece, não obstante, que a tese que simplesmente nega, abstratamente, eficácia ao ato nulo, há que ser temperada pelas circunstâncias particulares de cada caso concreto que, cotejadas com o sistema unitariamente considerado, permitirão o reconhecimento de efeitos do ato nulo. O nulo, embora torne o ato jurídico ineficaz, é, muitas vezes, um fato eficaz, do qual advêm direitos e deveres ou, pelo menos, expectativas legítimas de direitos, de tal modo que, em determinadas situações, é imperativo se reconhecerem os efeitos dele decorrentes.[24] Nada disso passou despercebido ao legislador quando estatuiu a norma do mencionado art. 27, tampouco ao Supremo Tribunal Federal que, embora adotando, tradicionalmente, a tese da nulidade do ato inconstitucional em seus julgados, também já vinha mantendo efeitos de normas declaradas inconstitucionais em situações absolutamente excepcionais, consoante será demonstrado em seguida.

Em face do exposto, o que interessa, realmente, para a fixação das nulidades e anulabilidades é o regime jurídico, cujo único limite é sua compatibilidade em face da Constituição. É capítulo particularmente importante do regime legal das invalidades o que diz respeito à atribuição de efeitos aos atos inválidos. Torna-se relevante perceber, para não se perder do objeto analisado, que é essa possibilidade de determinação dos efeitos do controle abstrato de constitucionalidade que está na natureza do disposto no artigo 27 da Lei nº 9.868/99: essa norma estabelece formas de manutenção dos efeitos na hipótese de reconhecimento de uma invalidade.

Assim, de tudo o que foi dito, chega-se à conclusão preliminar de que, devido à falta de elementos intrínsecos que permitam identificar nulidade e anulabilidade como institutos diversos, cabe ao ordenamento jurídico fixar quais sejam esses vícios, bem como o regime de decretação e efeitos que lhes correspondam. Não é numa prévia conformação desses institutos que o legislador encontrará empecilho para disciplinar a matéria. Ele tem a faculdade de disciplina-la e, no tocante ao vício de inconstitucionalidade, houve por bem fixar o regime do art. 27 da Lei nº 9.868/99. A análise da compatibilidade deste dispositivo com a Constituição, porém, depende da consideração a outros elementos, a serem examinados ao longo desta investigação.

---

[24] MICHELON Jr., 1998, op. cit., p. 63: "Um ato jurídico pode ser composto em uma série de comportamentos fáticos. Deste raciocínio é possível desprender que o ato jurídico pode não se configurar quando ocorre a invalidade, mas isto não impede que os comportamentos que o autor executou não possam ser qualificados pelo direito, não enquanto partes do negócio jurídico, mas enquanto comportamentos lícitos ou ilícitos aos quais podem ser afetadas conseqüências jurídicas".

Todavia, mesmo sendo facultado ao legislador conformar o regime de efeitos, a verdade é que, por muito tempo, a lei permaneceu omissa quando estava em questão o vício de inconstitucionalidade, seu reconhecimento e regime de efeitos. Essa matéria recebeu um tratamento que, com o tempo, consolidou-se em nível doutrinário e jurisprudencial, e, só mais recentemente, o legislador ocupou-se da regulação do regime de efeitos da declaração de inconstitucionalidade, quando tornou o art. 27 da Lei n° 9.868/99, norma vigente no ordenamento jurídico brasileiro. O que se verá a partir de agora é como se operou essa transição entre doutrina, jurisprudência e tratamento legislativo da matéria.

2. Efeitos e defeitos na doutrina de direito constitucional

Na doutrina de direito constitucional, encontram-se basicamente duas correntes que enfrentam a questão da natureza do ato inconstitucional – se nulo, ou anulável – e a conseqüente questão do desfazimento ou manutenção dos efeitos que ele tenha produzido.

2.1. TESE DA NULIDADE DO ATO INCONSTITUCIONAL

Num extremo, está a tese da nulidade do ato inconstitucional, predominante entre os juristas nacionais. Inspirados em Rui Barbosa,[25] diversos constitucionalistas brasileiros acataram como dogma a teoria da nulidade da lei inconstitucional, fundada no conhecido aforismo do direito norte-americano, segundo o qual "the inconstitucional statute is not law at all".[26]

---

[25] BARBOSA, Rui. Os atos inconstitucionais do congresso e do executivo. In: *Trabalhos Jurídicos*, Rio de Janeiro: Casa de Rui Barbosa, 1962, p. 70 *et seq*. Rui Barbosa, em sua época, introduziu no direito brasileiro as idéias difundidas no sistema norte-americano, cuja origem mais remota está em Coke e acenava para a criação do controle de constitucionalidade como forma de assegurar a supremacia da Constituição. Atribui-se a consolidação do controle de constitucionalidade à decisão proferida no caso Marbury *versus* Madison, em 1803, pela suprema Corte norte-americana, no voto do Chief-Justice (presidente da Corte) John Marshall. Segundo Cappelletti, "é de todo evidente – diz-se com precisão naquela sentença – que ou a Constituição prepondera sobre os atos legislativos que com ela contrastam ou o Poder Legislativo pode mudar a Constituição através de lei ordinária. Não há meio termo entre estas duas alternativas. Ou a Constituição é uma lei fundamental, superior e não mutável pelos meios ordinários, ou ela é colocada no mesmo nível dos atos legislativos ordinários e, como estes, pode ser alterada ao gosto do Poder Legislativo. Se é correta a primeira alternativa, então é preciso concluir que um ato legislativo contrário à Constituição não é lei; se é correta, ao contrário, a segunda alternativa, então quer dizer que as constituições escritas outra coisa não são que absurdas tentativas de limitar um poder que é, por sua natureza, ilimitável. A opção do Chief Justice Marshall, com a proclamação da supremacia da Constituição sobre as outras leis e com o conseqüente poder dos juízes de não aplicar as leis inconstitucionais, certamente representou então, repito, uma grande e importante inovação. E se é verdadeiro que hoje quase todas as constituições modernas do mundo ocidental tendem já a afirmar o seu caráter de constituições rígidas e não mais flexíveis, é também verdadeiro, no entanto, que este movimento, de importância fundamental e de alcance universal, foi efetivamente, iniciado pela Constituição norte-americana de 1787 e pela corajosa jurisprudência que a aplicou". (CAPPELLETTI, op. cit., p. 47-48).

[26] WILLOUGHBY, W. W. *The constitutional law of the United States*. New York: 1910. v. 1, p. 9-10 *apud* MARTINS, Ives Gandra da Silva; MENDES, Gilmar Ferreira (org.). *Controle concentrado de constitucionalidade*. São Paulo: Saraiva, 2001, p. 313.

Como conseqüência, firmou-se o dogma da nulidade da lei inconstitucional, conferindo-se à declaração de inconstitucionalidade eficácia *ex tunc* e impondo o desfazimento no tempo de todos os atos passíveis de retroação que tivessem ocorrido durante a vigência do ato inconstitucional. A tese é de fácil aceitação, pois dá sustentação ao próprio postulado da supremacia da Constituição, porquanto "o reconhecimento de qualquer efeito a uma lei inconstitucional importaria na suspensão provisória ou parcial da Constituição".[27]

Este argumento se faz presente na jurisprudência do Supremo Tribunal Federal, na qual diversos arestos tornam explícita a preferência pela tese da nulidade da lei inconstitucional e a conseqüente retroação dos efeitos da declaração de nulidade. É que, segundo dizem os partidários dessa corrente:

> (...) o postulado da supremacia da Constituição não se compadece com uma orientação que pressupõe a validade da lei inconstitucional. O reconhecimento da validade de uma lei inconstitucional – ainda que por tempo limitado – representaria uma ruptura com o postulado da supremacia da Constituição.[28]

Nesse sentido, é acurada a observação de Daniel Sarmento:

> (...) se a decisão que reconhece a inconstitucionalidade de uma norma fosse dotada apenas de eficácia *ex nunc*, isto importaria no reconhecimento da validade dos efeitos da lei inconstitucional produzidos até o advento da decisão. Tal sistemática se afiguraria contrária ao postulado da supremacia da lei Maior, pois permitiria que, durante certo período, uma norma infraconstitucional se sobrepusesse à Constituição, desacatando impunemente os seus mandamentos.[29]

De fato, se feito de forma indiscriminada, o reconhecimento dos efeitos produzidos por norma inconstitucional pode romper com a supremacia da Constituição. Isso, porém, não ocorre *necessariamente*. Para se compreenderem as razões, primeiro há que se abrir mão da condição de *dogma*

---

[27] MARTINS, 2001, op. cit., p. 313.

[28] Id., ibid., p. 316.

[29] SARMENTO, Daniel. A eficácia temporal das decisões no controle de constitucionalidade. In: SARMENTO, Daniel (org). *O controle de constitucionalidade e a Lei nº 9.868 de 1999*. Rio de Janeiro: Lumen Juris, 2002, p. 102-103.
O autor faz alusão aos fundamentos da decisão do Juiz Marshall no julgamento do caso Marbury vs. Madison, considerado o ponto de origem do controle de constitucionalidade das leis. Não obstante este importante argumento, que releva o postulado da supremacia da Constituição, na história recente do Supremo Tribunal Federal não faltaram pedidos de atribuição do efeito *ex nunc* ao controle de constitucionalidade, especialmente no controle abstrato. Nas mais das vezes, ao se tratar da inconstitucionalidade de tributo, ao argumento de "só poder ter efeito ex nunc a decisão que nulifica lei que instituiu ou aumentou tributo auferido pelo Tesouro e já aplicado em serviços ou obras públicas" ou da "ameaça iminente à solvência do tesouro, à continuidade dos serviços públicos ou a algum bem política ou socialmente relevante, que justifica a supressão, *in casu*, do efeito próprio no Brasil, do juízo de inconstitucionalidade da norma, que é a sua nulidade", ambas as alegações foram rechaçadas pela Corte. (Ação Direta de Inconstitucionalidade nº 513/DF. Relator: Min. Célio Borja. Distrito Federal, Brasília, 1991, p. 14-16).

atribuída à regra da nulidade da lei inconstitucional, para considerá-la uma regra de preferência que, eventualmente, pode ser superada. Isso, no entanto, representa verdadeira ruptura com a tradição consolidada na jurisprudência do Supremo Tribunal Federal – ruptura que se entende necessária para que a Corte possa cumprir, satisfatoriamente, a sua missão de guardar e proteger a Constituição em todos os casos.

Como, inicialmente, os efeitos do controle abstrato de constitucionalidade não foram normativamente disciplinados no direito brasileiro, a forma de enfrentar o problema foi, assim como o sistema concreto de controle, absorvida do direito norte-americano. Diante da ausência de disciplina legal, foi na jurisprudência que se consolidou a tradição de se adotar a tese da nulidade da lei inconstitucional, à qual foi até mesmo conferida, segundo alguns, a condição de princípio implícito,[30] de hierarquia constitucional.[31]

Mas, enquanto, no Brasil, a nulidade da lei inconstitucional assumia a condição de dogma, no direito norte-americano a questão tomava novos rumos com o *leading case Linkletter v. Walker*.[32] Esse importante julgado da Suprema Corte norte-americana mereceu reiteradas referências na jurisprudência do Supremo Tribunal Federal, porque introduziu, no sistema norte-americano, tradicionalmente inflexível quanto à regra da nulidade dos atos declarados inconstitucionais, novas luzes sobre a retroatividade dos efeitos.

Segundo esse julgado, a decisão da retroatividade ou não dos efeitos de uma declaração de inconstitucionalidade pelo Poder Judiciário não decorre de previsão da Constituição norte-americana. Essa, assim como a brasileira, silencia sobre a matéria e, lá como aqui, a tese da nulidade deu-se por construção jurisprudencial. A decisão em *Linkletter v. Walker* reconheceu, assim, que a natureza dos efeitos da declaração de inconstitucionalidade – se retroativos ou prospectivos – é uma questão de política judicial (*judicial policy*), de modo que cabe ao Poder Judiciário, a partir da valoração das circunstâncias e particularidades de cada caso concreto, fixar de que forma os efeitos seriam produzidos, se *ex tunc* ou *ex nunc*:

> A diversity of circumstances must be taken into account before rendering "determination of unconstitutionality". (...) There is no absolute rule which requires the Court to apply changes in the Constitution to previously adjudicated cases retroactively. The Constitution neither

---

[30] Clève, Clèmerson Merlin. *A fiscalização abstrata da constitucionalidade no direito brasileiro*. 2ª ed. São Paulo: Revista dos Tribunais, 2000, p. 245-246.

[31] MARTINS, 2001, op. cit., p. 256: "Tanto o poder do juiz de negar aplicação à lei inconstitucional quanto a faculdade assegurada ao indivíduo de negar observância à lei inconstitucional demonstram que o constituinte pressupôs a nulidade da lei inconstitucional. Nessa medida, é imperativo concordar com a orientação do Supremo Tribunal Federal que parece reconhecer hierarquia constitucional ao postulado da nulidade da lei incompatível com a Constituição".

[32] 381 U.S. 618 (1965)

prohibits nor requires retrospective effect. (...) The Court must only weigh the merits and demerits in each case by looking to the prior history of the rule in question, its purpose and effect, and whether retrospective operation will further or retard its operation.[33]

Este fundamento, localizado e atualizado no âmbito do direito comparado, guarda plena referibilidade com o ordenamento brasileiro, uma vez que a Constituição da República, assim como a americana, nada dispõe a respeito da retroação dos efeitos da declaração de inconstitucionalidade.

Interessante notar que, por emenda constitucional, houve por bem o constituinte brasileiro dispor sobre outros aspectos atinentes aos efeitos da declaração de inconstitucionalidade – notadamente, o efeito vinculante –, mas silenciou em relação ao termo *a quo* para a produção dos efeitos. Daí a conclusão de que, em linha de princípio, especialmente o Legislativo, mas também o Judiciário tem legitimidade para disciplinar os efeitos da inconstitucionalidade no aspecto temporal.

Também a doutrina brasileira chamou a atenção para a necessidade de temperamentos à regra da nulidade dos atos inconstitucionais. Já na década de 40, Lúcio Bittencourt afirmava que:

> (...) as relações jurídicas que se constituírem, de boa-fé, à sombra da lei não ficam sumariamente canceladas em conseqüência do reconhecimento da inconstitucionalidade, nem a coisa soberanamente julgada perde, por esse motivo, os efeitos que lhe asseguram a imutabilidade. A jurisprudência americana fornece várias ilustrações sobre o assunto, mostrando, todavia, certa insegurança e flutuação, que não nos permite deduzir uma regra definitiva. Assim, a Corte Suprema tem entendido que as pessoas condenadas como incursas em lei julgada inconstitucional, muito embora a decisão condenatória já tenha transitado em julgado, devem ter essa decisão revista em seu benefício. Apólices ou bônus emitidos pelos Estados ou Municipalidades em virtude de uma lei inconstitucional perdem, totalmente, o seu valor por efeito da decisão do Judiciário. Todavia tem entendido a Corte Suprema que os indivíduos que agiram em boa-fé e foram prejudicados em seus direitos, devem obter da parte do Estado indenização pelos danos sofridos. Da mesma sorte – segundo informa Willoughby – conquanto a lei inconstitucional deva, sob o ponto de vista estritamente lógico, ser considerada como se jamais tivesse tido força para criar direitos ou obrigações, considerações de ordem prática tem levado os tribunais a atribuir certa validade aos atos praticados por pessoas que, em boa-fé, exercem os poderes conferidos pelo diploma posteriormente julgado ineficaz. (...) É manifesto que essa doutrina da eficácia ab initio da lei inconstitucional não pode ser entendida em termos absolutos, pois que os efeitos de fato que a norma produziu não podem ser suprimidos, sumariamente, por simples decreto Judiciário.[34]

No mesmo sentido é a lição de Clèmerson Clève:

> (...) É evidente que o fato da sentença judicial implicar a nulidade *ab initio* da normatividade impugnada favorece a emergência de não poucos problemas. Inexistindo prazo para a pronúncia da nulidade – já que a inconstitucionalidade decorre de vício, em princípio,

---

[33] 381 U.S. 618 (1965)

[34] BITTENCOURT, Lúcio. *O controle jurisdicional da constitucionalidade das leis*. 2 ed. Rio de Janeiro: Forense, 1968, p. 147-148.

insanável e, ademais, imune à prescrição –, considere-se o caso de uma lei cuja ilegitimidade foi reconhecida após o decurso de longo lapso temporal, tendo, inclusive, prestigiado a consolidação de um sem-número de situações jurídicas. É induvidoso que em semelhantes casos o dogma da nulidade absoluta deve sofrer certa dose de temperamento, sob pena de sustentar a injustiça e a violação do princípio da proteção da confiança.[35]

Aliás, é dele mesmo a lembrança de que "a vida é muito mais rica e complexa que a melhor das teorias",[36] e evidentemente, todas essas manifestações doutrinárias e, igualmente, a riqueza da vida, não passaram despercebidas à jurisprudência do Supremo Tribunal. Este, como se sabe, prefere a regra da nulidade do ato inconstitucional, mas, ainda assim, também houve por bem afastá-la em situações excepcionais, que serão infra-analisadas, equiparando o ato inconstitucional ao ato anulável e determinando que a declaração de inconstitucionalidade produzisse efeitos *ex nunc*. Nesses mesmos julgados, é possível perceber que, no interior do próprio Tribunal, havia a dissidência por parte de adeptos da tese da anulabilidade do ato inconstitucional, que se passa a examinar.

2.2. TESE DA ANULABILIDADE DO ATO INCONSTITUCIONAL

No outro extremo, está a tese de que o ato inconstitucional é anulável e de que seu desfazimento opera efeitos *ex nunc*. A idéia do desfazimento do ato inconstitucional com eficácia *ex nunc* centra a discussão no campo das anulabilidades, no qual já não se considera a norma inconstitucional como um ato nulo *ab initio* e nem a decisão que proclama o defeito como declaratória. Tem-se o ato normativo como existente, e a decisão que o desfaz como constitutiva negativa. Essa é a concepção que Hans Kelsen fez vingar no sistema de controle de constitucionalidade austríaco e tem conquistado diversos adeptos entre os publicistas nacionais.[37]

Há que se resgatar a preocupação com a segurança jurídica e com a certeza do direito, que permeia todo o conjunto da obra de Kelsen, para compreender como ele não reconhece uma lei contrária à Constituição, eis que uma lei somente pode ser válida com fundamento na Constituição. Segundo ele:

> (...) uma lei inválida não pode ser afirmada como contrária à Constituição, pois uma lei inválida não é sequer uma lei, pois inexiste juridicamente. O sentido possível para a expressão "lei contrária à Constituição" só pode ser o seguinte: a lei em questão, de acordo com a

---

[35] Clève, 2000, op. cit., p. 250-251.

[36] Clève, 2000, op. cit., p. 255.

[37] Cf. entre outros: BONAVIDES, Paulo. *Curso de direito constitucional*. 9ª ed. São Paulo: Malheiros, 2000, p. 301; MACHADO, Hugo de Brito. Declaração de inconstitucionalidade e direito intertemporal. In: *Revista Dialética de Direito Tributário*, n. 57, p. 72-87, 2000, p. 76; FERRARI, Regina Maria Macedo Nery. *Efeitos da declaração de inconstitucionalidade*. 4ª ed. São Paulo: Revista dos Tribunais, 1999, p. 125-126.

Constituição, pode ser revogada não só pelo processo usual (lei posterior revoga a anterior), mas também através de um processo especial, previsto pela Constituição. Enquanto, porém, não for revogada, tem de ser considerada como válida; e, enquanto for válida, não pode ser inconstitucional.[38]

Para Kelsen, os preceitos constitucionais relativos à anulação das leis desconformes à Constituição têm o sentido de que também essas leis devem valer na medida e pelo tempo em que não forem anuladas da forma constitucionalmente prevista. As chamadas leis *inconstitucionais* são leis conformes à Constituição, sendo anuláveis por um processo especial, mas que têm seus efeitos preservados pelo tempo em que eram leis conformes à Constituição.

Ao que tudo indica, na teoria pura do direito, todas as normas postas são válidas. Algumas são definitivamente válidas (as postas em conformidade com a Constituição), enquanto outras são apenas provisoriamente válidas (aquelas postas ao arrepio da Constituição). Parece que, para Kelsen, todo o problema da validade resume-se à convenção de que, se a norma é posta, é válida, o que se coaduna com o entendimento de que a existência equivale à validade em Kelsen.

Por conseguinte, Kelsen não reconhece algo como a nulidade no direito: uma norma que pertence a uma ordem jurídica somente pode ser anulável e, não, nula. No entanto, ele reconhece que essa anulabilidade pode ter diferentes graus, que variam segundo a fixação temporal dos seus efeitos. A regra é que a anulação gere efeitos apenas para o futuro, permanecendo intocados aqueles produzidos até o momento de sua anulação. Mas também admite a produção de efeitos retroativos, desconstituindo os efeitos que tenha produzido. Porém, a lei foi válida até a sua anulação, não era nula *ab initio*.[39]

---

[38] KELSEN, Hans. *Teoria pura do direito*. Tradução João Baptista Machado. 3ª ed. São Paulo: Martins Fontes, 1991, p. 287.

[39] KELSEN, 1991, op. cit., p. 293.

Como se sabe, a construção kelseniana que resultou na teoria pura do direito foi alvo de críticas de todas as procedências. Em que pese a inegável contribuição do jurista para a dogmática e para a afirmação do direito enquanto ciência, no que diz respeito ao tema da contradição entre normas de diferente hierarquia a teoria pura do direito é realmente confusa. Em parte, essa confusão deve-se à concepção de Kelsen sobre os planos da validade e da eficácia. Como visto, para Kelsen a validade decorre da conformidade da norma em relação à norma superior, que lhe serve de fundamento. Falando de modo inverso, se não nasce de acordo com outra norma anterior, não há norma válida (sequer há "norma", segundo Kelsen). Este conceito de validade que sustenta a hierarquia formal das normas jurídicas falha diante dos conflitos entre normas de graus diversos. (BARZOTTO, Luiz Fernando. *Positivismo jurídico contemporâneo*. São Leopoldo: Unisinos, 1999, p. 44.) Barzotto explica bem essa falha: "Um órgão autorizado a produzir normas pode agir fora da esfera da sua competência. Este fenômeno representa um grave desafio à construção kelseniana, na medida em que uma norma só pode existir se vier à luz de acordo com o previsto na norma superior. Uma norma que contraria a norma superior não é válida, o que quer dizer, não é uma norma. Mas uma norma 'inválida' nem poderia ser identificada como tal, no momento em que validade equivale a existência". É por isso que Kelsen diz que "uma norma contrária a uma norma é uma contradição em termos; nem se pode considerar norma jurídica

Assim sendo, no interior dessa lógica, a decisão de nulidade (ou de *anulabilidade de efeito retroativo*, como prefere o autor) é constitutiva e não declaratória. Se uma ordem jurídica estabelece que uma norma, desconforme com Constituição, deve ser considerada nula *a priori*, e, portanto, não é necessário qualquer ato para a anular, precisa também determinar quem vai verificar a presença dos pressupostos desta nulidade. Essa verificação tem caráter constitutivo porque: (1) a nulidade da norma em questão é efeito desta verificação; e (2) a nulidade não pode ser juridicamente afirmada antes dessa verificação.[40] Logo, mesmo uma declaração de nulidade significa, na verdade, uma anulação, com efeito retroativo, de uma norma considerada até aí válida, pois, para ele, "a nulidade é apenas o grau mais alto da anulabilidade".[41]

Nas palavras de Kelsen:

> A decisão tomada pela autoridade competente de que algo que se apresenta como norma é nulo *ab initio*, porque preenche os requisitos da nulidade determinados pela ordem jurídica, é um ato constitutivo; possui um efeito legal definido; sem esse ato e antes dele o fenômeno em questão não pode ser considerado "nulo". Donde não se tratar de decisão "declaratória", não constituindo, como se afigura, declaração de nulidade: é uma verdadeira anulação, uma anulação com força retroativa, pois se faz mister haver legalmente existente a que a decisão se refira. Logo o fenômeno em questão não pode ser algo nulo *ab initio*, isto é, o não ser legal. É preciso que esse algo seja considerado como uma força anulada com força retroativa pela decisão que a declarou nula *ab initio*.[42]

---

válida aquela norma jurídica em relação à qual fosse possível julgar que não seja conforme a norma que regula a sua produção: seria nula, isto é, não seria de fato uma norma jurídica". (KELSEN, op.cit., p. 284.) E a conclusão de Kelsen é um desafio à concepção corrente de nulidade; se a norma é nula, não é norma, não existe, e como tal não pode ser anulada por um meio jurídico: "se o ordenamento jurídico anula uma norma por qualquer motivo, deve em primeiro lugar permitir que esta norma seja válida objetivamente, (...) deve admiti-la como uma norma jurídica em conformidade com o direito". Também os problemas em torno da definição de validade e eficácia em Kelsen não passaram despercebidos por Barzotto (op. cit, p. 64-65), que chama atenção ao fato de Kelsen ter assumido a eficácia como condição de validade e com isso abriu uma brecha à teoria pura do direito. É que validade decorre da norma fundamental, mas na própria norma fundamental, a eficácia é condição suficiente para a validade do ordenamento ou da norma, de modo que (a) normas produzidas por usurpadores são válidas se forem eficazes; (b) um novo ordenamento será válido, se eficaz; (c) uma norma individual em contradição com outra se torna válida, se eficaz; (d) uma decisão de um Tribunal de última instância será válida, se eficaz; e (f) uma lei inconstitucional será válida, se eficaz. "Assim, pode-se dizer: a validade não decorre de uma norma ter nascido em conformidade com outra, mas sim do fato de ser ela eficaz. Como, então, considerar o direito impermeável aos fatos? A conclusão é irrefutável se se levar em conta que toda contrariedade entre normas se resolve na norma fundamental (eficácia), que teria autorizado, de alguma forma, aquela norma contrária. Para evitar o reconhecimento de contradição entre normas, Kelsen estabelece que a norma superior 'faculta' ao órgão autorizado por ela a criar normas, a seguir ou não o que ela dispõe! Essa posição é insustentável, pois se as normas superiores contêm uma autorização 'aberta' ao aplicador, de modo que este possa segui-la ou não segundo seu arbítrio, elas nunca poderão ser desobedecidas, o que as anula enquanto normas. Ademais, uma vez aberta a possibilidade de determinação do procedimento e da matéria a ser regulada pelo órgão competente, não há porque não deixar em aberto a própria determinação do órgão. Tem-se, então, uma construção de direito positivo que autoriza qualquer pessoa ditar normas mediante qualquer procedimento e sobre qualquer matéria".

[40] KELSEN, 1991, op. cit., p. 294.

[41] Id., Ibid.

[42] Id., Ibid. *Teoria Geral do Direito e do Estado*. Traduzido por Luís Carlos Borges. São Paulo: Martins Fontes, 1993, p. 162.

Pesa em favor da tese da anulabilidade a importante questão relativa à segurança jurídica, que constitui a tônica da concepção kelseniana. Consoante assevera Hugo de Brito Machado, segundo a teoria pura do direito, a declaração de inconstitucionalidade de uma lei equivale a sua revogação. "Tem, portanto, natureza de ato legislativo e assim, tal como acontece com os atos legislativos em geral, não pode produzir efeitos retroativos, salvo em favor do cidadão".[43]

Demais disso, é cediço que a irretroatividade das leis é, ela própria, regra condensadora do princípio da segurança jurídica. Este ficaria prejudicado por um regime de atribuição de efeitos que determinasse, de forma indiscriminada, a desconstituição pura e simples de tudo o que se constituiu sob o império da norma inconstitucional durante o período em que sua validade era presumida.[44]

Nesse sentido é o magistério de Regina Ferrari que, em escrito mais recente sobre este tema, registra:

> Autores há que, apesar de reconhecerem efeitos ex tunc à constatação de invalidade, admitem que os efeitos produzidos pelo ato normativo inválido possam ser reconhecidos pelo ordenamento jurídico, podendo mesmo ser ainda considerados como insuscetíveis de eliminação, sob a alegação de que o direito pode dar significação aos fatos, mas não pode impedir que eles ocorram, nem pode eliminar seu registro histórico. (...) Outro não pode ser o entendimento, senão o que nos leva à aceitação de que a lei inconstitucional, enquanto não tenha sido como tal considerada, opera eficaz e normalmente, como qualquer disposição normativa válida, já que assim o é, até a decretação de sua inconstitucionalidade. (...) Reconhecer, portanto, que a norma inconstitucional é nula, e que os efeitos desse reconhecimento devem operar ex tunc, estendendo-os ao passado de modo absoluto, anulando tudo o que se verificou sob o império da norma assim considerada, é impedir a segurança jurídica, a estabilidade do direito e a sua própria finalidade.[45]

Nada obstante aos argumentos que sustentam a tese da anulabilidade da lei inconstitucional, a tese que prevaleceu, em nível doutrinário e também jurisprudencial, no Brasil, foi mesmo a da nulidade. Todavia,

---

[43] MACHADO, Hugo de Brito. Declaração de inconstitucionalidade e direito intertemporal. In: *Revista Dialética de Direito Tributário*, n. 57, p.72-87, 2000, p. 76-77. Essa comparação da declaração de inconstitucionalidade com a revogação da norma vem a ser, implicitamente, endossada pela jurisprudência reiterada do Supremo Tribunal Federal na chamada *tese do legislador negativo*, forte no entendimento de que ao Poder Judiciário não é dado inovar no ordenamento jurídico, criando normas não contempladas pelo legislador, ainda que por meio de interpretação de preceito preexistente. O que pode, tão-somente, é subtrair, i.e., retirar do mundo jurídico as normas atingidas pelo vício de inconstitucionalidade. Em diversos julgados, o Supremo Tribunal Federal foi taxativo: "em se tratando de inconstitucionalidade de ato normativo, o Poder Judiciário atua como legislador negativo, jamais como legislador positivo" (v.g., RE 196590/AL. Relator: Min. Moreira Alves. 16 de abril de 1996, entre centenas de outros). No entanto, não parece própria a comparação, pois, declarando a nulidade da lei com eficácia retroativa, afasta-se o Supremo do modelo da revogação, endossado por Kelsen, cuja eficácia é, via de regra, prospectiva.

[44] FERRARI, Regina Maria Macedo Nery. *Efeitos da declaração de inconstitucionalidade*. 4ª ed. São Paulo: Revista dos Tribunais, 1999, p. 126.

[45] Id., ibid., p. 86-87.

como se verá no capítulo a seguir, na jurisprudência nunca se desconheceu a necessidade de que, em muitas situações, as conseqüências da tese da nulidade deveriam sofrer alguns temperamentos.

2.3. APRECIAÇÃO CRÍTICA

É interessante questionar-se sobre *como* a regra da nulidade assumiu a condição de *dogma* na tradição brasileira. É que, constatada a existência de dois sistemas diferentes de controle de constitucionalidade das leis – modelo austríaco, abstrato, e modelo norte-americano, concreto – e, respectivamente, de duas formas distintas de atribuição de efeitos – *ex nunc* e *ex tunc* –, não se poderia, absoluta e aprioristicamente, negar validade a uma ou outra forma de se operar com os efeitos. Considerando que, no Brasil, os dois modelos de controle – abstrato e concentrado – operam paralelamente desde a Emenda Constitucional n° 16, de 26 de novembro de 1965, à Constituição de 1946, não deixa de causar estranheza a formação do *dogma da nulidade da lei inconstitucional*, que tornou a retroatividade dos efeitos da declaração um imperativo inarredável.

Esses questionamentos devem ser suscitados porque elevar a nulidade da inconstitucionalidade à condição de dogma gerou uma série de problemas, notadamente quando em jogo um regime exclusivo de desfazimento de efeitos contraposto à segurança jurídica, bem como a outros valores constitucionais de igual dignidade, a postular o reconhecimento dos efeitos produzidos. Aliás, manter-se uma visão maniqueísta sobre as teses da nulidade e anulabilidade do ato inconstitucional é postura que desconsidera, inclusive, a própria evolução que os dois sistemas de origem (austríaco e norte americano) experimentam com o passar do tempo.

Cabe observar que, na origem, nem o modelo norte-americano e nem o austríaco apresentavam soluções teoricamente satisfatórias para todos os problemas que surgiam de cada avaliação em concreto. Nos EUA, desde o *case Chicot Country Drainage District vs. Baxter State Bank* (1940) e, mais recentemente, o *case Linkletter vs. Walker*, tem a Suprema Corte admitido que, apesar de se reconhecer a inconstitucionalidade da lei, devem-se preservar os efeitos por ela produzidos, valendo a decisão de inconstitucionalidade apenas para o caso concreto que serviu de base para o julgamento ou somente para casos futuros (efeito *ex nunc*). A seu turno, o Tribunal Constitucional austríaco recebeu, através da reforma constitucional de 1975/76, poderes para a adoção de fórmulas diversas em relação aos efeitos temporais, que podem ser fixados *ex tunc*, *ex nunc* ou *pro futuro* (termo inicial diferido, mas em prazo não superior a um ano).[46]

---
[46] Cf., mais adiante a redação do art. 140 da Constituição Austríaca.

Diante disso, o que se percebe é que, em relação ao regime de efeitos no aspecto temporal, há uma *interpenetração* dos dois modelos, ou seja, entre as teses da nulidade e da anulabilidade do ato inconstitucional, que se revela na adoção de técnicas alternativas, normativas ou jurisprudenciais, em relação à técnica da nulidade.[47] Por tal razão é que, para que a matéria seja adequadamente regulada, deve-se abrir mão de uma regra geral, exclusiva e absoluta, para adotar uma regra de preferência que admita exceções, tal como se procedeu no sistema brasileiro de controle de constitucionalidade, através da edição do art. 27.

Essas razões, somadas à ausência de uma distinção intrínseca entre nulo e anulável que sirva de suporte para, obrigatoriamente, distinguir o regime de determinação de efeitos dos atos inválidos, justifica o abandono da dicotomia *ex tunc/ex nunc* em favor de uma ponderação que leve em consideração as normas constitucionais afetadas pela norma inconstitucional e as normas constitucionais afetadas pelos efeitos por ela produzidos. Esta é uma tendência que já podia ser observada na jurisprudência do Supremo Tribunal Federal, antes mesmo que a Lei n° 9.868/99 viesse a ser editada, apesar de presente o dogma da nulidade na tradição brasileira. É o que se verá a seguir.

---

[47] Cf., sobre o tema, elucidativo voto do Min. Gilmar Mendes na ADI 2.240/BA, Rel. Min. Eros Grau, de 09/05/2007. "Pode-se dizer que, independentemente do modelo de controle adotado, de perfil difuso ou concentrado, a criação de técnicas alternativas é comum aos diversos sistemas constitucionais. Também o Tribunal da Comunidade Européia e o Tribunal Europeu dos Direitos Humanos curvaram-se à necessidade de adoção de uma técnica alternativa de decisão. (...) Ressalte-se, ainda, que a evolução das técnicas de decisão em sede de controle judicial de constitucionalidade deu-se no sentido da quase integral superação do sistema que Canotilho denominou de 'silogismo tautológico': (1) uma lei inconstitucional é nula; (2) uma lei é nula porque inconstitucional; (3) a inconstitucionalidade reconduz-se à nulidade e a nulidade à inconstitucionalidade".

3. Efeitos na jurisprudência do Supremo Tribunal Federal

A jurisprudência do Supremo Tribunal Federal fixava algumas diretivas sobre a abrangência temporal dos efeitos, os quais, segundo a tradição, projetavam-se *ex tunc*. É que, para o Supremo, firme na tese da nulidade, o ato normativo inconstitucional equipara-se ao ato nulo, razão por que os efeitos que tenha produzido devem ser desconstituídos desde a origem.[48]

3.1. TRADIÇÃO: O PREDOMÍNIO DO EFEITO *EX TUNC*

Foi a jurisprudência do Supremo Tribunal Federal que alçou a nulidade da lei inconstitucional à condição de dogma, pacificando a necessidade de retroação dos efeitos da decisão na sua jurisprudência, ao considerar que:

> (...) atos inconstitucionais são, por isso mesmo, nulos e destituídos, em conseqüência, de qualquer carga de eficácia jurídica. (...) A declaração de inconstitucionalidade de uma lei alcança, inclusive, os atos pretéritos com base nela praticados, eis que o reconhecimento desse supremo vício jurídico, que inquina de total nulidade os atos emanados do Poder Público, desampara as situações constituídas sob sua égide e inibe – ante sua inaptidão para produzir efeitos jurídicos válidos – a possibilidade de invocação de qualquer direito.[49]

Essa é a orientação que prevalece no Supremo Tribunal Federal há décadas, como se pode ver na decisão proferida na Representação nº 971, relator Min. Djaci Falcão, de 3 de novembro de 1977, entre diversas outras. Todavia, já faz algum tempo que se verificam dissidências, no interior da Corte, quanto a esse dogma da retroação dos efeitos do controle de constitucionalidade. Em diversos julgados, o Min. Leitão de Abreu asseverou

---

[48] Essa consideração tomou por base o sistema norte-americano de controle de constitucionalidade – que é difuso e foi o primeiro sistema a ser adotado no Brasil – e transportou para o direito público a verdade até então indiscutida no direito privado, desde o direito romano, de que o nulo jamais produz efeitos ou convalesce. COUTO E SILVA, Almiro Régis do. Princípios da legalidade da administração pública e da segurança jurídica no Estado de Direito contemporâneo. In: *Revista de Direito Público*, n. 84, 43, p. 54, 1982.

[49] ADIQO 652/MA. Relator: Min. Celso de Mello, de 2 de abril de 1992.

a necessidade de esse dogma sofrer alguns temperamentos, forte no fundamento de que:

> (...) a lei inconstitucional é um fato eficaz, ao menos antes da determinação da inconstitucionalidade, podendo ter conseqüências que não é lícito ignorar. A tutela da boa-fé exige que, em determinadas circunstâncias, notadamente quando, sob a lei ainda não declarada inconstitucional, se estabelecerem relações entre o particular e o poder público, se apure, prudencialmente, até que ponto a retroatividade da decisão, que decreta a inconstitucionalidade, pode atingir, prejudicando-o, o agente que teve por legítimo o ato e, fundado nele, operou na presunção de que estava procedendo sob o amparo do direito objetivo.[50]

Ainda que a questão julgada tenha disciplinado os efeitos de forma retroativa, essa reflexão acendeu a discussão em torno da disciplina dos efeitos e deu voz à corrente dissidente, lastreada nas orientações de Hans Kelsen para o controle abstrato de constitucionalidade austríaco. Como já se viu, sustenta-se aí a tese da anulabilidade da lei inconstitucional, tese que ganhou força não só aqui, mas também no desenvolvimento do próprio sistema norte-americano, em face de questões que tornam patente a necessidade de flexibilização na produção dos efeitos da decisão que proclama a inconstitucionalidade de lei. É que:

> A falta de um instituto que permita estabelecer limites aos efeitos da declaração de inconstitucionalidade acaba por obrigar os Tribunais, muitas vezes, a se abster de emitir um juízo de censura, declarando a constitucionalidade de leis manifestamente inconstitucionais.[51]

Entre deixar de declarar a inconstitucionalidade ou declará-la com ressalva aos efeitos, parece preferível a segunda via.

3.2. RECONHECIMENTO EXCEPCIONAL DE EFEITOS *EX NUNC*

Apesar de o Min. Leitão de Abreu ter sido voto vencido nas decisões antes referidas, é de se registrar que essa ressalva quanto aos efeitos no controle de constitucionalidade já vinha sendo realizada pelo Supremo Tribunal Federal, antes mesmo do advento da Lei nº 9.868/99. Exemplos disso são os recursos extraordinários nº 105.789-1, relator Min. Carlos Madeira, de 15 de abril de 1986, e nº 122.202, relator Min. Francisco Rezek, de 10 de agosto de 1993: em ambos os casos, foi afastada a aplicação de norma atributiva de gratificação a magistrado, ao arrepio da Constituição Federal. Sabe-se que os efeitos, no controle difuso, produzem-se *ex tunc*; mas, nessas situações, subsistiram os pagamentos da gratificação sob fundamento de que o desfazimento dos efeitos produzidos pelas normas

---

[50] RE nº 79.343/BA, 31 de maio de 1977; RE nº 93.356/MT, 24 de março de 1981.

[51] MENDES, Gilmar Ferreira; MARTINS, Ives Gandra da Silva. *Controle concentrado de constitucionalidade*. São Paulo: Saraiva, 2001, p. 316.

inconstitucionais implicaria a redução dos vencimentos dos magistrados – inadmissível segundo a Constituição.[52] Estabelece a segunda decisão referida o efeito *ex nunc*, pelo que:

> (...) a retribuição declarada inconstitucional não é de ser devolvida no período de validade inquestionada da lei de origem – mas tampouco paga após a declaração de inconstitucionalidade.[53]

Outros exemplos em que esse entendimento foi endossado tratam da preservação de atos praticados por servidores ocupantes de cargos criados por lei posteriormente declarada inconstitucional. Assim, o RE n° 78.549/SP defende a

> (...) validade do ato praticado por funcionário de fato, apesar de proclamada a ilegalidade da investidura do funcionário público na função de oficial de justiça, em razão da declaração de inconstitucionalidade da lei estadual que autorizou tal designação.[54]

Nesse mesmo sentido, registram-se os recursos extraordinários n° 78.209/SP e n° 79.682/SP, 1° Turma, ambos relatados pelo Min. Aliomar Baleeiro, bem como RE n° 78.533/SP, 2ª Turma, relatado pelo Min. Firmino Paz.[55]

Registrado está o efeito *ex nunc* já nesses precedentes, de tal modo que o art. 27 da Lei n° 9.868/99, nesse particular, pouca inovação trouxe quanto à possibilidade de fixação de efeitos prospectivos pelo Supremo: esses julgados já demonstram que isso era possível.

3.3. RECONHECIMENTO DE EFEITOS COM TERMO INICIAL DIFERIDO

A decisão que declara a inconstitucionalidade com termo inicial diferido para a produção de efeitos, também chamada de decisão com efeito *pro futuro*, prevista na parte final do art. 27 da Lei n° 9.868, tem nítida inspiração na *Appellentscheidung* – decisão de apelo ao legislador – no direito

---

[52] Acerca dessas decisões, Couto e Silva faz importantes observações, com as quais é de se concordar integralmente. Segundo ele, apesar do acerto do resultado, a fundamentação está equivocada, pois desconsiderou o singelo fato de que "o princípio da irredutibilidade de vencimentos só tem aplicação quando os vencimentos ou as vantagens remuneratórias são legais e legítimos". Com efeito, "o princípio constitucional que deveria ter sido chamado para ponderação, era o da segurança jurídica, e não o da irredutibilidade dos vencimentos, cuja adequação àquelas hipóteses nos parece manifestamente impertinente". COUTO E SILVA, Almiro Régis do. O princípio da segurança jurídica (proteção à confiança) no direito público brasileiro e o direito da administração pública anular seus próprios atos administrativos: o prazo decadencial do art. 54 da Lei do Processo Administrativo da União (Lei n° 9.784/99). *Revista de Direito Público*, n. 6, p. 7-59, jul./set. 2004, p. 27.

[53] RE n° 122.202. Relator: Min. Francisco Rezek, 10 de agosto de 1993.

[54] RE n° 78549/SP. Relator Min. Bilac Pinto, 7 de junho de 1974.

[55] RE n° 78209/SP. Relator: Min. Aliomar Baleeiro, 4 de junho de 1974; RE n° 79682/SP. Relator: Min. Aliomar Baleeiro, 4 de junho de 1974; RE n° 78533/SP. Relator: Min. Firmino Paz, 3 de novembro de 1981.

constitucional alemão. No aperfeiçoamento dos modos de decisão no sistema de controle de constitucionalidade germânico, com certa freqüência, o Tribunal Constitucional reconheceu que uma lei ou a situação jurídica não se tornou ainda inconstitucional, apelando ao legislador para que proceda à retificação ou ao ajuste dessa circunstância, dita *ainda constitucional*.[56]

Qualifica-se como *Appellentscheidung* a decisão em que o Tribunal declara a situação como *ainda constitucional*, proclamando a eventual transformação de uma condição de *constitucionalidade imperfeita* para uma conjuntura de constitucionalidade total.[57]

Dentre as diferentes espécies de *Appellentscheidung*, pelo menos duas interessam para fins de análise de compatibilidade com o sistema de controle de constitucionalidade brasileiro: a) o *apelo ao legislador* em virtude de mudança de relações fáticas ou jurídicas; e b) o *apelo ao legislador* em razão de inadimplemento de dever constitucional de legislar.[58]

A primeira acepção, que mais interesse aporta ao objeto do presente estudo, compõe a modalidade de decisão mais comum na jurisprudência do Tribunal Constitucional alemão. Como exemplo dessa técnica de atribuição de efeitos, pode-se destacar a decisão do *Bundesverfassungsgericht* de 22 de maio de 1963. Salientou-se, nesse acórdão, que a divisão dos distritos eleitorais, em razão da mudança considerável na estrutura demográfica das diversas unidades federadas, não mais amparava os requisitos exigidos pelo princípio de igualdade eleitoral (art. 38 da Lei Fundamental). Nada obstante, o Tribunal deixou de declarar a inconstitucionalidade, baseado na justificação de que tal circunstância não era passível de verificação na data da promulgação da lei, ou seja, em setembro de 1961. É que,

---

[56] Em que pese se possa observar que, nesta matéria, a doutrina brasileira tenha se beneficiado do desenvolvimento que a *decisão de apelo* (*Appellentscheidung*) experimentou no Tribunal Constitucional Federal da Alemanha, há que se mencionar que a determinação dos efeitos da declaração de inconstitucionalidade, com esta configuração (*pro futuro*), já havia sido positivada na Constituição Austríaca de 1920, que, neste particular, foi aperfeiçoada com a reforma de 1929. Segundo o art. 140 da Constituição Austríaca, a declaração de inconstitucionalidade produz efeitos a partir da publicação, a menos que o Tribunal fixe um termo inicial, que não pode ultrapassar um ano, caso em que, durante todo o período até o prazo fixado, a lei deverá ser aplicada (Cf. art. 140, § 5: "The judgment by the constitutional court which rescinds a law as unconstitutional imposes on the federal chancellor or the competent state-governor the obligation to publish the rescission without delay. This applies analogously in the case of a pronouncement pursuant to Paragraph (4). The rescission enters into force on the day of publication if the Court does not set a deadline for the rescission. This deadline may not exceed one year". c/c § 7: "If a law has been rescinded on the score of unconstitutionality or if the constitutional court has, pursuant to Paragraph (4), pronounced a law unconstitutional, all courts and administrative authorities are bound by the court's decision. The law shall, however, continue to apply to the circumstances effected before the rescission, the case in point excepted, unless the court in its rescissory judgment decides otherwise. If the court has in its rescissory judgment set a deadline pursuant to paragraph (5), the law shall apply to all the circumstances effected, the case in point excepted, till the expiry of this deadline").

[57] MENDES, Gilmar Ferreira. *Jurisdição constitucional:* o controle abstrato de normas no Brasil e na Alemanha. 5ª ed. São Paulo: Saraiva, 2005, p. 297.

[58] Id., ibid., p. 297.

se o *Bundesverfassungsgericht* declarasse a inconstitucionalidade da lei que regulava a divisão dos distritos eleitorais, a invalidade das últimas eleições parlamentares haveria de ser reconhecida, resultando, assim, na ilegitimidade do próprio parlamento e do governo. Caso isso ocorresse, não haveria órgão legítimo para promulgar uma nova lei eleitoral, uma vez que a legislatura precedente já havia encerrado (art. 39, I, 2º período, da Lei Fundamental), e o preceito legal sobre o *estado de necessidade legislativa* (*Gesetzgebungsnotstand*) não era destinado ao caso em exame.[59] Assim, por julgar a acefalia legislativa e governamental uma violação ainda mais grave na Lei Fundamental como um todo, em vez de declarar inconstitucional a referida lei, o Tribunal Constitucional deixou de afirmar a violação ao art. 38 da Lei Fundamental, mas conclamou o legislador "a empreender as medidas necessárias à modificação dos distritos eleitorais, com redução da discrepância existente para patamares toleráveis".[60] Essa manifestação do Tribunal foi acatada com o advento da lei de 14 de fevereiro de 1964 (*Gesetz zur Änderung des Bundeswahlgesetz*).

Esse raciocínio teve aplicação em caso semelhante, julgado pelo Supremo Tribunal Federal, em voto da lavra do Min. Gilmar Mendes:

> No caso em tela, observa-se que eventual declaração de inconstitucionalidade com efeitos *ex tunc* ocasionaria repercussões em todo o sistema vigente, atingindo decisões que foram tomadas em momento anterior ao pleito que resultou na atual composição da Câmara Municipal: fixação do número de vereadores, fixação do número de candidatos, definição do quociente eleitoral. Igualmente, as decisões tomadas posteriormente ao pleito também seriam atingidas, tal como a validade da deliberação da Câmara Municipal nos diversos projetos e leis aprovados. (...)
>
> Não há dúvida, portanto, de que no presente caso e diante das considerações antes esposadas, acompanho o voto do Relator, para conhecer do recurso extraordinário e lhe dar parcial provimento, no sentido de se declarar a inconstitucionalidade do parágrafo único do art. 6º da lei orgânica 222, de 31 de março de 1990, do Município de Mira Estrela-SP. Faço-o, todavia, explicitando que a declaração de inconstitucionalidade da lei não afeta a composição da atual legislatura da Câmara Municipal, cabendo ao legislativo municipal estabelecer nova disciplina sobre matéria, em tempo hábil para que se regule o próximo pleito eleitoral (declaração de inconstitucionalidade *pro futuro*).[61]

Na sua segunda acepção, o *apelo ao legislador* caracteriza-se pela constatação do inadimplemento de dever constitucional de legislar, que decorre de disposição constitucional expressa, ou resulta do denominado *dever de proteção* (*Schutzpflicht*), que impõe ao Estado a obrigação de defesa e resguardo de determinados valores (vida, integridade física, honra), especialmente contra ofensas praticadas por terceiros. O *dever geral de adequação*

---

[59] MENDES, 2005, op. cit., p. 298.

[60] Id., ibid.

[61] RE nº 197.917-8/SP. Relator: Min. Maurício Corrêa. Voto-vista do Min. Gilmar Mendes, 6 de junho de 2002, p. 438 e 441-2.

(*allgemeiner Nachbesserungsvorbehalt*), que obriga o legislador a agir de forma protetora e construtiva na esfera dos direitos fundamentais, tem sido apontado pelo Tribunal como embasamento do dever geral de legislar.[62]

Esta seria a situação, no Brasil, classificada como a omissão inconstitucional e, em linha de princípio, não goza do mesmo respaldo na jurisprudência nacional, que tem se apoiado na tese do *legislador negativo*. Segundo essa tese, não cabe ao Judiciário inovar na ordem jurídica, determinando aquilo que o legislador não determinou, mas, tão-somente, expurgar do ordenamento jurídico normas jurídicas incompatíveis com os preceitos constitucionais. Com isso, não se reconhece – salvo em situações excepcionalíssimas[63] – ao Poder Judiciário competência para a integração normativa ou para a determinação, com cunho mandamental e sujeito à sanção, da obrigação de legislar para o Poder Legislativo.[64]

---

[62] MENDES, 2005, op. cit., p. 301.

[63] A questão da omissão inconstitucional adquire relevo na doutrina nacional e comparada quando em questão a satisfação dos direitos fundamentais cujo objeto implica uma prestação de cunho material por parte do Estado, notadamente os direitos sociais. Na medida em que a Constituição, embora prevendo esses direitos, não determina, com especificidade, o conteúdo e a extensão dessas prestações ou as formas de despender os recursos materiais do Estado, essas decisões dependem da interposição do Poder Legislativo, órgão legitimado pela representação popular e competente para fixar, normativamente, as linhas mestras da política financeira e social propostas pelo Poder Executivo. Essa legitimação popular é tanto mais importante porque a realização dos direitos sociais implica, necessariamente, privilegiar um bem jurídico em detrimento do outro e, também, o favorecimento de determinados segmentos da população. Essas opções exigem, pois, um procedimento democrático para serem escolhidas.

Em face disso, esses direitos não podem, em princípio, ser determinados pelos juízes quanto aos seus pressupostos e à extensão de seu conteúdo. "Para que se determinem como direitos, é necessária uma atuação legislativa, que defina o seu conteúdo concreto, fazendo uma opção num quadro de prioridades a que obrigam a escassez dos recursos, o caráter limitado da intervenção do Estado na vida social e, em geral, o princípio democrático. Tais preceitos, não são, portanto, auto-exeqüíveis". (ANDRADE, José Carlos Vieira de. *Os direitos fundamentais na Constituição Portuguesa de 1976*. Coimbra, Almedina, 1987, p. 207). Cf., sobre o tema, por todos, SARLET, Ingo. *A eficácia dos direitos fundamentais*. 9ª ed. Porto Alegre: Livraria do Advogado, 2008.

Esses fundamentos estão, pois, na base da tese do legislador negativo, amplamente adotada em nossos tribunais. No entanto, para uma atualização em possíveis novos rumos da jurisprudência neste tema, é de se conferir a ADPF nº 45, Rel. Min. CELSO DE MELLO: "É certo que não se inclui, ordinariamente, no âmbito das funções institucionais do Poder Judiciário a atribuição de formular e implementar políticas públicas, pois, nesse domínio, o encargo reside, primariamente, nos Poderes Legislativo e Executivo. Tal incumbência, no entanto, embora em bases excepcionais, poderá atribuir-se ao Poder Judiciário, se e quando os órgãos estatais competentes, por descumprirem os encargos político-jurídicos que sobre eles incidem, vierem a comprometer, com tal comportamento, a eficácia e a integridade de direitos individuais e/ou coletivos impregnados de estatura constitucional, ainda que derivados de cláusulas de conteúdo programático (...)"

[64] No entanto, para as situações de omissão parcial – em que o dispositivo foi atendido, mas não completamente – a atribuição de efeitos *pro futuro* garantiria a subsistência daquilo que já foi atendido em termos de prestação de direitos fundamentais até que o Legislador procedesse à adequação da norma. Questão interessante, entre nós, ocorreu em relação à fixação do valor do salário mínimo, considerado não correspondente (por insuficiência) ao que prevê o art. 7º, inc. IV, da Constituição Federal de 1988. O Supremo Tribunal Federal, reconhecendo ser o valor insuficiente para atender aos fins visados pelo preceito constitucional, deixou de reconhecer a invalidade do valor fixado por entender que a falta de um valor para o salário teria conseqüências mais graves do que o valor fixado, ainda que insuficiente

A utilidade do *apelo ao legislador* não é vista de forma unânime na ordem constitucional alemã. De um lado, assevera-se que o Tribunal não possui apoio legal para pronunciar esse tipo de decisão. De outro lado, o *apelo ao legislador* revela-se como meio de tentar contrabalançar, através de decisão judicial, o saldo negativo verificado no processo de decisão parlamentar (*Kompensation parlamentarischer Entscheidungsdefizite*). Portanto, a *Appellentscheidung* eximiria o legislador do encargo de consolidar a ordem fundamental. Além disso, argumenta-se que o Tribunal Constitucional não pode determinar, com segurança e pontualmente, o momento da mudança de uma *situação ainda constitucional* para uma situação de inconstitucionalidade.[65]

No que concerne à possível ausência de base legal para a aplicação da *Appellentscheidung*, tem-se que não é matéria irrefutável, especialmente se se considerar "esta decisão como peculiar sentença de rejeição da inconstitucionalidade".[66] Sob uma ótica formal, o *apelo ao legislador* refletiria, tão-somente, a verificação desse processo de inconstitucionalização inacabado. Nessa linha de raciocínio, considerar-se-ia a *Appellentscheidung* como meio peculiar para atuar frente a essas *situações imperfeitas* sem que seja necessário declarar a inconstitucionalidade ou nulidade de uma determinada lei. Em suma, o Tribunal exime-se de "emitir um juízo de desvalor sobre a norma para evitar conseqüências práticas danosas".[67]

Nesse sentido, observa-se que já foi enfrentada questão dessa ordem na jurisprudência brasileira:

> É inegável que a opção desenvolvida pelo Supremo Tribunal Federal inspira-se diretamente no uso que a Corte Constitucional alemã faz do "apelo ao legislador", especialmente nas situações imperfeitas ou no "processo de inconstitucionalização". Nessas hipóteses, avalia-se, igualmente que, tendo em vista razões de segurança jurídica, a supressão da norma poderá ser mais danosa para o sistema do que a sua preservação temporária.
>
> Não há negar, ademais, que aceita a idéia da situação "ainda constitucional" deverá o Tribunal, se tiver que declarar a inconstitucionalidade da norma, em outro momento, fazê-lo com eficácia restritiva ou limitada. Em outros termos, o "apelo ao legislador" e a declaração de inconstitucionalidade com efeitos limitados ou restritos estão muito próximos do prisma conceitual ou ontológico.

(ADI n° 1442/DF. Relator: Min. Celso de Mello, 29 de abril de 2005). Aqui se propõe uma forma alternativa de interpretar-se a situação. Merece ponderação o fato de que a inconstitucionalidade não está no valor que foi insuficientemente fixado (este seria constitucional e por isso segue produzindo efeitos independentemente da aplicação do art. 27), mas sim na necessária – e, todavia inexistente – complementação do valor para o ajuste em relação ao que preceitua a Constituição.

[65] MENDES, 2005, op. cit., p. 306.

[66] Id., ibid.

[67] Id., ibid.

Essas considerações demonstram que razões de segurança jurídica podem revelar-se aptas a justificar a não-aplicação do princípio da nulidade da lei inconstitucional.[68]

Em verdade, a tentativa de identificar a conclusão do processo de inconstitucionalização denota algumas dificuldades, uma vez que o Tribunal está autorizado a decidir sobre o *que há de vir* somente baseado em prognósticos. Não obstante, é absolutamente concreta a possibilidade de o Tribunal, nas chamadas *situações ainda constitucionais*, destacar os defeitos da norma questionada e a necessidade de substituí-la, derrogá-la ou complementá-la.[69]

Cabe destacar que o *apelo* para que se reforme uma *situação ainda constitucional* não obriga, juridicamente, o órgão legislativo a pôr em execução qualquer medida para superar as irregularidades. Da mesma forma ocorre quando o Tribunal Constitucional une o *apelo* à parte dispositiva da decisão. Nesse ponto, esclarece Gilmar Mendes que "a manifestação do *Bundesverfassungsgericht* sobre o processo de inconstitucionalização há de ser considerada simples *obter dictum*".[70]

É interessante notar que mesmo para a possibilidade de se declarar uma lei *ainda válida* em face de dispositivo constitucional contrariado, podem-se invocar outros precedentes do Supremo Tribunal Federal, perfazendo a hipótese de fixação de qualquer momento futuro como termo inicial para a produção dos efeitos da decisão declaratória de inconstitucionalidade, prevista no art. 27, *in fine*. É a situação, *v.g.*, do RE nº 147.776-8,[71] em caso que questionava a legitimação do Ministério Público para a promoção, no juízo cível, do ressarcimento do dano resultante de crime, se pobre o titular do direito à reparação, já que o art. 134 da Constituição confere tal incumbência à Defensoria Pública:

> Código de Processo Penal, art. 168, ainda constitucional: processo de inconstitucionalização das leis. 1. A alternativa radical da jurisdição constitucional ortodoxa entre a constitucionalidade plena e a declaração de inconstitucionalidade ou revogação por inconstitucionalidade da lei com fulminante eficácia *ex tunc* faz abstração da evidência de que a implementação de uma nova ordem constitucional não é um fato instantâneo, mas um processo, no qual a possibilidade de realização da norma da Constituição – ainda quando teoricamente não se trate de preceito de eficácia limitada – subordina-se muitas vezes a alterações da realidade fática que a viabilizem. 2. No contexto da Constituição de 1988, a atribuição anteriormente dada ao Ministério Público pelo art. 68 do CPP – constituindo modalidade de assistência judiciária – deve reputar-se transferida para a Defensoria Pública: essa, porém, para esse fim, só se pode considerar existente, onde e quando organizada, de direito e de fato, nos moldes do art. 134 da própria Constituição e da lei complementar por ela ordenada; até que

---

[68] Voto-vista do Min. Gilmar Mendes, p. 436-7, no RE nº 197.917-8/SP. Relator: Min. Maurício Corrêa. 6 de junho de 2002.

[69] MENDES, 2005, op. cit., p. 306.

[70] Id., ibid., p. 308.

[71] RE nº 147.776-8. Relator: Min. Sepúlveda Pertence.

– na União e em cada Estado considerado –, se implemente essa condição de viabilização da cogitada transferência constitucional de atribuições, o art. 68 do CPP será considerado ainda vigente.[72]

Fácil perceber que esta solução foi adotada porque, ao se negar a competência para o Ministério Público ajuizar a ação civil de reparação, naquelas regiões em que a Defensoria Pública não estivesse organizada, limitar-se-ia, para as pessoas carentes, o acesso à jurisdição, direito fundamental do cidadão, segundo a Constituição Federal de 1988 (art. 5°, inc. XXXV).[73] Lançando mão do expediente, revelou o Supremo Tribunal Federal a intelecção daquilo que a própria Constituição já fixava, ou seja, a preferência pela norma que, segundo o texto, é *fundamental*, em face de regra organizatória de competência de órgãos públicos. Assim, enquanto permanecesse eficaz a norma (apesar de) inconstitucional, não haveria risco ao direito fundamental à tutela jurisdicional, e a norma somente deixaria de produzir efeito na medida em que o risco para o direito fundamental desaparecesse (com a Defensoria Pública organizada e ativa em todo o território nacional).

Temática de semelhante teor foi objeto do HC 70.514-6, relator Min. Sydney Sanches, questionando dispositivo da Lei n° 7.871/89, que outorgava privilégios processuais aos defensores públicos, cuja decisão contou com a seguinte manifestação do Min. Moreira Alves:

> A única justificativa, senhor Presidente, que encontro para esse tratamento desigual em favor da Defensoria Pública em face do Ministério Público é a de caráter temporário: a circunstância de as defensorias públicas não estarem, por sua recente implantação, devidamente aparelhadas como se acha o Ministério Público. Por isso, para casos como este, parece-me deva adotar-se a construção da Corte Constitucional alemã no sentido de considerar que uma lei, em virtude das circunstâncias de fato, pode vir a ser inconstitucional, não o sendo, porém, enquanto essas circunstâncias de fato não se apresentarem com a intensidade necessária para que se tornem inconstitucionais.[74]

Esses precedentes demonstram que o tradicional efeito *ex tunc* do controle de constitucionalidade prestava-se à modificação mesmo antes do advento da Lei n° 9.868, independentemente da adoção do dogma da nulidade da lei inconstitucional pela doutrina majoritária e pela tradição na jurisprudência. O efeito retroativo permaneceu e permanece, no entanto, como a regra, em respeito ao postulado da supremacia da Constituição,

---

[72] LEX-JSTF 238:390. Nesse sentido, cf. HC 70.514, de 23/03/1994, Rel. Min. SYDNEY SANCHES, admitindo que lei que concedia prazo em dobro para a defensoria Pública era de ser considerada constitucional enquanto esses órgãos não estivessem devidamente habilitados ou estruturados.

[73] Direito tão relevante que, segundo alguns autores, constitui o mínimo existencial da própria dignidade humana. Cf. BARCELLOS. Ana Paula de. *A eficácia jurídica dos princípios constitucionais: o princípio da dignidade humana*. Rio de Janeiro: Renovar, 2002, p. 293.

[74] LEX-JSTF 230:298, também citado por: ZAVASCKI, Teori Albino. *Eficácia das sentenças na jurisdição constitucional*. São Paulo: Revista dos Tribunais, 2001, p. 116.

viga-mestra dos sistemas constitucionais. No entanto, com o advento da lei, fica oficializada a possibilidade de disposição, pelo Supremo Tribunal Federal, sobre os efeitos produzidos pela norma, apesar de reconhecida e declarada sua inconstitucionalidade.

4. Efeitos na legislação: o art. 27 da Lei nº 9.868/99

Estabelece o art. 27 da Lei nº 9.868/99, *verbis*:

Ao declarar a inconstitucionalidade de lei ou ato normativo, e tendo em vista razões de segurança jurídica ou de excepcional interesse social, poderá o Supremo Tribunal Federal, por maioria de dois terços de seus membros, restringir os efeitos daquela declaração ou decidir que ela só tenha eficácia a partir de seu trânsito em julgado ou de outro momento que venha a ser fixado.

Levando em conta que a *praxis*, pelo Supremo, vem sendo de determinação retroativa dos efeitos do controle, esse dispositivo representa certo avanço na medida em que oficializa a possibilidade de flexibilização na atribuição dos efeitos. De fato, a aplicação indiscriminada do efeito *ex tunc* pode gerar situações de lesão a direitos individuais, de insegurança jurídica e de contrariedade aos ditames da justiça. A lei inconstitucional, ao nascer com presunção de constitucionalidade, dá origem a inúmeras relações jurídicas que se estabelecem durante a sua vigência, criando, em seus destinatários, a legítima expectativa de que sua pauta de conduta seja cumprida.

No entanto, considerando que o Supremo, nas situações excepcionais supramencionadas, já fixava os efeitos em caráter prospectivo, o referido art. 27 enrijeceu o regime de atribuição dos efeitos, uma vez que condicionou a possibilidade de fixação de efeitos ao preenchimento de requisitos que o próprio dispositivo impõe. Vê-se que, de certo modo, operou-se a restrição a expedientes que o Supremo já vinha adotando em alguns julgados, ainda que em caráter excepcional e sem necessidade de preenchimento desses requisitos que logo serão analisados.

Percebe-se que o dispositivo manteve, no aspecto temporal, como regra, a retroatividade dos efeitos ao momento da origem da norma controlada, em consonância com a tradicional orientação da jurisprudência. Introduziu, não obstante, algumas situações excepcionais em que a abrangência temporal dos efeitos pode ser modificada pelo Supremo Tribunal Federal. Determina o dispositivo que o Tribunal pode: (a) restringir os efeitos da decisão (*ex tunc* parcial ou relativo), ou seja, estabelecer um termo inicial para a cassação de efeitos que seja posterior à publicação da norma e anterior à decisão declaratória de inconstitucionalidade; (b) determinar que a norma somente produza efeitos a partir do trânsito em julgado (*ex nunc*); e (c) determinar que ela produza efeitos a partir de outro momento que venha a ser determinado (termo *diferido* ou efeito *pro futuro*), hipótese que introduz situação semelhante à *Appellentscheidung* do direito constitucional alemão: ou seja, apesar de reconhecida a incompatibilidade da norma em face da Constituição, estabelece o Tribunal que ela permanecerá ainda vigente e eficaz por certo período de tempo.

Analisando o texto, pode-se desmembrá-lo em requisitos formais e materiais para a utilização do poder de disposição dos efeitos da declaração de inconstitucionalidade.

4.1. REQUISITO FORMAL. POSSIBILIDADE DE APLICAÇÃO DO ART. 27 NO CONTROLE DIFUSO DE CONSTITUCIONALIDADE

Exige o dispositivo que o Supremo Tribunal Federal, quando decidir excepcionar a regra da retroação dos efeitos, deve fazê-lo por maioria qualificada de dois terços dos seus membros, ou seja, oito dos onze ministros devem entrar em acordo sobre a forma de disposição dos efeitos. Esse requisito, de certa forma, dificulta o que antes era uma faculdade que o Tribunal exercia através da simples interpretação da situação que lhe era dada a examinar, sem a exigência de um *quorum* mínimo de manifestações no mesmo sentido.

Argumenta-se, em nível doutrinário, que a previsão de *quorum* qualificado pelo art. 27 da Lei nº 9.868 viola a regra expressamente prevista pelo art. 97 da Constituição Federal,[75] o qual estabelece, *verbis*:

> Somente pelo voto da maioria absoluta de seus membros ou dos membros do respectivo órgão especial poderão os tribunais declarar a inconstitucionalidade de lei ou ato normativo do Poder Público.

O argumento, salvo melhor juízo, desconsidera a literalidade de ambos os dispositivos. É que o *quorum* fixado pelo art. 97 da Constituição Federal de 1988 é aquele exigido para a declaração de inconstitucionalidade, que vem, simetricamente, reproduzido no art. 23 da mesma Lei nº 9.868/99, de modo que essa lei em nada afronta aquela disposição constitucional. O *quorum* de dois terços exigido pela lei não diz respeito à decla-

---

[75] Neste sentido, MACIEIRA, Luciana de Assunção. *A Inconstitucionalidade do art. 27 da Lei nº 9868/99 quanto ao regulamento processual dos efeitos do provimento final em sede de controle abstrato*, in Revista da ESMAPE, vol.6, n. 13, jan/jun 2001, p. 291-309, p. 300.

ração de inconstitucionalidade, mas apenas à modulação dos efeitos, que é uma etapa lógica e cronologicamente posterior ao exame e confirmação da inconstitucionalidade. É de se entender que a exigência é salutar. Trata-se de um requisito que *reforça*, no aspecto formal, a decisão que venha a superar a regra da retroação dos efeitos da declaração de inconstitucionalidade.[76] Essa disposição vai, portanto, ao encontro da tese, mais adiante firmada, no sentido de que também materialmente, isto é, no que diz respeito aos seus fundamentos e argumentos, a decisão deve ser *reforçada*.

Questão interessante é saber como fica a exigência de *quorum* qualificado fora do âmbito das ADIs, ADCs e ADPFs, isto é, nas causas que não são de competência originária do Pleno, como, por exemplo, os recursos extraordinários – causas que também exigem, só que pela via difusa, o controle de constitucionalidade pelo Supremo Tribunal Federal. Esses recursos, normalmente, são decididos pelas Turmas, que são compostas por cinco ministros, e só por questão de relevância são submetidos ao Pleno.

Parece precipitado interpretar o dispositivo no sentido de que a modulação dos efeitos somente seja possível no âmbito do controle por via de ação.[77] O Supremo Tribunal Federal tem algumas decisões nessa direção que, no entanto, não são suficientemente esclarecedoras. Com efeito, firmou-se o entendimento de não ser possível a concessão de efeitos *ex nunc* no controle difuso nos seguintes precedentes:

> RE nº 430.421AgR, relator Min. Cezar Peluso, DJ, de 4 de fevereiro de 2005; AI nº 521.546 AgR/ED, relator Min. Sepúlveda Pertence, de 26 de abril de 2005 e AgR nº 478.398, relator Min. Eros Grau, de 22 de junho de 2005. São, no entanto, precedentes praticamente contemporâneos, que se citam uns aos outros como fundamento da decisão, mas, em qualquer deles, não consta a razão pela qual não se considera possível a aplicação do art. 27 no âmbito do controle difuso. Ou seja, embora nas ementas esteja afirmado que o art. 27 só

---

[76] Nesse sentido, voto do Min. Gilmar Mendes na ADI nº 2.240/BA, de 09 de maio de 2007: "Entre nós, cuidou o legislador de conceber um modelo restritivo também no aspecto procedimental, consagrando a necessidade de *quorum* especial (dois terços dos votos) para a declaração de inconstitucionalidade com efeitos limitados".

[77] Pela aplicação da modulação dos efeitos apenas no controle abstrato de constitucionalidade: ARAGÃO, Alexandre Santos. *O controle da constitucionalidade pelo supremo Tribunal federal à luz da teoria dos poderes neutrais*. Revista Forense, v. 373, p. 24-27, mai/jun 2004; BARROSO, Luís Roberto. *O controle de constitucionalidade no direito brasileiro*. São Paulo: Saraiva, 2004, p. 160-165; STRECK, Lenio Luiz. *Jurisdição constitucional e hermenêutica*. Rio de Janeiro: Forense, 2004, p. 693-698; CASTRO, Carlos Roberto Siqueira. Da declaração de inconstitucionalidade e seus efeitos em face das Leis nº 9.868/99 e 9.882/99. In: SARMENTO, Daniel (org.). *O controle de constitucionalidade e a Lei 9.868 de 1999*. Rio de Janeiro: Lumen Juris, 2001, p. 39-99; REDESCHI, Ronaldo. Eficácia *ex nunc* da declaração de inconstitucionalidade em via direta – modificações trazidas pelo art. 27 da Lei nº 9.868/99 – relações com o método da ponderação de bens. In: *Temas de interpretação do direito tributário*. Rio de Janeiro: Renovar, 2003, p. 369-418; PALU, Oswaldo Luiz. *Controle de constitucionalidade*: conceitos, sistemas, efeitos. 2ª ed. São Paulo: Revista dos Tribunais, 2001, p. 162-180; ROTHENBURG, Wlater Claudius. Velhos e novos rumos das ações de controle abstrato de constitucionalidade à luz da Lei nº 9.868/99. In: *O controle de constitucionalidade e a Lei 9.868/99*. Rio de Janeiro: Lumen Juris, 2001, p.282-285.

tem aplicação no controle concentrado, no inteiro teor dos votos não se encontra qualquer passagem que justifique a afirmação. Isso se torna mais interessante se confrontado com a própria jurisprudência da Corte, anteriormente colacionada, que exemplificou a modulação dos efeitos pelo Supremo antes mesmo do advento da Lei nº 9.868 de 1999: todos aqueles casos apresentados perfazem hipótese de controle difuso de constitucionalidade.

Contudo, força reconhecer que, para dar cumprimento à lei e tornar possível a disposição de efeitos, segundo o art. 27, nas causas em controle difuso, não se pode abrir mão do *quorum* legal de dois terços dos membros da Corte,[78] de modo que será sempre do Pleno do Supremo Tribunal Federal a competência para o exame dos efeitos nos termos daquele dispositivo. Aliás, não parece correto interpretar a possibilidade de disposição dos efeitos como somente aplicável ao controle abstrato de constitucionalidade, apenas porque está autorizada pela lei que justamente regulamenta o controle de constitucionalidade pela via de ação.[79] Como será demonstrado mais adiante, o que efetivamente suscita a necessidade de superação da regra *ex tunc* são as normas constitucionais que tutelam a manutenção das situações geradas pela norma inconstitucional, protegendo situações deduzidas em juízo tanto pelo controle concreto como pelo abstrato.

Nesse sentido é o voto do Min. Gilmar Mendes no RE nº 442.683/RS: "o art. 27 da Lei nº 9.868, bem apontado pelo Ministro-Relator, na verdade apenas explicita, estrutura e declara o que o Tribunal pode fazer a partir do próprio Texto constitucional".[80] Não por outra razão é que o Supremo já lançava mão do expediente, independentemente de autorização legal, nos recursos extraordinários supramencionados.

---

[78] Nesse sentido: RE-AgR 392.139-8/RJ. Relator: Min. Eros Grau. 26 de abril de 2005: "Ainda que prevalecendo a tese que se inclina pela possibilidade de atribuir-se efeitos prospectivos à declaração de inconstitucionalidade proferida incidentalmente, em sede de controle difuso, a mim parece claro que, dado o caráter excepcional dessa medida, ela somente tem cabimento quando o Tribunal manifesta-se expressamente sobre o tema, reconhecendo a observância dos requisitos previstos no art. 27, da Lei nº 9.868/99". (voto do relator). Em idêntico pronunciamento: AI-AgR 427.813/RJ. 12 de abril de 2005.

[79] Para a modulação dos efeitos no controle abstrato e também no concreto, cf.: MENDES, Gilmar Ferreira. *Jurisdição constitucional*. São Paulo: Saraiva, 2004, p. 365-368; MEDEIROS, Rui. *A decisão de inconstitucionalidade*. Lisboa: Universidade Católica, 1999, p. 743; ROSSI, Júlio César. A reforma do judiciário e suas implicações nos modelos concentrado e difuso de controle de constitucionalidade. In: *Revista Dialética de Direito Processual*, n. 31, p. 51-71, out. 2005. Cf, por todos, o voto do Min. Gilmar Mendes no HC 85.687/RS (Relator: Min. Carlos Velloso, de 17 de maio de 2005), com fundamentação também adotada nos HC 82.959/SP (Relator: Min. Marco Aurélio) e HC 85.692/RJ (Relator: Min. Celso de Mello). V., ainda, Pet-MC-segunda nº 2859/SP (Relator: Min. Gilmar Mendes. 3 de fevereiro de 2005), voto do Min. Carlos Velloso: "Senhor Presidente, penso que o Supremo Tribunal Federal, Corte Constitucional, pode, em determinados casos, decidir a respeito do efeito que deve ser conferido à declaração de inconstitucionalidade, *ex nunc* ou *ex tunc*, ou, até, *pro futurum*. Esta terceira hipótese seria, na verdade, mais adequada no controle concentrado; mas não descarto a possibilidade, também, no controle difuso, principalmente por parte de uma Corte como esta, que exerce controle difuso e controle concentrado".

[80] Voto do Min. Carlos Velloso. In: RE nº 442.683/RS. Relator: Min. Carlos Velloso. 13 de dezembro de 2005, p. 22.

4.2. REQUISITOS MATERIAIS

Segundo o permissivo legal, a disposição dos efeitos da declaração de inconstitucionalidade somente é cabível quando justificada em uma *razão de segurança jurídica* ou de *excepcional interesse social*. Aqui reside o maior problema em relação ao art. 27, uma vez que a referência a esses conceitos indeterminados torna indeterminado o próprio alcance daquele dispositivo. É que, deixando ao Supremo grande margem de interpretação quanto à definição daquilo que, no caso concreto, atenda às razões de segurança jurídica ou a excepcional interesse social, teme-se que o art. 27 venha a permitir o abuso e o autoritarismo, terminando por amesquinhar a segurança do indivíduo e do ordenamento jurídico.

Esse problema reforça a manifestação de parte da doutrina, que considera a norma inconstitucional[81] por romper com o dogma da nulidade da norma inconstitucional e, como conseqüência, com a própria supremacia da Constituição. No entanto, esta conclusão está baseada em análise superficial e restrita do art. 27, que desconsidera que esse mesmo dispositivo pode ser aplicado de modo constitucional, salvaguardando os direitos fundamentais do indivíduo, ou inconstitucional, fazendo prevalecer, sobre aqueles direitos, interesses que não encontram abrigo no ordenamento constitucional. Isso remete ao problema da inconstitucionalidade *in concreto*, ou seja, daquela que resulta não da norma considerada em abstrato, mas do uso que se faz dela no momento de sua aplicação.[82] Assim sendo, muito mais importante do que a simples rejeição da norma por suposta inconstitucionalidade, é a análise de sua aplicabilidade conforme a Constituição. É o que se pretende fazer a seguir, inicialmente, demonstrando a compatibilidade abstrata do art. 27 com o postulado da supremacia da Constituição e, mais adiante, aprofundando o processo de justificativa da aplicação concreta do dispositivo e a conceituação dos termos *razões de segurança jurídica* e *excepcional interesse social*.

---

[81] Cf. inclusive, duas ações diretas (Ação Direta de Inconstitucionalidade n° 2.154-2 e Ação Direta de Inconstitucionalidade n° 2.258-0. Relator: Min. Sepúlveda Pertence para ambas), ainda pendentes de julgamento junto ao Supremo, que contestam a constitucionalidade do dispositivo, aliás, reproduzido no art. 13, de idêntico teor, da lei n° 9.882 de 1999, que disciplina a argüição de descumprimento de preceito fundamental perante o Supremo Tribunal Federal, igualmente objeto de contestação.

[82] Sobre a inconstitucionalidade *in concreto* já se discorreu em outras oportunidades, cf. ÁVILA, Ana Paula Oliveira. Razoabilidade, proteção do direito fundamental à saúde e antecipação de tutela contra a fazenda pública.In: *Revista AJURIS*, 86, p. 361-374, jun 2002. t.2; ÁVILA. Ana Paula Oliveira. A face não-vinculante da eficácia vinculante das declarações de constitucionalidade: uma análise da eficácia vinculante e o controle concreto de constitucionalidade no Brasil. In: ÁVILA, Humberto (org.). *Fundamentos do Estado de Direito*: estudos em homenagem ao professor Almiro do Couto e Silva. São Paulo: Malheiros, 2005, p. 199-216.

5. Interpretação conforme a Constituição do art. 27 da Lei nº 9.868/99

A entrada em vigor da Lei nº 9.868/99, causou sérios desconfortos à doutrina; certamente, o maior deles reside no disposto no art. 27. A verdade é que, pela disciplina que o texto legal dispensa à matéria, o Supremo pode estipular os efeitos do ato inválido, estipulação essa que pode ocorrer tanto em prejuízo dos direitos individuais, quanto de modo a assegurar a preservação dos bens jurídicos, direitos, garantias e princípios fundamentais, constitucionalmente previstos.

Com efeito, o dispositivo confere ao Supremo Tribunal Federal um poder sem precedentes no direito brasileiro. É verdade que a mera possibilidade de fixação do termo inicial da produção dos efeitos pode levar à lesão de direitos fundamentais efetivados durante a vigência da lei (ex. atribuição de efeito *ex tunc* no caso de direitos regulamentados apenas para uma categoria de pessoas em afronta à igualdade – *inconstitucionalidade relativa*[83]) ou à perpetuação da lesão que a vigência da lei gerou a direitos fundamentais (ex. atribuição de efeito *ex nunc* no caso de instituição e cobrança inconstitucional de tributo). Porém, ainda mais relevante é o fato de que a possibilidade de determinação dos efeitos tem justificativa em dois conceitos jurídicos indeterminados: *excepcional interesse social* e *razão de segurança jurídica*. A julgar pela experiência do Judiciário com conceitos indeterminados – basta, para isso, lembrar a interpretação dos sentidos de relevância e urgência como condições para a edição de medidas provisórias pelo Presidente da República –, vê-se reforçada a necessidade de aprofundamento da definição desses conceitos, verificando quais os bens constitucionalmente tutelados que lhes integram o conteúdo e quais os tópicos argumentativos que devem ser utilizados na sua concretização.

Sustenta Ferreira Filho que, em razão do art. 27, "o Supremo Tribunal se torna uma terceira Câmara Legislativa", porque pode estipular os efeitos das suas decisões no controle de constitucionalidade, a partir de

---

[83] Cf. MENDES, Gilmar. A doutrina constitucional e o controle de constitucionalidade como garantia da cidadania: declaração de inconstitucionalidade sem pronúncia de nulidade no direito brasileiro. In: *Revista de Direito Administrativo*, n. 191, 40, p. 53, 1993.

considerações eminentemente políticas.[84] Há que se recorrer à argumentação jurídica e a seus limites institucionais para demonstrar que a determinação dos efeitos do controle abstrato deve assentar-se em considerações de ordem jurídica, necessariamente constitucional – e, não, política –, que obedeçam a uma hierarquia de valores dentro da Constituição e que levem na máxima conta, a partir de razões jurídica e constitucionalmente plausíveis, as situações consolidadas no tempo, os direitos fundamentais, as expectativas e interesses de indivíduos afetados pelas normas controladas, bem como o próprio interesse público na preservação da segurança jurídica dos cidadãos.

Vejam-se, especificamente, quais as razões por que se considera a norma do art. 27 inconstitucional e se esses argumentos são suficientes para embasar uma eventual – e, a esta altura, muito improvável – declaração de sua inconstitucionalidade pelo Supremo Tribunal Federal.

5.1. RUPTURA COM O DOGMA DA NULIDADE DA LEI INCONSTITUCIONAL E COM A SUPREMACIA DA CONSTITUIÇÃO?

Sustentam a inconstitucionalidade do art. 27, basicamente, duas razões. Primeiro, porque ao permitir que se reconheça eficácia a uma norma declarada inconstitucional, rompe-se com o dogma da nulidade da lei inconstitucional, em decorrência do qual todos os efeitos da norma devem ser desconstituídos *ab initio*.[85] Lembra Couto e Silva que esta foi a percepção inicial do Supremo Tribunal Federal, forte no entendimento de que:

---

[84] FERREIRA FILHO, Manoel Gonçalves. O sistema constitucional brasileiro e as recentes inovações no controle de constitucionalidade. In: *Revista de Direito Administrativo*, n. 220, p. 1-17, 2000, p. 3.

[85] Considerando o dispositivo inconstitucional, entre outros: MACIEIRA, Luciana de Assunção. A inconstitucionalidade do art. 27 da Lei 9.868/99 quanto ao regulamento processual dos efeitos do provimento final em sede de controle abstrato. In: *Revista da ESMAPE*, v. 6, n. 13, p.291-309, jan/jun 2001; FERREIRA, Olavo Alves. *Controle de constitucionalidade e seus efeitos*. São Paulo: Método, 2003, p. 93-98; SARLET, Ingo Wolfgang. Argüição de descumprimento de preceito fundamental: alguns aspectos controversos. In: *Argüição de descumprimento de preceito fundamental: análises à luz da Lei nº 9.882/99*. São Paulo: Atlas, 2001, p. 150-171 e p. 164-165. Também, a respeito do art. 11 da Lei nº 9.882/99, de idêntico teor, Olavo Augusto Vianna Alves Ferreira e Rodrigo Pieroni Fernandes. A Argüição de Descumprimento de Preceito Fundamental e a Manipulação dos Efeitos de sua Decisão. *Advocacia Pública*. Ano VIII. Edição 18 – Junho/2002, p. 23-34, p. 29: "É inconstitucional o artigo 11 da Lei 9.882/99 por violar o princípio constitucional da nulidade da lei inconstitucional, o princípio da supremacia da Constituição, os artigos 97 e 102, III, *a*, *b* e *c*, da Constituição Federal, a separação de poderes, e o princípio da segurança jurídica".

Macieira, por exemplo, entende que a lei infraconstitucional, da qual faz parte o art. 27, regulou matéria de competência constitucional, outorgando à suprema Corte poderes não previstos na Constituição brasileira, estendendo, portanto, sua competência de julgamento. Segundo a autora, "para que uma lei inconstitucional tenha sua validade e eficácia reconhecida por determinado período, possibilitando até a aplicação superveniente de lei inconstitucional, é preciso que o princípio constitucional da

A lei, quando é editada, já nasce em conformidade ou em desconformidade com a Constituição. Quando se verifica a segunda hipótese, a lei é, desde sua origem, *nula* e *írrita*, – que é como por vezes se traduz *null and void* –, não podendo, por isso mesmo, produzir qualquer efeito jurídico, pois, se assim não ocorresse, haveria uma inversão na hierarquia das normas, passando a Constituição a ocupar posição inferior à da lei ordinária, uma vez que esta seria aplicada em detrimento daquela.[86]

Segundo, porque, ao romper com o dogma da nulidade, rompe-se também com a supremacia da Constituição, pois se reconhece, por certo período, como eficaz uma norma inferior que desacatou a Constituição.

Com o primeiro argumento não se pode imediatamente concordar, porque, como já foi visto, aqui se defende que, em face de uma invalidade, os efeitos podem ser disciplinados de maneira flexível, especialmente se essa disciplina vier autorizada pelo legislador. Como aqui se sustenta, em matéria de invalidades, a disciplina dos efeitos para as nulidades e anulabilidades decorre *mesmo* é da lei, e, não, da identidade típica de uma ou outra forma de invalidade, até porque, se essa identidade realmente existe, é fato que já foi fartamente questionado. Como já se observou, a ausência de características intrínsecas às duas formas de invalidade – nulidade e anulabilidade – já seria suficiente para justificar que o Legislativo, para a elaboração de normas gerais, e o Judiciário, para a resolução de situações concretas, não sejam compelidos à adoção de um regime específico e rígido quanto à atribuição de efeitos para cada qual e possam adotar a solução mais adequada ao caso examinado. Essa tendência, inclusive, já estava presente no direito constitucional norte-americano que, desde *Linkletter v. Walker*,[87] adotou semelhante posicionamento no que concerne à matéria.

Isso leva a uma segunda razão que impede que se reconheça a regra da nulidade como um *dogma* e, enquanto tal, inarredável, inclusive pelo legislador. O constituinte brasileiro optou por omitir-se sobre o tema na Constituição, de modo que não se constata, aprioristicamente, qualquer norma constitucional violada. A decisão em *Linkletter vs. Walker* também foi sensível a essa circunstância, uma vez que a Constituição norte-americana, igualmente, é omissa sobre a necessidade de retroação dos efeitos.

---

nulidade dos atos inconstitucionais seja derrogado por outro princípio ou norma de igual hierarquia" (p. 302). Sustenta-se ainda que: "seria impróprio introduzir, no âmbito do controle abstrato de constitucionalidade, a análise das situações atingidas pelos efeitos da declaração de inconstitucionalidade, aspecto reservado ao controle concreto de inconstitucionalidade" (p. 302). Consoante será explicado adiante, a ponderação ensejada pelo art. 27 pode ter por objeto as normas abstratamente consideradas, pois o que interessa para o deslinde da questão não são as situações concretas criadas, mas a normas constitucionais que as protejam.

[86] COUTO E SILVA, Almiro Régis do. O princípio da segurança jurídica (proteção à confiança) no direito público brasileiro e o direito da administração pública de anular seus próprios atos administrativos: o prazo decadencial do art. 54 da lei do processo administrativo da união (Lei n. 9.784/99). In: *Revista Brasileira de Direito Público*, Belo Horizonte, ano 2, n. 6, p. 7-59, jul./set. 2004, p. 19.

[87] 381 U.S. 618 (1965)

Essa omissão confere suficiente legitimidade ao poder de conformação do legislador, que houve por bem regular a questão nos termos do art. 27.

Quanto ao segundo argumento, que diz respeito à violação da supremacia da Constituição, este há que ser desenvolvido, pois, dependendo do conteúdo que o intérprete atribuir aos conceitos de segurança jurídica e excepcional interesse social, a aplicação do dispositivo pode ser constitucional ou inconstitucional. Então é de se reconhecer, no mínimo, a possibilidade de sua interpretação conforme a Constituição.

Inicialmente, é preciso assimilar a idéia de que *a supremacia da Constituição não é um princípio jurídico*. Pelo menos, não no sentido que, ordinariamente, a doutrina atribui a *princípio*. Atualmente, não seria exagerado dizer que, na doutrina, tantos são os conceitos de princípio, quantos são os doutrinadores. Expressões como "bases", "pilares do ordenamento", "vetores", "idéias fundamentais", "critérios", "máximas", "axiomas", "normas finalísticas", são alguns dentre os muitos termos empregados para referenciar princípio. Enquanto grassam na doutrina divergências terminológicas – e, em poucos casos, estruturais –, há, pelo menos, acordo no sentido de que a definição dos princípios experimentou um notável avanço a partir das contribuições de Dworkin e Alexy. De forma bastante sintética, essas contribuições, que têm influenciado significativamente a doutrina brasileira, consideram os princípios como normas que contêm um mandamento de otimização:

> (...) são normas que ordenam que algo deve ser feito na maior medida fática e juridicamente possível. As possibilidades jurídicas, a par de dependerem das regras, estão essencialmente determinadas por outros princípios opostos, fato que implica que os princípios devem e podem ser ponderados.[88]

Além disso, os princípios aplicáveis a uma situação concreta – diversamente das regras, que se aplicam numa lógica de *tudo ou nada* –, não determinam necessariamente a decisão a ser tomada, mas somente fornecem razões em favor de uma ou outra decisão e, por assim ser, apresentam uma dimensão de peso (*dimension of weight*) variável, segundo as possibilidades fáticas e jurídicas de cada caso. Essa dimensão de peso confere aos princípios uma aptidão para que sejam cumpridos em diferentes graus, de modo que um determinado princípio, quando em colisão com outro, pode ceder, e, em face de possibilidades fáticas diversas, pode ter prevalência sobre o outro.[89]

É imperativo afastar a supremacia da Constituição desse sentido que a doutrina dominante (Alexy e Dworkin) atribuiu aos princípios. Não se deve admitir que a supremacia possa ser aplicada em graus ou que deva

---

[88] ALEXY, Robert. *Derecho y razón práctica*. México: Biblioteca de Etica, Filosofia del Derecho y Política, 1993. p 27.

[89] DWORKIN, Ronald. Is law a system of rules? In: *The philosophy of law*. New York: Oxford University Press, 1977, p. 47.

ceder em face da ponderação com outro princípio, pois, se a ordem constitucional pressupõe a superioridade hierárquica da Constituição, não se pode conceber uma inversão nesse pressuposto sem que se opere uma ruptura institucional com o fundamento do Estado.

Nessa linha de raciocínio, não é a supremacia da Constituição que será ponderada quando está em questão a aplicação do art. 27, pois a *supremacia da Constituição não se sujeita à ponderação e nem é aplicável em graus*. Ela é uma norma estrutural do sistema constitucional e, se diferente fosse, haveria, sim, uma ruptura de todo este sistema, situação não tolerada pela lógica do Estado Democrático de Direito. É fácil perceber que a supremacia da Constituição não se sujeita à ponderação e nem à satisfação em grau mínimo – ou ela é satisfeita, ou não é. Nesse sentido, aproxima-se mais das regras, que são aplicadas na *all or nothing fashion*.

Dito isso, se princípio é o que diz a doutrina dominante, a supremacia da Constituição não é um princípio. Não *mesmo*. Qual sua natureza, então? Aqui se sustenta que a supremacia da Constituição pertence ao campo das *metanormas*. Mais especificamente, é um postulado normativo[90] que estrutura a aplicação de outras normas através da fixação de uma hierarquia e prescreve uma determinada forma de racionalidade, a de que a norma inferior não deve contrariar a norma superior. Algo como: *se a Constituição está acima de tudo, tudo o que a contrarie não vale*. A supremacia da Constituição é uma norma logicamente implicada pela necessidade de manutenção da unidade e hierarquia do sistema jurídico, fazendo parte, portanto, da Constituição material: evidentemente, este postulado goza de *status* constitucional.

Então, se a supremacia da Constituição não é objeto de ponderação e nem pode deixar de ser satisfeita sob pena de ruptura, quais as normas ponderáveis em face do art. 27? Esta pergunta, desde logo, delimita as possibilidades argumentativas que possam justificar a aplicação do art. 27: este somente será compatível com a Constituição quando a sua aplicação revelar o confronto entre pelo menos duas normas *constitucionais*, a saber: (norma X) a norma violada pela lei infraconstitucional; e (norma Y) a nor-

---

[90] *Postulado* no sentido concebido por ÁVILA, Humberto. *Teoria dos princípios:* da definição à aplicação dos princípios jurídicos. 5ª ed. São Paulo: Malheiros, 2006, p. 123: "Como os postulados situam-se em um nível diverso do das normas objeto de aplicação, defini-los como princípios ou como regras contribuiria mais para confundir do que para esclarecer. Além disso, o funcionamento dos postulados difere muito do dos princípios e das regras. Com efeito, os princípios são definidos como normas imediatamente finalísticas, isto é, normas que impõem a promoção de um estado ideal de coisas por meio da prescrição indireta de comportamentos cujos efeitos são havidos como necessários àquela promoção. Diversamente, os postulados, de um lado, não impõem a promoção de um fim, mas, em vez disso, estruturam a aplicação do dever de promover um fim; de outro, não prescrevem indiretamente comportamentos, mas modos de raciocínio e argumentação relativamente a normas que indiretamente prescrevem comportamentos. Rigorosamente, portanto, não se podem confundir princípios com postulados. As regras, a seu turno, são normas imediatamente descritivas de comportamentos devidos ou atributivas de poder. Distintamente, os postulados não descrevem comportamentos, mas estruturam a aplicação das normas que o fazem".

ma que protege as situações que se formaram por causa e durante a vigência da lei inconstitucional. Esse é o material a ponderar. A atribuição de efeitos diversos da regra (*ex tunc*) somente é válida se a melhor forma de resolver este confronto, segundo uma compreensão da Constituição como um todo, seja priorizar a segunda norma (Y) em face da primeira (X).

É bem de se ver que a alteração do efeito *ex tunc* somente é adequada quando, mediante a aplicação do art. 27 da Lei nº 9.868/99, resultar a *sobrevalência de uma norma também constitucional* – aquela norma que tutela os bens preservados pela determinação de efeitos *ex nunc, ex tunc* parcial (reduzido) ou efeitos *pro futuro*, à decisão.[91]

Ao que tudo indica, não será outra a direção adotada pela jurisprudência do Supremo Tribunal Federal. Em julgado de 12 de setembro de 2006, assim restou consignado em voto da lavra do Min. Gilmar Mendes:[92]

> O princípio da nulidade continua a ser a regra também. O afastamento de sua incidência dependerá de severo juízo de ponderação que, tendo em vista análise fundada no princípio da proporcionalidade, faça prevalecer a segurança jurídica ou outro princípio constitucionalmente relevante manifestado sob a forma de excepcional interesse social preponderante. Assim, aqui, *a não-aplicação do princípio da nulidade não se há de basear em consideração de política judiciária, mas em fundamento constitucional próprio.* (grifei)

É que pensar o contrário levará, sim, à ruptura com a supremacia da Constituição, postulado implícito e fundamental da Constituição, e, por assim ser, sua quebra revelará uma inconstitucionalidade evidente. No entanto, essa quebra somente se verifica se os efeitos forem flexibilizados para o atendimento de interesses que não possuam abrigo na Constituição. À medida que se verificar que a flexibilização se deu em vista da proteção de bens jurídicos ou de interesses de hierarquia também constitucional, tem-se um conflito entre normas de igual hierarquia. Por isso, não há que se falar, nessa situação, em ruptura com a norma hierarquicamente superior. Diante do exposto, parece correto sustentar que, em defesa do disposto no art. 27, milita, no mínimo, a possibilidade de ser interpretado em conformidade com a Constituição, de modo que sua inconstitucionalidade, em tese, há que ser rechaçada pelo Supremo Tribunal Federal.

Esclarecida a concepção de supremacia da Constituição proposta por este estudo, há ainda que traçar uma sutil separação entre o dogma da nulidade da lei inconstitucional e o postulado da supremacia. A tese da nulidade da lei inconstitucional não se confunde com a supremacia da Constituição, mas constitui, indubitavelmente, uma técnica para assegu-

---

[91] Exemplo dessa adequação está no já mencionado precedente em que a Corte declara a norma do art. 168 do CPC "ainda constitucional": reconhece efeitos à norma inconstitucional para proteger o direito fundamental de acesso à jurisdição, uma norma também constitucional adjetivada de *fundamental* e que contribui para a efetivação de outro princípio fundamental, o da dignidade humana (CF, art. 1º, inc. III).

[92] AgR no AI nº 582.280-3/RJ. Relator. Min. Celso de Mello.

rar essa supremacia, pois repete e reforça a racionalidade prescrita naquele postulado: *se for contrário à Constituição, não vale, não valeu e nem produz, nem produziu qualquer efeito.*

Ocorre que uma interpretação adequada do art. 27 lhe confere esta mesma propriedade – a de assegurar a supremacia da própria Constituição –, só que, aqui, a sua promoção vai se operar como um todo. É uma forma alternativa de racionalidade, autorizada pelo postulado da *supremacia da Constituição como um todo*: norma legal A contraria a norma X da Constituição, mas norma A gerou situações amparadas pelas normas Y e Z da Constituição; então, aplicar Y+Z para proteger tais situações promove *mais* a Constituição que aplicar somente X para invalidar A. Essa análise pode ser tanto quantitativa (X *versus* Y+Z) – mais normas apóiam a manutenção dos efeitos que o desfazimento –, quanto qualitativa (X *versus* X') – a norma que apóia a manutenção dos efeitos é fundamental, segundo a Constituição, e a norma cuja violação gerou a inconstitucionalidade, não.

Essas implicações relacionam-se com o que, na doutrina, vem-se denominando de constitucionalidade em sentido estrito e constitucionalidade em sentido amplo. Com efeito, o postulado da supremacia da Constituição é norma que não se presta à aplicação em graus, no sentido de ceder em face de um outro princípio, conforme já foi antes referido. Todavia, uma determinada decisão pode promover *mais* ou *menos* a Constituição como um todo, de modo que se pode dizer que a normatividade da Constituição pode variar em graus.

> A premissa fundamental que está na base da renúncia à declaração de inconstitucionalidade com eficácia retroactiva e repristinatória há de estar, por isso, na verificação de que, no caso concreto, a declaração de inconstitucionalidade com limitação de efeitos assegura melhor a normatividade da Constituição do que a simples declaração de inconstitucionalidade.[93]

Em face disso, pode-se, desde já, afirmar que a modulação dos efeitos da inconstitucionalidade, dependendo de como for aplicado o art. 27, ao contrário de romper com a supremacia da Constituição, é a forma de promovê-la com maior intensidade. Tudo depende das justificativas apresentadas neste ato de aplicação, que já começam a ser estruturadas no tópico seguinte.

5.2. CONSTITUCIONALIDADE DO ART. 27: PONDERAÇÃO E ARGUMENTAÇÃO EXCLUSIVAMENTE CONSTITUCIONAL

De tudo o que foi dito, chega-se a algumas conclusões prévias. Primeiro, a de que a nulidade da lei inconstitucional não constitui uma regra

---

[93] MEDEIROS, Rui. *A decisão de inconstitucionalidade*. Lisboa: Universidade Católica, 1999, p. 712.

absoluta, mas uma espécie de regra de preferência. O art. 27 deve ser interpretado não como algo contrário à regra da nulidade da lei inconstitucional, mas como uma exceção à regra: uma alternativa para as situações em que a retroação dos efeitos por ela preconizada leve a um resultado ainda mais inconstitucional que o reconhecimento da própria norma invalidada. No entanto, como em toda exceção, sua aplicação depende de uma argumentação qualificada para superar a regra.

Segundo, a de que a discussão em torno da natureza do ato inconstitucional é dispensável para o exame do art. 27. A um, porque, como visto, nulo e anulável, enquanto categorias dogmáticas, não se distinguem a ponto de exigirem regimes estremados quanto aos efeitos produzidos pelo ato defeituoso. Isso faculta ao legislador a disposição de regimes diferenciados, que permitam disciplinar o reconhecimento de efeitos ao ato nulo, desde que essa disciplina seja compatível com a Constituição. Nesse particular, a Constituição, ao não dispor taxativamente sobre a regra da nulidade *ex tunc* dos atos que lhe forem contrários, é abstratamente compatível com o art. 27 e permite a modulação de efeitos, desde que executada para a promoção do ordenamento constitucional como um todo. A dois, porque, como se pretende demonstrar na segunda parte desta pesquisa, não são essas teorias sobre a natureza de ato nulo ou anulável da norma inconstitucional que interessam para se aferir a constitucionalidade das aplicações do art. 27. Esse exame deve partir de outras premissas, notadamente daquelas relativas aos limites da argumentação e interpretação acerca dos conceitos indeterminados expressos no dispositivo.

Fácil perceber que a grande questão está em demonstrar em quais situações a preservação dos efeitos de norma inconstitucional é também o meio de preservação da supremacia da Constituição. Isso passa, evidentemente, pela *ponderação* entre as normas constitucionais que ensejam a declaração de inconstitucionalidade e as normas constitucionais que justificam a preservação dos efeitos do ato inconstitucional, situação em que o postulado da unidade da Constituição adquire a maior relevância.

Explicando melhor o que se disse quanto à racionalidade do art. 27: esta ponderação tem por objeto as normas que sustentam a *manutenção de efeitos* e as normas que sustentam a *invalidação de efeitos* em face da Constituição, considerada na sua totalidade. É perguntar: manter os efeitos *promove mais* a Constituição do que o desfazimento? O fato é que haverá situações em que, invalidar os efeitos, seria *ainda mais contrário à Constituição* do que mantê-los – situações que a jurisprudência do Tribunal Constitucional Alemão deu conta de bem demonstrar no instituto da

Appellentscheidung.[94] É que, além das normas constitucionais que justificam a declaração de inconstitucionalidade de norma infraconstitucional, deve-se recorrer às normas constitucionais que tutelem/justifiquem a preservação dos efeitos produzidos. Norma e efeitos são elementos distintos, sendo, eventualmente, abrangidos por dispositivos diferentes da Constituição.

A preservação do postulado da supremacia da Constituição exige uma mudança no objeto da interpretação das normas em face da Constituição: exige que se ultrapasse a análise unidirecional entre norma legal inferior e norma constitucional superior violada em favor de uma análise multidirecional entre a norma legal inferior, os efeitos por ela produzidos, e várias normas constitucionais superiores. Parte-se, assim, da análise da *norma* isolada para contemplar também a análise de seus *efeitos*, que são protegidos por outras normas. O processo de ponderação resulta do agrupamento de todas essas normas e razões de decidir, para, obedecendo ao critério da *coerência*, orientar o intérprete sobre a direção a ser tomada na decisão.

Essa mudança no objeto da interpretação é uma forma de se fazer sentir, na jurisdição constitucional, o espírito do denominado *novo direito constitucional*,[95] para o qual é determinante a superação de paradigmas convencionais. Esta fase do constitucionalismo, que Barroso denomina de *pós-positivismo*, pressupõe que se tome em linha de conta "a ascensão dos valores, o reconhecimento da normatividade dos princípios e a essencialidade dos direitos fundamentais" e, ainda, a noção de que a Constituição é o "conjunto de princípios e regras destinados a realizá-los".[96] Essa é a diretriz que deve pautar a determinação dos efeitos das decisões declaratórias de inconstitucionalidade, de modo que as opções realizadas pelo intérprete, na interpretação dos conceitos de *segurança jurídica* e *excepcional interesse social*, materializem a proteção aos direitos fundamentais, tão caros à Constituição.

Com isso, pretende-se afirmar que a manutenção dos efeitos de uma norma declarada inconstitucional somente está autorizada quando esses efeitos se produzirem em benefício do indivíduo. O prejuízo – sob qualquer pretexto – da liberdade, da igualdade, da segurança, da propriedade, ou de qualquer outro direito que a própria Constituição designe como fundamental, jamais encontrará abrigo legítimo na faculdade que o art. 27

---

[94] Cf. SCHLAICH, Klaus. *Das Bundesverfassungsgericht*: Stellung, Verfahren, Entscheidungen. 4 ed. München: Verlag C. H. Beck, 1997; MENDES, Gilmar Ferreira. O apelo ao legislador: Appellentscheidung na práxis da Corte Constitucional Federal Alemã. *Arquivos do Ministério da Justiça*, n. 179, p. 81, 1992.

[95] BARROSO, Luís Roberto. Fundamentos teóricos e filosóficos do novo direito constitucional brasileiro. In: *Revista de Direito Administrativo*, n. 225, p. 5-37.

[96] BARROSO, op. cit., p. 36 e 29.

da Lei nº 9.868/99, conferiu ao Supremo Tribunal. Este, enquanto souber utilizá-lo apoiado na própria Constituição que lhe incumbe guardar, usará deste poder que a lei lhe conferiu justamente para garantir a supremacia da Constituição em sua integridade.

No entanto, para que não permaneçam no limbo das afirmações fáceis, apenas *politicamente* corretas e descompromissadas, também as afirmações referentes ao emprego *constitucionalmente* correto do art. 27 carecem de séria justificativa dogmática e argumentativa. Disso se ocupará, a partir de agora, a presente investigação, recorrendo, sobretudo, aos fundamentos da própria Constituição para conferir limites à aplicação do dispositivo em exame.

Parte II

Determinação dos efeitos: constitucionalidade *in concreto* do art. 27 da Lei nº 9.868/99

> *Em matéria constitucional, é importante que se diga, o apego ao texto positivado não importa em reduzir o direito à norma, mas, ao contrário, em elevá-lo à condição de norma, pois ele tem sido menos do que isso.*
> Luís Roberto Barroso.
> in *Interpretação e aplicação da Constituição.* 2001

A primeira parte deste trabalho dedicou-se à comprovação da constitucionalidade abstrata do art. 27 da Lei nº 9.868/99. Isso não implica dizer que toda e qualquer aplicação desse dispositivo seja constitucional. A constitucionalidade *in concreto* do art. 27 depende, pois, de sua aplicabilidade. E sua aplicabilidade envolve a interpretação de dois conceitos indeterminados, referidos explicitamente no permissivo legal em questão: *razões de segurança jurídica* e *excepcional interesse social*.

Agora, nesta segunda parte, para fins de atendimento às necessidades de organização e clareza na exposição de idéias, os elementos presentes na aplicabilidade e interpretação do dispositivo serão discernidos e analisados em diferentes etapas, obedecendo à seguinte seqüência: (1) apresentação de considerações acerca dos conceitos jurídicos indeterminados; (2) exame acerca do raciocínio a ser empregado na determinação do sentido atribuído a esses preceitos – ponderação –; (3) reconhecimento dos limites decorrentes da presença da ordem constitucional neste processo de ponderação e da necessidade de preservação de sua supremacia; (4) exposição de considerações acerca das definições prévias e já fixadas sobre *razões de segurança jurídica* e *excepcional interesse social*, considerando a ordem constitucional vigente e o uso dessas expressões na jurisprudência dos tribunais superiores.

Há questões relevantes a serem analisadas no que concerne aos conceitos jurídicos indeterminados, questões essas que passam não só pela definição da autoridade competente para dotá-los de sentido, como também pelos próprios conteúdos e argumentos aptos a preenchê-los. A aplicação do art. 27 exige do intérprete um importante trabalho de justificação para seu emprego, muito especialmente quando a manutenção ou o desfazimento dos efeitos de norma inconstitucional colocam em pauta os direitos fundamentais. Esse processo de justificativa envolve a *identificação do objeto*, ou seja, dos direitos ou interesses com os quais se está lidando quando estão em confronto normas que favoreçam a invalidação ou o reconhecimento dos efeitos; e pressupõe também a identificação das *razões* que levam o intérprete a atribuir maior peso a uma ou outra norma. A tese que se pretende desenvolver e, devidamente, justificar pela ordem constitucional vigente, é a de que esses conceitos somente estarão adequadamente preenchidos quando, (a) no processo hermenêutico forem considerados *apenas* elementos da ordem normativa, afastando-se aqueles de caráter apenas político ou as considerações meramente pragmáticas; e, (b) do processo hermenêutico, resultar benefício aos direitos individuais fundamentais, sejam eles individual ou coletivamente considerados.

1. Conceitos jurídicos indeterminados

1.1. DEFINIÇÃO

A idéia de conceito jurídico indeterminado adquiriu relevância em face da percepção de que: (a) o sistema jurídico não é um sistema fechado, não propondo, dessa forma, soluções aprioristicas para todo e qualquer problema que reclame uma solução jurídica; e (b) são necessários mecanismos normativos que permitam a adaptação da norma às circunstâncias especiais dos casos concretos que, devido à sua particularidade, não contam com previsão específica nas normas gerais.

Na aplicação de conceitos jurídicos indeterminados, o aplicador atua de forma a colaborar na construção do próprio sentido da norma, a partir de elementos colhidos na situação de fato a ser decidida. Não se está diante, assim, de caso que encontra uma solução geral pronta e previamente fixada pela lei, mas, sim, de situação em que o intérprete atua ativamente na produção da norma individual e concreta para o caso.

Como se sabe, o método subsuntivo já não é mais utilizado com a exclusividade que se pretendia há até pouco tempo. O dogma da completude do sistema, a seu turno, está ultrapassado. A pretensa completude do sistema jurídico foi exemplarmente atacada por Vilanova.[97] Segundo ele, a completude e a consistência são propriedades formais de um sistema. A idéia de sistema, aplicada ao Direito, oferece um problema bastante complexo, que é o de saber se o que consta no sistema, aplicado à realidade social que lhe serve de modelo, está ou não completo. Ou seja, é possível que qualquer conduta no plano fático encontre norma primária ou secundária em que possa se alojar? Pode ser o sistema suficiente frente a qualquer possibilidade fática de conduta?[98]

---

[97] VILANOVA, Lourival. *As estruturas lógicas e o sistema do direito positivo.* São Paulo: Revista dos Tribunais, 1977, p. 147.

[98] VILANOVA, 1977, op. cit., p. 148.

O problema deve ser analisado a partir de dois aspectos: o sistema formal, de caráter normativo –, e o correlato, de caráter referencial. É que o primeiro se mede pelo segundo. O cerne da questão está justamente nas características do sistema correlato de referência, em se tratando do sistema jurídico. No sistema de referência do sistema normativo, está contido o universo da conduta humana, ou seja, uma série de *ações e omissões quantitativamente indetermináveis e qualitativamente inexaustivas*. A partir disso, pode-se compreender que nem tudo o que faz parte desse universo pode servir como termo de referência do sistema normativo. Daí se dizer que o "sistema de proposições normativas de um dado Direito positivo nunca alcança abranger a multiplicidade quantitativa e qualitativa da vida social".[99]

O que ocorre, assim sendo, é que o direito seleciona aquelas possibilidades que parecem socialmente mais relevantes e, mediante um processo tipificador, transforma-as em proposições normativas. Os conteúdos passíveis de se tornarem objeto de tipificação são incontáveis e mutáveis, e o dinamismo da evolução social, a que antes se fez referência, trata de acrescentar ou de retirar conteúdos do campo de relevância ao qual está o legislador atento, com vistas à tipificação. A conseqüência, bem expressa por Vilanova, não poderia ser outra: mal o direito é posto para responder a um estado de coisas e, muitas vezes, já fica inadequado.[100]

Nesse contexto, ou seja, diante da necessidade de se operar em um sistema aberto que, não prevendo a solução para todos os casos, remete o aplicador – mediante técnicas próprias – a outros mecanismos internos e externos, lança-se mão de novas técnicas legislativas, por meio da introdução de *princípios gerais de direito*, *cláusulas gerais* e *conceitos jurídicos indeterminados*. Para a presente investigação acerca do art. 27 da Lei nº 9.868/99, vão interessar, especialmente, os princípios jurídicos, devido ao conceito de *razões de segurança jurídica*, e os conceitos jurídicos indeterminados, em razão do conceito de *excepcional interesse social*.

Já se falou sobre a concepção dominante em relação aos *princípios gerais de direito*, mas pouco se disse sobre a função dessas normas. Os princípios atuam como acessórios da interpretação, servindo como ponto de apoio à aplicação das normas, e são sempre aplicáveis, dada a sua ampla generalidade. Por tais características, Alexy os considera *mandamentos de otimização*, eis que, graças à sua graduação mais ou menos ampla, podem ser aplicados em maior ou menor grau, segundo as circunstâncias fáticas e jurídicas, na busca de uma melhor solução.[101] Ao lado dessa função, há

---

[99] VILANOVA, 1977, op. cit., p. 148.

[100] Id., ibid.

[101] ALEXY, Robert. *Derecho y razón práctica*. México: Biblioteca de Etica, Filosofia del Derecho y Politica. Premià: 1993, p. 14.

que considerar também que, diversamente da maior parte das normas jurídicas, que apresentam a estrutura *se A, então B* – se *fato*, então *conduta* –, os princípios jurídicos são normas que não tipificam especificamente a conduta a ser adotada em face de certa circunstância, mas prevêem diretamente fins, ou seja, um estado ideal de coisas que deve ser alcançado em maior ou menor grau, dentro das possibilidades fáticas e jurídicas.[102] As condutas que concretamente devem ser adotadas, embora não explícitas na formulação do princípio, são construídas pelo intérprete justamente a partir da necessidade de promoção daquele estado ideal de coisas, de modo que ficam excluídas aquelas que não levem ao fim visado pela norma. Por assim ser, a determinação do fim é, precisamente, um limite para a atividade hermenêutica de aplicação deste tipo de norma.

Já os *conceitos jurídicos indeterminados* operam de forma diversa. São conceitos imprecisos insertos na norma – em geral, nas regras –, apelando ao aplicador para que lhes agregue sentido, que até pode advir de outras normas. Em geral, são conceitos amplos, que carecem de preenchimento valorativo[103] e permitem a transposição, para o ordenamento jurídico, de elementos extrajurídicos, possibilitando ao aplicador a busca da solução mais adequada ao caso, de acordo com os valores, os padrões ético-sociais, os usos e costumes do momento. Seria o caso, por exemplo, das expressões: (a) motivo torpe; (b) negligência; (c) reputação ilibada e notório saber; (d) segundo a moral e os bons costumes (...). Todavia, uma vez operada a integração, a combinação entre as diferentes normas já aponta a solução do caso: (a) responde por homicídio qualificado, (b) responde por culpa, (c) pode ser nomeado ministro do STF, (d) perde o pátrio poder. Em que pese a indeterminação *a priori*, nos conceitos jurídicos indeterminados, a conseqüência jurídica resultaria, pois, da própria norma – por exemplo, se é caso de *segurança jurídica* ou *excepcional interesse social*, preservam-se os efeitos de determinado ato inválido.

Conquanto a segurança jurídica seja considerada um princípio que decorre do art. 5º, *caput*, da Constituição, combinado com outros dispositivos, notadamente o que prevê o princípio do Estado de Direito (art. 1º) e já tenha uma conceituação razoavelmente delineada em nível doutrinário e jurisprudencial, as expressões *razões de segurança jurídica* e *excepcional interesse social*, utilizadas no art. 27, ainda assim, carecem de definição à luz das possibilidades fáticas de cada caso. É justamente na *indeterminação* – dos princípios por causa da sua generalidade, dos conceitos indeterminados por causa da ausência de significação jurídica *in abstracto* – que se encontra o problema a ser equacionado.

---

[102] ÁVILA, Humberto. *Teoria dos princípios*: da definição à aplicação dos princípios jurídicos. 5ª ed. São Paulo: Malheiros, 2006, p. 78-79.

[103] ENGISCH, Karl. *Introdução ao pensamento jurídico*. 6ª ed. Lisboa: Fundação Calouste Gulbenkian, 1983, p. 213.

A indeterminação permite ao aplicador operar com uma margem de valoração, remetendo-o à realidade concreta da situação e permitindo-lhe buscar a solução específica para o caso além da própria norma a ser aplicada, geralmente com recurso ao pensamento tópico (problemático), proposto por Theodor Viehweg, em que se ponderam os *topoi* pertinentes ao caso. Contribuem para esse processo os valores, interesses, bens, pautas e argumentos materiais que o intérprete pode obter no próprio processo, a partir da problematização do conflito, os quais podem guiá-lo na escolha das normas e na sua compreensão.[104]

Contudo o emprego dessa forma de raciocínio não está imune a críticas, como se verá logo adiante. Não apenas porque se cuida de procedimento não sujeito à rigorosa verificação,[105] como também porque ela, ao priorizar o problema em detrimento do sistema, induz à unilateralidade e ao subjetivismo na apreciação judicial.[106] Nesse contexto, uma teoria da argumentação jurídica afigura-se fundamental para integrar o raciocínio tópico ao pensamento jurídico. A aplicação do art. 27 da Lei nº 9.868/99, a pretexto de resguardar a Constituição, implica que esta integração se faça de forma controlável e congruente com a hierarquia das fontes normativas. É justamente para a seleção dos *topoi*, ou seja, para a seleção do material argumentativo a ser empregado na decisão do caso, que se quer chamar a atenção: no caso do dispositivo legal em questão, o que se pretende evitar é que sejam preservados ou não os efeitos do ato inconstitucional por uma *razão qualquer* que, sabe-se lá por que, caiu do céu azul sobre a mesa do intérprete.

Porque tem-se a Constituição envolvida e também uma situação de hierarquia (externa, em relação ao direito infraconstitucional, e também interna na Constituição, pois aquilo que, segundo ela própria, é *fundamental*, está acima daquilo que não é fundamental[107]), o processo de preenchimento dos conceitos de *razões de segurança jurídica* e *excepcional interesse social* resulta de uma ponderação a exigir que: (1) todas as razões, fáticas e jurídicas, sejam identificadas e quantificadas; (2) essas razões sejam

---

[104] LARENZ, Karl. *Metodologia da ciência do direito*. 2ª ed. Lisboa: Fundação Calouste Gulbenkian, 1989, p. 166.

[105] Para Ferraz Jr., a tópica não pode ser considerada um método e sim um "estilo": "Quando se fala, hoje, em tópica pensa-se numa técnica de pensamento que se orienta para problemas. Trata-se de um estilo e não propriamente de um método. Ou seja, não é um conjunto de princípios de avaliação da evidência nem de cânones para julgar a adequação de explicações propostas, nem ainda critério para selecionar hipóteses. E, suma, não se trata de um procedimento verificável rigorosamente. Ao contrário, é um modo de pensar, problemático, que nos permites abordar problemas, deles partir e neles culminar". FERRAZ JR., Tércio Sampaio. *Introdução ao estudo do direito*. 2ª ed. São Paulo: Atlas, 1994, p. 327.

[106] Justificativa da substancial crítica de ALEXY, Robert. *Teoria da argumentação jurídica*. Traduzido por Hilda Hutchinson Schild Silva. São Paulo: Landy, 2005, p. 40.

[107] Cf. *infra*, a regra de prevalência lógico-material proposta neste trabalho, p. 143.

qualificadas quanto à origem, que pode ser normativa, institucional, jurisprudencial, pragmática ou conseqüencialista, etc.; e (3) essas razões sejam hierarquizadas, segundo o peso de cada argumento e com recurso à proporcionalidade (v. *infra*), e agrupadas pelo critério da coerência, a fim de que, desse procedimento, se chegue à solução mais consentânea em face da Constituição.

1.2. NECESSIDADE DE PREENCHIMENTO VALORATIVO

A abertura normativa dos tipos indeterminados introduz, no pensamento jurídico, uma forma de *raciocínio indutivo*, técnica que parte da análise de casos particulares, individuais, em direção à generalização, ou seja, à criação de uma norma geral, aplicável a casos futuros. Tradicionalmente, a indução é utilizada na fase de produção normativa, dado que, ao legislador, incumbe a observação dos fatos no meio social e a decisão sobre quais deles são relevantes a ponto de sofrerem um processo tipificador, o qual regulará sua hipótese em uma norma geral e abstrata. Instituída a norma e integrada ao sistema jurídico, faz-se, então, a interpretação e aplicação do direito com o *raciocínio dedutivo*, que parte de princípios gerais, de premissas e suposições básicas, para daí retirar proposições novas e particulares, operando-se assim a concretização das normas que, antes, eram abstratas. Na aplicação de conceitos jurídicos indeterminados, a necessidade de preenchimento valorativo induz à participação do intérprete na construção do sentido da norma, a partir do caso concreto; daí a percepção de outra forma indutiva de raciocínio no pensamento jurídico.

Bem se vê que, estando permitida a maior participação do aplicador na construção do sentido da norma, diante de conceitos jurídicos indeterminados deve o intérprete operar com muita parcimônia. É que esses tipos normativos *abertos* exigem preenchimentos valorativos, que, se não operados com bastante rigor técnico, podem dar margem ao subjetivismo e à arbitrariedade que tanto se deseja evitar. Afinal, é o aplicador quem decide quais argumentos deseja utilizar. Uma questão importante é verificar se essa escolha é livremente exercida ou se está sujeita a limites materiais e formais.

Se a decisão em torno de uma questão jurídica exige que se realize um juízo de valoração – ou uma ponderação entre distintos valores, interesses ou bens –, é necessário se examinarem os *critérios* pelos quais o intérprete pode orientar a sua decisão. Do contrário, ele será inevitavelmente inspirado pelo seu sentimento subjetivo ou pela sua opinião.[108] Esses critérios

---
[108] LARENZ, 1989, op. cit., p. 147.

são, de há muito, objeto de investigação pelos estudiosos de metodologia jurídica e são várias as propostas de racionalidade a esse respeito. Dentre elas, foram selecionadas para exame as que apontam, ainda que por vias diversas, para o mesmo caminho trilhado por esta investigação.

1.2.1. Valoração e racionalidade em Larenz/Bydlinski

Para Bydlinski, a questão fundamental implicada na justificação de uma decisão jurídica é precisamente a determinação das origens a partir das quais provêm os critérios de valoração que se fazem valer, quando tais critérios não são susceptíveis de serem extraídos do direito legislado com suficiente clareza. Segundo o autor, a mera alusão às concepções valorativas comumente reconhecidas, ou preponderantes na comunidade jurídica, é insuficiente, pois essas concepções carecem de uma *seleção, mediante categorias jurídicas*. Para ele, tais critérios estão nos princípios jurídicos, "considerados como diretrizes que operam a mediação entre a idéia de direito (ou os valores jurídicos de escalão superior) e as regulações de um direito positivo".[109]

Bydlinski alerta para a necessidade de se desenvolverem "métodos racionais de conhecimento de valores e de transposições de valores, de modo a que o domínio residual ainda subsistente, no qual o juiz apenas pode operar de modo decisionístico, se apresente tão reduzido quanto possível".[110] Para ele, entre a subsunção estrita e a concreção, há diversos modos de pensamento e métodos jurídicos, que devem passar por processos de ordenação hierárquica e de eliminação dos modos de pensamento. Sugere o autor que:

> (...) o intérprete, ao buscar uma solução jurídica para uma questão que lhe seja submetida, inicie sua investigação, primeiramente no trilho da lei, na sua interpretação e desenvolvimento conforme ao seu sentido. (...) Quando a interpretação da lei no seu sentido literal e o contexto sistemático o conduzam a um resultado unívoco que resista igualmente ao "controle coadjuvante", pode o intérprete dar por encerrada sua atividade e renunciar a outras indagações.[111]

Não obstante, se isso não bastar – e, no caso dos conceitos jurídicos indeterminados, não basta –, deve o intérprete lançar mão de considerações históricas, teleológico-objetivas, de analogia ou da redução teleológica, ou, então, recorrer a princípios gerais de direito. Daí por que se falar em um "emprego gradual e subsidiário dos métodos, de acordo com as necessidades".[112] Para Bydlinski, o problema jurídico está resolvido "sem-

---

[109] *Apud* LARENZ, 1989, op. cit., p. 151-152.

[110] Id., ibid.

[111] LARENZ, 1989, op. cit., p. 152-153.

[112] Id., p. 153. Cf., na mesma obra, nota nº 40.

pre que possa ser demonstrado que determinada decisão do caso problemático apresentado exprime o Direito positivo e está em harmonia com a idéia de Direito".[113] O ordenamento jurídico aparece, assim, como o início e o fim do processo interpretativo, constituindo-se no ponto de contato que garante o controle intersubjetivo da fundamentação. Essa linha sugere que o ordenamento opere como um filtro dos elementos externos, exigindo que se encontre sempre uma correspondência entre eles e os elementos internos no sistema, de modo que, nas palavras de Giovani Miele:

> (...) nada existe para o ordenamento jurídico se não existe nele e por ele, e toda figura, instituto ou relação com que nos encontramos, percorrendo as suas várias manifestações, tem uma realidade própria que não é menos real que qualquer outro produto do espírito humano em outros campos e direções. A realidade do ordenamento jurídico não tem outro termo de confronto senão ele mesmo: donde ser imprópria a comparação com outra realidade, com o fito de verificar se, por ventura, as manifestações do primeiro conferem com aquela ou se afastam das manifestações do mundo natural, histórico ou metafísico.[114]

Com efeito, este processo de complementação do sentido das normas, ao implicar uma dimensão valorativa por parte do intérprete, postula também um procedimento intersubjetivamente controlável; daí a imperatividade do recurso ao direito objetivo. Para Larenz, este procedimento pressupõe que:

> (...) o juiz concretize e especifique as diretrizes e os critérios de valoração que lhe são previamente dados na lei, mas também no direito jurisprudencial, tendo em vista a situação de fato a julgar, que precise e complemente, ponto por ponto, a situação de fato tomando em consideração os pontos de vista jurídicos que ache porventura adequados, e tal na justa medida e até o ponto em que nada mais se ofereça para uma decisão justa do caso.[115]

A necessidade de preenchimento valorativo acarreta, assim, um ônus de fundamentação expressa e exauriente dos elementos que guiaram o intérprete na estruturação do sentido atribuído à norma para aquela decisão, necessariamente justificável à luz das normas jurídicas, sejam elas regras ou princípios jurídicos gerais.

1.2.2. Valoração e racionalidade em Hesse/Müller

Interessante é a posição adotada por Friedrich Müller, que, de certa forma, trouxe o problema da valoração para o interior mesmo da estrutura normativa. Assim, se em Larenz as normas funcionam como um elemento que possibilita a incorporação daquilo que se apresenta, aprioristicamente, como algo externo ao sistema, Müller sustenta que esses elementos já

---

[113] LARENZ, 1989, p. 153. Cf., na mesma obra, nota n° 40.

[114] MIELE, Giovani. *Principî di diritto amministrativo*. Padova: Cedam, 1960, p. 81.

[115] LARENZ, 1989, op.cit., p. 167, neste particular citando FIKENTSCHER.

fazem parte da estrutura da própria norma, não sendo, portanto, externos. Esse autor parte do pressuposto de que, mesmo que se suponha a existência de uma norma jurídica abstrata para justificar uma decisão, ainda assim não fica explicada a maneira como ocorre a interação da norma com o caso concreto. Em convergência com o pensamento de Konrad Hesse, Müller introduz uma abordagem mais contemporânea do processo de interpretação das normas jurídicas, especificamente no âmbito do direito constitucional, a qual denominou *metodologia de concretização das normas constitucionais*.[116]

Essa metodologia se desenvolveu a partir da jurisprudência do Tribunal Constitucional Federal alemão relativamente aos direitos fundamentais da Lei Fundamental, que se apresentam, sob muitos aspectos, como cláusulas gerais, sem intentar qualquer definição apriorística.[117] Basicamente, questiona-se a própria estrutura dessas normas jurídicas, que não deve conceber norma e fato como realidades estanques.

> Daí resulta que não é somente o dever-ser – o programa normativo – que contribui para a decisão do caso, mas também, no que diz respeito a uma série de normas, igualmente a estrutura material do seu âmbito de aplicação, i.e., da parcela de realidade social relacionada com a norma – o domínio da norma, ou âmbito normativo.[118]

Este raciocínio traduz a afirmação de que o *texto* da norma constitucional não pode ser compreendido fora do seu *contexto*. A norma jurídica não seria, assim, apenas a premissa maior de um silogismo, mas um "modelo de ordenação de tipo estruturante, materialmente determinado". Daí por que a norma jurídica não pode ser equiparada ao texto legislativo. "Não seria nem acabada, nem substancialmente 'fechada' sobre si própria".[119]

Opera-se, assim, um corte entre a *norma* e o *texto*: o texto seria apenas o primeiro elemento do processo de interpretação-concretização,[120] não significando que a letra da lei já contenha a decisão do problema a ser resolvido pela aplicação da norma. Deve-se admitir, pois, que a interpretação de uma norma é um processo complexo que inclui: (a) a análise do conteúdo semântico do texto, ponto de partida necessário; (b) o reconhecimento de que a norma não se identifica com o texto: "o texto da norma

---

[116] Em Portugal, essa concepção foi plenamente recepcionada e vem sendo difundida nos sistemas de língua portuguesa por CANOTILHO, Joaquim José Gomes. *Direito constitucional e teoria da Constituição*. 3ª ed. Coimbra: Almedina, 1999, p. 1140 *et seq.*

[117] LARENZ, 1989. op. cit., p. 156. MÜLLER, Friedrich. *Discours de la méthode juridique*. Traduzido por Olivier Jouanjan. Paris: PUF, 1993, p. 106.

[118] Id., p. 155. MÜLLER, Friedrich. *Discours de la méthode juridique*. Traduzido por Olivier Jouanjan. Paris: PUF, 1993, p. 106.

[119] Id., p. 155.

[120] CANOTILHO, 1999, op. cit., p. 1.141.

é o 'sinal lingüístico'; a norma é o que se 'revela' ou designa";[121] e (c) a delimitação do *âmbito normativo*, com atenção aos elementos relacionados com o problema a ser decidido.

Importante, nesse contexto, estabelecer os limites entre os conceitos de *programa normativo* e *âmbito normativo*. *Programa normativo*, para essa corrente, é:

(...) o resultado de um processo parcial (inserido, por conseguinte, num processo global de concretização) assente fundamentalmente na *interpretação do texto* normativo. Daí que se tenha considerado o enunciado lingüístico na norma como ponto de partida do processo de concretização (dados lingüísticos).

Já o *âmbito normativo* é concebido como:

(...) o resultado de um segundo processo parcial de concretização assente, sobretudo, na análise dos elementos empíricos (dados reais, ou seja, dados da realidade recortados pela norma). Desta forma a norma jurídico-constitucional é um *modelo de ordenação orientado para uma concretização material*, constituído por uma medida de ordenação, expressa através de enunciados lingüísticos, e por um "campo" de dados reais (factos jurídicos, factos materiais).[122]

De se destacar, ainda, o papel fundamental exercido no processo de decisão dos casos concretos pelo intérprete da norma – o *sujeito concretizante*. Isso porque é ele quem, no fim do processo, coloca a norma em contato com a realidade. "No específico plano da concretização normativo-constitucional, a mediação metódica da normatividade pelos sujeitos concretizadores assume uma das suas manifestações mais relevantes".[123]

A norma, assim sendo, somente se torna norma de direito com a sua concretização no caso, ou seja, como norma de decisão, mas apenas para aquele caso. Segundo Müller, este é um processo que transcende à simples aplicação e à subsunção da norma, pois encerra variados elementos. Esses elementos de concretização incluem, num primeiro momento, aqueles que se referem ao texto da norma, e, em seguida, aqueles que decorrem de questionamentos em torno do âmbito da norma, ou seja, os pontos de vista materiais e os elementos da situação de fato que devem ser valorados como relevantes.[124]

---

[121] CANOTILHO, 1999, op. cit., p. 1.143.

[122] Id., p. 1.141-1.142. Assim: MÜLLER, Friedrich. *Discours de la méthode juridique*. Traduzido por Olivier Jouanjan. Paris: PUF, 1993, p. 145 e 168.

[123] Cf. CANOTILHO, 1999, op. cit., p. 1.147; A propósito, LARENZ, 1989, op. cit., p. 164, citando ESSER: "toda interpretação requer intervenção espiritual activa e o seu resultado, o texto entendido em determinado sentido, corporiza algo de novo face ao ponto de partida, o texto tal como se encontra na lei".

[124] LARENZ, 1989, op. cit., p. 156; Na mesma direção, FIKENTSCHER, *apud*, LARENZ, 1989, op.cit., p. 167: "a norma à qual o juiz subsume o facto não seria na maior parte dos casos a regra patente na lei, mas uma norma que o próprio juiz constrói, se bem que sempre com base na regra legal, na perspectiva do caso a decidir".

Esta concepção consagra a afirmação de que todo processo de aplicação da norma – qualquer norma – implica um ato de valoração, pois a valoração está naturalmente presente na concretização. No entanto, se de um lado, esta concepção termina por abrir ainda mais a norma às possibilidades interpretativas que lhes sejam conferidas, por outro lado, Müller não ignora a necessidade de limites à atividade valorativa do intérprete. Por um lado, ele admite que os elementos presentes na análise do âmbito normativo no processo de concretização concorrem com os elementos do programa normativo, com o auxílio do texto da norma. Aqueles não são retirados indistintamente dos dados fáticos da realidade social concernente ao caso. Ao contrário, eles são selecionados pela perspectiva seletiva do programa normativo formulado no texto da norma.[125] Por outro lado, na mesma linha proposta por esta investigação, Müller investe no regramento da argumentação jurídica e na especificação de regras gerais de preferência para a coordenação das relações entre os elementos de concretização.[126] Reconhece, pois, a necessidade de delimitação da atividade argumentativa do intérprete, como será examinado mais adiante.

1.2.3. Valoração e racionalidade em Alexy

A limitação da subjetividade do intérprete é preocupação compartilhada por muitos autores alemães contemporâneos, dentre os quais é de se destacar a posição assumida por Robert Alexy, para quem, do reconhecimento de que a ciência do direito e a jurisprudência operam com juízos valorativos, não se pode deduzir que haja um campo livre para as convicções morais subjetivas dos operadores do direito.[127] Crítico da tópica por considerá-la insuficiente para determinar, com rigor científico, a adequação do sentido encontrado para a norma pelo intérprete, Alexy encontra na argumentação jurídica os critérios para a atividade de preenchimento valorativo.

A teoria da argumentação jurídica de Alexy tem como tese central a consideração do discurso jurídico como um caso especial do discurso prático geral, isto é, do discurso moral.[128] Ela parte da teoria do discurso de Habermas, na medida em que pretende deixar de lado o conceito de verdade como correspondência entre enunciados e fatos, em favor da consideração da verdade como consenso, isto é, como potencial assentimento

---

[125] MÜLLER, Friedrich. *Discours de la méthode juridique*. Traduzido por Olivier Jouanjan. Paris: PUF, 1993, p. 320.

[126] MÜLLER, 1993, op. cit., p. 322: "Dans cette mesure, ces règle de préférence ne sont pas abstraites du cas d'espèce mais rapportées à ce cas particulier. Mais elles peuvent être généralisées conformément au principe de l'Etat de droit, à la différence de l'arbitraire qui caractérise une justice de cadi".

[127] ALEXY, Robert. *Teoria da argumentação jurídica*. Traduzido por Hilda Hutchinson Schild Silva. São Paulo: Landy, 2005, p. 40.

[128] ATIENZA, Manuel. *As razões do direito*: teorias da argumentação jurídica – Perelman, Toulmin, Maccormick, Alexy e outros. São Paulo: Landy, 2000, p. 234.

daqueles que possam entrar numa discussão a respeito do mesmo objeto. Por esse motivo, Alexy estabelece uma série de regras para o discurso racional, não apenas no que se refere às proposições, mas, também, no tocante à conduta dos participantes – uma espécie de teoria *procedimental* da argumentação. Daí se afirmar que a teoria de Alexy envolve regras *semânticas*, concernentes ao sentido das proposições elaboradas pelos participantes, e *pragmáticas*, dizendo a respeito ao comportamento dos participantes.[129] Nesse sentido, o autor estipula regras que permitem, segundo sua concepção, as condições de possibilidade do discurso racional. Para tanto, propõe alguns grupos de regras.

O primeiro grupo compõe-se das ditas *regras fundamentais*, cuja validade é condição para "qualquer comunicação lingüística em que se trate da verdade ou correção".[130] Dentre elas, estão as regras da não-contradição, sinceridade, universalidade e uso comum da linguagem.[131] O segundo grupo engloba as *regras da razão*, destinadas a definir as condições da racionalidade do discurso. Desse grupo, fazem parte a regra geral de fundamentação (*fundamentabilidade*) e as regras relativas à situação ideal da fala, à igualdade de direitos, à universalidade e à não-coerção.[132] O terceiro grupo abrange as *regras sobre a carga* da *argumentação*, cuja finalidade é facilitar o debate racional. Nesse grupo, estão as regras relacionadas ao ônus da fundamentação, decorrente do tratamento desigual e da introdução de novos argumentos na discussão.[133] O quarto grupo, que aqui interessa mais de perto, é composto pelas *formas específicas do discurso prático*, relativas, portanto, à referibilidade do discurso às normas jurídicas ou a determinadas conseqüências. É nesse contexto que se qualificam as formas de argumentos (tipos) e interessa examinar a estruturação de regras de primazia: como o uso de regras diferentes pode levar a resultados diversos, é preciso introduzir regras que estabelecem que uma determinada norma está em relação de prioridade com relação a outra.[134] Além desses grupos, há ainda aquele das regras de fundamentação, em cujo âmbito se inserem as normas que obrigam o interlocutor a aceitar as conseqüências imputadas aos outros, também para si próprio (*princípio da generalizabilidade*) e que determinam a aceitabilidade universal das regras. Por fim, há, ainda, o grupo das regras de transição entre as várias modalidades de discurso que envolvem fatos, problemas lingüísticos, entre outros.[135]

---

[129] ATIENZA, 2000, op. cit., p. 242.

[130] ALEXY, 2005, op., cit., p. 191.

[131] Id., ibid., p. 192-193.

[132] Id., ibid., p. 194-196.

[133] Id., ibid., p. 197-198.

[134] Id., ibid., p 199 e 202.

[135] Id., ibid., p. 204.

Além de apresentar várias regras necessárias ao debate racional, Alexy também disserta a respeito dos modos de justificação interna e externa. Para o autor, a justificação interna indicaria apenas a dedução silogística das premissas à conclusão, sem, no entanto, explicar como as próprias premissas foram escolhidas. A justificação externa, a seu turno, explicaria o modo como as premissas são construídas.[136] A esse respeito, Alexy divide os argumentos em seis grupos: os semânticos, que descrevem o uso da linguagem; os genéticos, que se referem à vontade do legislador; os teleológicos, que dizem respeito aos fins legalmente objetivados; os históricos, que fazem menção à reconstrução do momento em que a norma foi editada; os comparativos, que são concernentes à comparação entre os sistemas jurídicos; e os sistemáticos, que dizem respeito ao sistema jurídico globalmente considerado. É precisamente nesse contexto que Alexy propõe uma hierarquia entre os argumentos, considerando que alguns argumentos devem prevalecer sobre outros.

A esse respeito, Alexy propõe a seguinte regra (J.7): *os argumentos que exprimem uma ligação com o teor literal da lei ou com a vontade do legislador histórico prevalecem sobre os demais, a não ser que se possam apresentar outros motivos racionais que concedam prioridade a outros argumentos.*[137]

De pronto se percebe que a teoria da argumentação jurídica de Alexy transcende, em muito, os objetivos deste trabalho. Ela visa, precipuamente, a fornecer regras para o debate racional, motivo pelo qual envolve regras relativas ao sentido das proposições e à conduta ética dos participantes, debate que ultrapassa os limites desta pesquisa, por abranger questões de filosofia da linguagem e de filosofia moral. A sua importância para esta tese está no fato de que ela propõe regras de fundamentação e regras de prioridade entre vários tipos de argumentos. Nessa perspectiva, Alexy contribui decisivamente para demonstrar não só a necessidade da distinção entre os argumentos utilizados na argumentação jurídica, como, também, a imprescindibilidade da adoção de regras de prevalência entre os argumentos. A tese, aqui defendida, embora siga o caminho apontado por Alexy, adota algumas distinções concernentes à fixação das regras de prevalência dos argumentos. Esse aspecto será tratado em capítulo exclusivamente dedicado ao tema (2.1.3.1, *infra*).

No que diz respeito à conexão com os posicionamentos anteriormente lançados, tudo sugere que a base normativa para a fundamentação de uma decisão jurídica, ainda que não esgote o processo interpretativo nas situações em que se exige a valoração por parte do intérprete, não pode ter sua prioridade e o seu caráter limitador ignorados. Como o presente estudo dedica-se especificamente ao estudo do art. 27 da Lei nº 9.868/99,

---

[136] ALEXY, 2005, op., cit., p. 218 e 226 *et seq*.

[137] Id., ibid., p 242-243.

o fato de que ele enseja, sempre e necessariamente, um conflito que leva em consideração norma ou normas da Constituição faz *toda a diferença*. É que, sendo assim, a Constituição é o limite preciso da atividade judicial no momento em que aprecia *razões de segurança jurídica* e *excepcional interesse social*, de modo que não há por que se falar em liberdade interpretativa propriamente dita para este processo de valoração. É a Constituição quem filtra os tópicos para a discussão. Assim, todos os possíveis elementos de valoração devem ser examinados pelo prisma da Constituição, a fim de que todo fundamento invocado na decisão possa encontrar respaldo em uma norma constitucional. Esta é uma particularidade, em relação ao art. 27, que não pode passar despercebida, sob pena de ruptura com o postulado da supremacia e com todo o sistema constitucional. Isso limita, ao menos qualitativamente, o leque de argumentos de que se podem lançar mão. Ficam excluídos do processo decisório quaisquer interesses estatais ou individuais não prestigiados pela Constituição, e assume primazia tudo aquilo que, segundo o texto constitucional, seja fundamental.

2. Preenchimento dos conceitos jurídicos indeterminados

As questões centrais de debate, ligadas à aplicação do art. 27, dizem respeito à utilização de dois conceitos jurídicos indeterminados – *razões de segurança jurídica* e *excepcional interesse social*. Isso não significa que esses termos sejam absolutamente indeterminados. A expressão *segurança jurídica* possui um núcleo conceitual já suficientemente constituído, forte na necessidade de um sistema jurídico que reconheça a importância da previsibilidade. É que, em qualquer contexto, salvo, talvez, no *Processo* de Kafka, há uma necessidade, cuja importância ninguém nega, de se saber, de antemão, quais são as conseqüências dos atos praticados por qualquer indivíduo. Isso é a previsibilidade, saber de antemão como se deve agir, saber o que esperar dos outros, e é este valor que o princípio da segurança jurídica pretende assegurar através de diversos expedientes jurídicos que serão analisados mais adiante. Demais disso, a doutrina e a jurisprudência consideram a segurança jurídica como um princípio que tem assento constitucional e fundamenta a própria noção material de Estado de Direito.[138]

Já o conceito de *excepcional interesse social* é um caso diverso. Seu conteúdo é bem mais fluido, contrastando com a própria necessidade de proteção da previsibilidade, exigida pelos ditames da segurança jurídica. Esse contraste, como se verá mais adiante, torna altamente questionável a constitucionalidade do emprego dessa expressão no art. 27, uma vez que a adoção de um conceito, de certa forma imprevisível, viola os próprios fundamentos do princípio do Estado de Direito.

Ainda que, para a situação de segurança jurídica, se possa afirmar um núcleo conceitual, a verdade é que não é possível emitir opinião segura *in abstracto* ou pronunciar-se aprioristicamente de maneira definitiva sobre o que seja uma razão de segurança jurídica, para fins de preservação ou não dos efeitos de um ato declarado inconstitucional. A dependência, em relação à situação concreta, para a composição do sentido da norma, aliás, é própria dos conceitos jurídicos indeterminados. E é desse processo

---

[138] Cf. MS 22357/DF. Relator: Min. Gilmar Mendes. 27 de maio de 2004; Cf., por todos: COUTO E SILVA, Almiro do. Princípios da legalidade da administração e segurança jurídica no Estado de Direito contemporâneo. In: *Revista de Direito Público*, n. 84, p. 46.

de preenchimento ou aproximação do conceito que resulta a preservação dos efeitos concretos gerados pela norma declarada inconstitucional durante sua vigência inquestionada, segundo as possibilidades do art. 27. Sobre esse processo, é mister trazer à colação o magistério de Almiro do Couto e Silva, para quem:

> Quando se discorre sobre conceitos jurídicos indeterminados, tornou-se lugar comum referir a imagem do facho de luz que incide verticalmente sobre uma superfície plana, criada por Philipp Heck. O facho irá produzir um círculo central perfeitamente iluminado e, depois, um halo, uma área periférica em que a luminosidade é menos intensa para, ainda mais além, formar uma zona em que a luz e a sombra se confundem, até que, por fim, só exista a escuridão. Semelhantemente, nos conceitos jurídicos indeterminados, há um núcleo central de significação nitidamente perceptível, de tal modo que será fácil realizar a subsunção dos fatos que nele se situem. À medida, porém, em que as hipóteses se afastem daquele núcleo, crescerá a dificuldade na realização da subsunção dos fatos no conceito legal, até atingir-se um ponto em que se poderá dizer, com certeza, que a subsunção é impossível, pois os fatos analisados não guardam mais qualquer relação com o conceito. A fixação do elenco de situações que se incluem ou que não se enquadram no conceito é, assim, obra da experiência jurídica, em que o método da tópica é amplamente utilizado. Para afirmar se determinado fato está ou não compreendido no conceito, será preciso submetê-lo a exame sob múltiplos aspectos, como *loci ex quibus argumenta promuntur*, na definição ciceroniana dos *topoi*, ou seja, como pontos de partida para o desenvolvimento da argumentação pela qual se chegará à convicção de que a subsunção é ou não razoável. Somente, portanto, pelo permanente e contínuo confronto do concreto com o abstrato, dos fatos com a norma, numa contínua tensão dialética, é que se irá lentamente compondo a lista dos diversos casos abrangidos pelo conceito e, ao mesmo tempo, irá o conceito assumindo contornos mais exatos.[139]

A aplicação dos conceitos jurídicos indeterminados do art. 27 pressupõe, portanto, a análise dos princípios e *topoi* que suportam a manutenção do ato ou de seus efeitos, bem como o exame dos princípios e *topoi* que sustentam a rejeição do ato e de seus efeitos. Identificados todos esses *topoi*, surge a necessidade de hierarquizá-los, definindo o que prevalece naquela situação concreta. Nesse percurso, faz-se necessário o exame de casos na jurisprudência e, verificando a ponderação realizada caso a caso, determinar quais os comportamentos necessários não só para a realização do princípio da segurança jurídica, como também para uma congruência no maior grau possível com o sistema constitucional.

Com isso, percebe-se facilmente que a tópica está presente, mas longe de esgotar o processo hermenêutico exigido pelo art. 27, que ora se analisa. Proceda-se, então, ao exame de todas as etapas exigidas pela aplicação deste dispositivo, iniciando, justamente, pela tópica.

O pensamento tópico é o processo que permite a solução de problemas jurídicos, a partir da consideração a dados materiais, advindos desses

---

[139] COUTO E SILVA, Almiro do. Veiculação de publicidade com infringência eventual ao art. 37, § 1º, da cf e estatuto das licitações: possibilidade do slogan. In: *Revista da Procuradoria Geral do Município/ Porto Alegre*. Porto Alegre, v. 9, p. 61-84, 1996, p. 75.

mesmos problemas. Este processo apresenta-se como um tratamento circular que:

> (...) aborde o problema a partir dos mais diversos ângulos e que traga à colação todos os pontos de vista – tanto os obtidos a partir da lei como os de natureza extrajurídica – que possam ter algum relevo para a solução ordenada à justiça, com o objetivo de estabelecer um consenso entre os intervenientes.[140]

Viehweg define a tópica como:

> (...) um processo especial de tratamento de problemas, que se caracteriza pelo emprego de certos pontos de vista, questões e argumentos gerais considerados pertinentes – os "tópicos", precisamente. Os tópicos são pontos de vista utilizáveis em múltiplas instâncias, com validade geral, que servem para a ponderação dos prós e dos contras das opiniões e podem conduzir-nos ao que é verdadeiro.[141]

O caráter de adequação ou inadequação dos tópicos depende do consenso; sua relevância está atrelada ao peso que se arrisca a ganhar ou a perder no decorrer do tempo e no espaço.[142] Contudo, é de se concordar integralmente com Larenz na advertência de que, apenas tornar visível o processo pelo qual os tópicos aparecem na discussão, não é suficiente para que se dê por cumprido o dever de fundamentação de uma decisão. Escapa ao pensamento tópico a compreensão do significado da lei, da dogmática e do precedente, de modo que, ao lado da tópica, deve ser enfrentada a questão da argumentação jurídica. Uma decisão, pois, somente estará devidamente justificada por meio de um processo intelectual ordenado, em que cada argumento obtenha o seu respectivo lugar e afira o seu respectivo peso, de forma a conduzir a uma determinada inferência silogísti-

---

[140] LARENZ, Karl. *Metodologia da ciência do direito*. 2ª ed. Lisboa: Fundação Calouste Gulbenkian, 1989, p. 170. Interessante e esclarecedora é a análise de Judith MARTINS-COSTA (*A boa-fé no direito privado: sistema e tópica no processo obrigacional*. São Paulo: Revista dos Tribunais, 1999, p. 360) sobre a tópica: É denominado de tópica, justamente, este "jogo de suscitações" que o problema objetivo e concreto acarreta. Conforme a definição de Zielinski apoiada por Viehweg, a tópica é "a arte de ter presentes em cada situação vital as razões que recomendam e as que desaconselham dar um determinado passo – bem entendido, em ambos os sentidos, tanto as razões a favor como as razões em contrário". Essas razões relevantes são os tópicos. Estes tópicos são formados por pontos de vista e por tal razão não estão previamente fixados e ordenados, sendo que o intérprete os selecionará de forma mais ou menos arbitrária. Esta arbitrariedade na escolha dos tópicos que orientarão o processo de resolução não é, entretanto, absoluta, condicionando-se à sua função, que, para Viehweg, consiste em "servir a uma discussão de problemas". Até porque, ainda que não se tenha uma ordenação sistemática dos tópicos, não se poderá, por isso, considerá-los desordenados, ou seja, há a possibilidade de ordená-los em certos "repertórios de pontos de vista" ou "catálogos tópicos" previamente organizados.

[141] VIEHWEG, Theodor. *Topica e giurisprudenza*. Milano: Giuffrè, 1962, p. 31. Cf. em LARENZ, 1989, op. cit., p. 170-171, a crítica à imprecisão com que Viehweg define tópico, pois, aparentemente, considera como tópico toda e qualquer idéia ou ponto de vista que possa desempenhar algum papel nas análises jurídicas, sejam estas de que espécies forem. Relevante, pois, avançar na filtragem e hierarquização dos argumentos, sendo justamente este um dos escopos deste trabalho.

[142] MARTINS-COSTA, 1999, op. cit., p. 361.

ca.[143] Essa necessidade de justificação racional da decisão constitui o pano de fundo para que adquiram relevo os problemas referentes à ponderação e à argumentação jurídica.

2.1. PONDERAÇÃO

Todas essas idéias, há pouco consideradas, aparecem reunidas naquilo que a doutrina refere como *ponderação*. *Ponderar*, na linguagem comum, significa examinar alguma coisa com atenção e cuidado, refletindo sobre os aspectos a ela atinentes. No direito, *ponderação* vem referindo um modo de pensar que envolve o sopesamento e a consideração a idéias contrárias, designando, sobretudo, uma forma de decidir. O intérprete tem que ponderar "quando deve adotar uma decisão em que deva ter em conta dois ou mais princípios, bens, valores, interesses, eventuais prejuízos, etc., contrapostos".[144]

Tem-se preconizado o recurso à ponderação quando não é possível o emprego do raciocínio silogístico e, portanto, não é suficiente o método da subsunção. Isso ocorreria, principalmente, em face da incompletude daquilo que seria a premissa maior, ou seja, da norma jurídica, quando do emprego de linguagem normativa mais aberta. Müller, no entanto, através da sua metódica concretizante, atribuiu à ponderação um papel ainda mais amplo, ao considerar que a norma jurídica tem uma indeterminação que lhe é inerente, sendo seu sentido determinado a partir do confronto entre o programa normativo e o âmbito normativo.[145]

Se, de um lado, ainda persiste a dúvida em torno da possibilidade do emprego da pura subsunção no direito, de outro, há consenso no sentido de que a ponderação tem tomado conta das discussões no direito constitucional,[146] especialmente em matéria de direitos fundamentais. Nada

---

[143] LARENZ, 1989, op.cit., p. 173. Rebatendo críticas que lhe foram formuladas, observa Larenz que nem ele, nem Friedrich Müller, afirmam que o juiz possa inferir uma decisão da lei mediante a simples observação das regras da interpretação e mediante raciocínios logicamente cogentes, como se se tratasse de uma operação de cálculo. O que pretendem é que o jurista, em regra, não chegue a uma decisão com base em "princípios últimos e altamente genéricos", mas mediante um procedimento passo a passo, em que se busque assegurar o sentido correto das regras em questão e as idéias jurídicas nelas contidas, de modo a pensá-las continuamente à luz do caso a decidir. Segundo Larenz, "tal procedimento passo a passo permite uma comprovação racional, mesmo quando aí são necessários com freqüência juízos de valor". (LARENZ, 1989, op.cit., p. 177-178)

[144] SANTIAGO, José Maria Rodríguez de. *La ponderación de bienes e intereses em el derecho administrativo*. Madrid: Marcial Pons, 2000.p. 9-10.

[145] MÜLLER, Friedrich. *Discours de la méthode juridique*. Traduzido por Olivier Jouanjan. Paris: PUF, 1993, p. 200 *et seq.*

[146] Cf. BARCELLOS, Ana Paula de. *Alguns parâmetros normativos para a ponderação constitucional.* In: BARROSO, Luís Roberto (coord.). *A nova interpretação constitucional:* ponderação, direitos fundamentais e relações privadas. Rio de Janeiro: Renovar, 2003, p. 49-118; BARROSO, Luís Roberto; BARCELLOS,

obstante, a ponderação exercida à revelia de critérios formais e materiais tem pouca utilidade nesta seara. Cresce, assim, a preocupação em tornar a ponderação um método que não leve à imprevisibilidade quanto aos resultados do processo hermenêutico, e tampouco permita, ao intérprete, tomar decisões que dispensem os argumentos intersubjetivamente sindicáveis, em prol daqueles que, ao contrário, se fundamentem em seu sentimento de justiça.[147]

Nos capítulos precedentes, procuraram-se distinguir propostas que, visando a imprimir maior racionalidade e possibilidade de controle intersubjetivo ao processo que resulta numa decisão jurídica (Larenz, Müller, Alexy), fixam o próprio ordenamento jurídico como limite para a construção, pelo intérprete, do significado da norma. Essas idéias podem ser condensadas em um procedimento de ponderação estruturado em três fases distintas: primeiro, a identificação e análise dos princípios (valores, direitos, interesses, etc.) que estejam em conflito em face do caso concreto; segundo, a atribuição de peso e importância correspondente a cada princípio objeto de ponderação; e, terceiro, a determinação da prevalência de um princípio sobre os demais.[148]

Este mesmo procedimento, assim estruturado, é o que se propõe por meio do presente estudo para a interpretação e aplicação do art. 27 da Lei nº 9.868/99. Na primeira fase, faz-se imprescindível a determinação de todas as normas e bens juridicamente relevantes para a questão: trata-se da identificação do objeto da ponderação. Nessa etapa do processo, serão considerados princípios, valores, interesses, direitos e bens jurídicos atinentes ao caso específico em exame. Nas fases seguintes, é a argumentação jurídica que deve exercer um papel fundamental para a justificação da atribuição de peso ou de valor a cada um dos tópicos que constituem o objeto da ponderação e também para a justificação da determinação da prevalência de um sobre os demais.

Com efeito, "a idéia de que a solução de um problema jurídico decorreria não de um processo consistindo em deduções lógicas, mas por meio de uma problematização global de argumentos pertinentes, conduziu a uma crescente familiarização com os pressupostos e as regras da argumentação jurídica".[149] Entra em questão a própria estrutura lógica da argumentação como forma de possibilitar a fundamentação e justificação

---

Ana Paula de. *O começo da história:* a nova interpretação constitucional e o papel dos princípios no direito brasileiro, p. 327-378; SARMENTO, Daniel. *A ponderação de interesses na Constituição Federal.* Rio de Janeiro: Lumen Juris, 2000.

[147] SANTIAGO, 2000, op.cit., p. 12-13.

[148] Humberto Ávila considera esses três momentos como, respectivamente, *pré-ponderação (preparação da ponderação), ponderação (realização da ponderação)* e *pós-ponderação (reconstrução da ponderação).* ÁVILA, 2006, op. cit., p. 132.

[149] LARENZ, 1989, op. cit., p. 179.

dos juízos de atribuição de peso e de valor. Nada nos estudos acerca da interpretação jurídica sugere que uma decisão jurídica possa se alicerçar, exclusivamente, em fundamentos extra-sistemáticos ou meramente pragmáticos, ou possa resultar do sentimento de justiça do intérprete.

O processo de justificação é, pois, tão relevante, que não basta que o intérprete tenha realizado a ponderação; é necessário que a ponderação realizada tenha efetuado uma *correta* valoração e definição constitucional dos direitos presentes na questão. Os estudos mais recentes deslocam o eixo do direito constitucional da teoria do discurso para a teoria da fundamentação, sendo esta a tônica do que hoje se denomina *constitucionalismo discursivo*. Aqui se acrescenta, basicamente, o ideal discursivo de *correção* ao positivismo valorativo, correção esta consubstanciada no *processo de justificação*, tendo no seu núcleo a proteção dos direitos fundamentais.[150] Nesse diapasão surgem, inclusive, precedentes considerando que a omissão ou mau uso do procedimento de ponderação implica a própria violação do direito correspondente.[151]

Daí a importância de se identificar, selecionar e valorar cada tipo de argumento. Contudo, esse procedimento revela-se bastante complexo, uma vez que exige uma análise circular, concreta e abstrata. Concretamente, cabe o exame de casos enfrentados pela jurisprudência, que utilizam os conceitos contidos no art. 27 da Lei nº 9.868/99, neles analisando de que modo seus conteúdos foram preenchidos. Em abstrato, podem-se analisar os diversos tipos de argumento que têm possibilidade de influenciar uma determinada questão e, no confronto dessa tipologia com o ordenamento jurídico vigente, deliberar sobre a existência de regras de preferência entre os argumentos de natureza distinta que possam ter aplicação generalizada. Depois, impõe-se o retorno à solução dos casos analisados, com vistas à verificação de sua adequação em face do sistema proposto e de sua possível aplicação a casos futuros.

2.1.1. Identificação dos princípios aplicáveis

O objeto da ponderação pode envolver conceitos distintos como os de *princípio, valor, interesse, direito* e *bem jurídico*. Seguindo a linha propos-

---

[150] ALEXY, Robert. *Constitucionalismo Discursivo*. Trad. Luís A. Heck. Porto Alegre, Livraria do Advogado, 2007. O constitucionalismo discursivo de Alexy consubstancia uma tentativa de verificação da *correção material* do discurso, visto que a simples racionalidade do discurso, ainda que seja indispensável, não é sempre suficiente (Alexy tem em mente aquela zona cinzenta em que se podem afirmar decisões contrárias de modo racional). Por isso a racionalidade deve ser complementada pela idéia de fim, pelo ideal. E os ideais de um Estado encontram-se, hoje, na Constituição, reforçando a afirmação recorrente neste trabalho de que a Constituição deve ser a única baliza para toda e qualquer aplicação do art. 27 da Lei nº 9.868/99.

[151] Nesse sentido, deliberação do Tribunal Constitucional espanhol. Cf. SANTIAGO, 2000, op. cit., p. 51-52.

ta por Rodríguez de Santiago, tais conceitos podem ser subsumidos pela noção de princípio, para fins de explicação da ponderação. Como explica o autor:

> El valor es un concepto axiológico que, a diferencia de los conceptos deontológicos (mandato, prohibición, autorización), no guarda relación directa con el "deber-ser", sino que su concepto fundamental de referencia es "el bueno". (...)
> Y es que la diferencia entre principios y valores es que aquéllos pertenecen al ámbito de lo deontológico y éstos al de lo axiológico. Lo que en el ámbito de los valores es, prima facie, lo mejor, es, en el ámbito de los principios, prima facie, lo debido. (...)
> Algo semejante puede decirse con respecto al concepto de interés. El hecho real de que alguien "quiera algo" opuesto a lo que quiere otro nos es motivo suficiente para que haya que llevar a cabo una ponderación en Derecho. Para que esto sea así es necesario que una norma con carácter de principio proteja ese interés, disponiendo que éste debe realizarse en la medida de lo posible.[152]

No que concerne aos direitos, é afirmação corrente, inclusive na doutrina brasileira, que os direitos fundamentais devem ser aplicados como princípios, refletindo a circunstância de que os direitos fundamentais não são absolutos e podem, assim como os princípios, ser relativizados quando em colisão.[153] A construção que eleva os direitos fundamentais à condição de princípios fundamentais transcende à clássica noção de que os direitos fundamentais consolidam posições que o cidadão exerce contra o Estado. Para além disso, essa construção alarga o papel dos direitos fundamentais ao considerar que: (a) a garantia jurídico-constitucional de direitos individuais não se exaure apenas em uma proteção dos direitos do cidadão, abstratamente contra o Estado, pois os direitos fundamentais personificam um sistema jurídico de valores objetivos; (b) os valores ou princípios jurídicos fundamentais irradiam-se a todos os campos do direito, e não apenas à relação entre o Estado e o cidadão; (c) os princípios, assim como os valores, tendem a colidir, e somente através da ponderação pode-se chegar a uma solução sobre qual deve prevalecer.[154] Para efeitos da ponderação que ora interessa, basta que se identifique a norma constitucional que protege o direito em questão.

Finalmente, em relação aos bens jurídicos, diz-se que são "situações, estados ou propriedades essenciais à promoção dos princípios jurí-

---

[152] SANTIAGO, 2000, op. cit., p. 56-57.

[153] ALEXY é o precursor da afirmação que já se tornou lugar comum entre os autores portugueses e brasileiros. Nesse sentido: SARLET, Ingo. *A eficácia dos direitos fundamentais*. Porto Alegre, Livraria do Advogado, p. 62; BARROSO, Luís Roberto. Fundamentos teóricos e filosóficos do Novo Direito Constitucional Brasileiro. In BARROSO, Luís Roberto (coord). *A Nova Interpretação Constitucional: ponderação, direitos fundamentais e relações privadas*. Rio de Janeiro: Renovar, 2003, p. 32.

[154] ALEXY, Robert. *Constitucionalismo discursivo*. Traduzido por Luís Afonso Heck. Porto Alegre: Livraria do Advogado, 2007, p. 107-108.

dicos".[155] Evidentemente, só interessam à ponderação em questão os bens protegidos por normas constitucionais, ainda que essas tenham natureza principiológica,[156] pois a consideração, para fins de prevalência, de bens não protegidos pela Constituição, introduz na discussão elemento que pode levar à ruptura do postulado da supremacia. A delimitação do objeto da ponderação passa, em todos os casos, pela identificação das normas em que se alojam os princípios, que, por sua vez, podem revelar os valores, os direitos, os interesses e os bens jurídicos envolvidos na questão.

O processo de justificação da decisão de inconstitucionalidade com modulação dos efeitos exige que sejam fixadas, de um lado, quais as normas constitucionais violadas pela lei declarada inconstitucional e, de outro lado, quais as normas constitucionais que protegem os efeitos produzidos por essa norma durante a sua vigência. É evidente que a identificação dos princípios aplicáveis somente pode ocorrer concretamente, caso a caso. Em razão disso, o recurso à jurisprudência, para a demonstração de como funciona a ponderação, afigura-se como fundamental.

2.1.1.1. *Princípios que suportam a rejeição do ato ou de seus efeitos*

Permanece como regra a retroação dos efeitos da declaração de inconstitucionalidade, com o conseqüente desfazimento de todos os efeitos que a norma inconstitucional tenha produzido, quando passíveis de desfazimento. Nas mais das vezes, a norma constitucional violada e o próprio postulado da supremacia da Constituição suportam o efeito *ex tunc*. Isso ocorre sempre dessa forma, se a norma constitucional violada e a regra de retroação dos efeitos não forem superadas por outras normas constitucionais que sejam invocadas para garantir a permanência dos efeitos produzidos pela norma, apesar de inconstitucional.

Desde antes da edição da Lei nº 9.868/99, o Supremo Tribunal Federal vinha apreciando pedidos de mitigação dos efeitos de inconstitucionalidade, no sentido de se manterem os efeitos de norma declarada inconstitucional em questões para as quais foram invocados os mais variados argumentos. As decisões, a seguir apresentadas, foram selecionadas porque, a partir delas, é possível determinar quais argumentos vêm sendo rechaçados pela Corte para a integração dos conceitos de razões de segurança jurídica e excepcional interesse social, ou quais aspectos da Constituição prevalecem em relação à segurança jurídica e ao interesse social. Isso é relevante na medida em que se está lidando com conceitos abertos, cuja definição dificilmente se dá de forma única e precisa. Contudo, a participação da jurisprudência na construção desses conceitos ajuda

---

[155] ÁVILA, 2006, op. cit., p. 131.

[156] SANTIAGO, 2000, op. cit., p.. 58.

na determinação do que, certamente, fica fora ou excede seu âmbito de abrangência.

2.1.1.1.1. Direito à igualdade

Concurso público – pontuação – exercício profissional no setor envolvido no certame – impropriedade. Surge a conflitar com a igualdade almejada pelo concurso público o empréstimo de pontos a desempenho profissional anterior em atividade relacionada com o concurso público.

Concurso público – critérios de desempate – atuação anterior na atividade – ausência de razoabilidade. Mostra-se conflitante com o princípio da razoabilidade eleger como critério de desempate tempo anterior na titularidade do serviço para o qual se realiza o concurso público.[157]

A ação em pauta questiona a constitucionalidade de normas estaduais que dispunham sobre os concursos de ingresso e remoção nos serviços notarial e registral. Considerou-se que, ao preverem como critério para a avaliação de títulos o desempenho profissional anterior, as referidas normas violavam o princípio da isonomia (art. 5º, Constituição Federal de 1988), por desigualarem os concorrentes com a concessão de vantagem aos candidatos já integrantes da profissão em detrimento dos demais. Com o mesmo fundamento, atacou-se a norma que previa a antiguidade como critério de desempate. Em defesa da norma, o Governador do Estado refutou a argumentação, afirmando se tratar de critério para a valorização da experiência atinente ao cargo postulado.

O relator, Min. Marco Aurélio, entendeu que os dispositivos impugnados encerravam tratamento diferenciado contraditório aos objetivos da exigência de concurso público. Afirmou ser um pressuposto do certame a igualdade de condições (argumento lingüístico e sistemático). Segundo ele, o estabelecimento de fatores que confiram situação mais favorável a um dado segmento de candidatos conflita com o instituto do concurso público, o que ocorreria no caso da utilização da antigüidade como critério de desempate.

O voto do relator foi acompanhando por todos os ministros, essencialmente, pelos mesmos argumentos. O Min. Nelson Jobim ressaltou, no entanto, que a norma prestes a ser declarada inconstitucional era de 1998, havendo influenciado os resultados de todos os concursos públicos efetuados a partir dessa data, até o julgamento então realizado. Propôs a aplicabilidade do art. 27 da Lei nº 9.868/99, com o que não concordou o Relator.

A proposta para aplicação de eficácia restrita à declaração de inconstitucionalidade dos dispositivos controvertidos partiu do Min. Gilmar

---

[157] Ação Direta de Inconstitucionalidade nº 3.522/RS. Supremo Tribunal Federal, Tribunal Pleno. Relator: Min. Marco Aurélio. 24 de novembro de 2005. DJ 12.05.05, p. 4.

Mendes, buscando preservar concursos anteriores já efetuados, com posse e estabilidade já assegurados:

> Sr. Presidente, era o caso, talvez, de dar eficácia restrita à declaração de inconstitucionalidade, assegurando a aplicação, sim, da declaração a este concurso, mas não aos concursos anteriores já realizados e com investidura plena, posse e estabilidade já asseguradas. Parece-me que seria recomendável. Assegurava-se a aplicação da decisão do Tribunal, de maneira plena, ao concurso em andamento, mas não aos anteriores.[158]

O relator, contrário à proposta, afirmou estar envolvido na discussão *um valor maior que afasta a potencialização do fato consumado, qual seja o princípio da isonomia*, ainda mais por se tratar de situações setorizadas. Segundo o entendimento do Min. Marco Aurélio:

> (...) o caso não é bom para imprimir eficácia a partir de agora, porque prevaleceu o elemento subjetivo, o direcionamento, para beneficiar certas pessoas – uma minoria – em detrimento do valor maior do concurso público: a igualdade de condições[159] (argumento teleológico).

Não deixou o relator de reconhecer, no entanto, que as situações concretas, diante do pronunciamento, haveriam de ser equacionadas posteriormente, concreta e individualmente.

Mesmo diante da possibilidade de se originar uma grande demanda judicial buscando a desconstituição das classificações já realizadas (argumento conseqüencialista), insistiu o Min. Marco Aurélio que, ao se adotar a medida restritiva, estar-se-ia autorizando vantagem antiisonômica, à margem da ordem jurídica constitucional, que consagrou a igualdade no capítulo dos direitos fundamentais (art. 5º, *caput* e inc. I, da Constituição Federal de 1988).

Foi, então, mantido o efeito retroativo, mas note-se que, no referido caso, se computaram sete votos a favor da concessão de eficácia *ex nunc* – ausente, portanto, o quorum necessário de dois terços (oito votos). Teve-se, assim, por rejeitada a proposta de aplicação de efeitos *ex nunc* à decisão.

A rejeição do ato normativo, e também de seus efeitos, para fazer prevalecer o direito à igualdade, ampara-se na Constituição Federal de 1988, especialmente se se tiver em conta que o direito à igualdade encontra-se diretamente fundamentado na dignidade da pessoa, de modo que é pressuposto indispensável para o respeito da dignidade da pessoa humana assegurar a igualdade de todos os indivíduos.[160]

---

[158] Proposta de encaminhamento do Min. Gilmar Mendes. In: Acórdão. Ação Direta de Inconstitucionalidade n. 3.522/RS, op. cit., p. 30.

[159] Esclarecimentos do Min. Marco Aurélio. In: Acórdão. Ação Direta de Inconstitucionalidade n. 3.522/RS, 2005, op. cit., p. 40.

[160] SARLET, Ingo Wolfgang. *Dignidade da pessoa humana e direitos fundamentais na Constituição Federal de 1988*. Porto Alegre: Livraria do Advogado, 2001, p. 89.

Como será visto adiante, no interior da própria Constituição, há uma hierarquia axiológica que deve ser respeitada. Não basta, no entanto, que isso seja simplesmente afirmado; é necessário que seja também fundamentado. Nesse contexto, faz-se indispensável determinar qual o caminho que a tradição, no âmbito constitucional, indica.[161] O princípio constitucional da igualdade merece, com efeito, ser analisado pelo prisma utilizado por Francisco Campos, para quem "a cláusula relativa à igualdade diante da lei vem em primeiro lugar na lista dos direitos e garantias que a Constituição assegura aos brasileiros e estrangeiros residentes no país".[162] Não é por mero acaso que o direito à igualdade dá início à enumeração dos direitos individuais. Isso não quer dizer que sirva de base à afirmação um critério meramente topográfico para analisar o art. 5º da CF/88. É preciso perceber que, estando a igualdade entre os fins do próprio princípio da legalidade, este rege todos os demais direitos arrolados logo após. "É como se o *caput* do art. 5º pudesse ser assim interpretado: a Constituição assegura com *igualdade* os direitos concernentes à vida, à segurança individual e à propriedade, nos termos seguintes (...)".[163] Esta necessária prevalência lógico-material dos direitos individuais fundamentais é melhor explicada num dos tópicos do capítulo seguinte.

2.1.1.1.2. Direito de propriedade: o problema da repetição de indébito em matéria tributária

Em matéria tributária, estão, de um lado, a liberdade e o patrimônio do cidadão (Constituição Federal de 1988, art. 5º, *caput* e incisos II e XXII), e, de outro, a competência arrecadatória do Fisco. O fundamento do poder de tributar reside, essencialmente, no dever jurídico de estrita observância dos limites que a Constituição imperativamente determina para essa atividade pelo Fisco. Voltando um pouco no tempo para analisar decisões mais antigas do Supremo, observa-se que a relutância do Fisco em repetir o indébito, quando declarado inconstitucional o tributo, não é um fenômeno recente. A jurisprudência, no entanto, mantém a tradição de atribuir efeitos *ex tunc* à declaração de inconstitucionalidade de norma tributária. Nesse sentido, data de 1968 o seguinte precedente:

> Imposto. Declaração de inconstitucionalidade. Efeitos da suspensão da vigência da lei inconstitucional. A suspensão da vigência da lei inconstitucional torna sem efeitos todos os atos praticados sob império da lei constitucional.[164]

---

[161] BORGES, José Souto Maior. Pró-dogmática: por uma hierarquização dos princípios constitucionais. In: *Revista Trimestral de Direito Público*, n. 1,140-146, 1993, p. 144.

[162] CAMPOS, Francisco. *Direito constitucional*. Rio de Janeiro: Freitas de Bastos, 1956. v. 2, p. 12. Também citado em BORGES, 1993, op. cit., p. 144.

[163] BORGES, 1993, op. cit., p. 144.

[164] MS nº 17.976. Relator: Min. Amaral Santos, de 13 de setembro de 1968 (RTJ 105/111).

A ameaça de insolvência da Fazenda Pública e o dano à saúde financeira do Estado são argumentos (conseqüencialistas) que vêm sendo amplamente utilizados para fundamentar o pedido de eficácia *ex nunc* à declaração de inconstitucionalidade de tributo. São chavões que já vieram a ser invocados mesmo em ações diretas de inconstitucionalidade de tributo que ainda não tinha sido sequer recolhido, em razão do que não haveria nada a devolver. Datado de 1991, há interessante julgado da lavra do Min. Célio Borja, assim ementado:

> Ação Direta de Inconstitucionalidade. Lei nº 8.134/90 e Manual para o preenchimento da Declaração do Imposto de Renda, Pessoa Física, ano-base 1990, exercício 1991, no ponto relativo às instruções sobre a aplicação do coeficiente de correção monetária do imposto e sua restituição.
>
> (...)
>
> IV- Alegação de só poder ter efeito *ex nunc* a decisão que nulifica lei que instituiu ou aumentou tributo auferido pelo Tesouro e já aplicado em serviços ou obras públicas. Sua inaplicabilidade à hipótese dos autos que não cogita, exclusivamente, de tributo já integrado ao patrimônio público, mas, de ingresso futuro a ser apurado na declaração anual do contribuinte e recolhido posteriormente. Também não é ela atinente à eventual restituição de imposto pago a maior, porque está prevista em lei e terá seu valor reduzido pela aplicação de coeficiente menos gravoso.
>
> V- Não existe ameaça iminente à solvência do Tesouro, à continuidade dos serviços públicos ou algum bem política ou socialmente relevante, que justifique a supressão, *in casu*, do efeito próprio, no Brasil, do juízo de inconstitucionalidade da norma, que é a sua nulidade. É de repelir-se, portanto, a alegada ameaça de lacuna jurídica ameaçadora (*Bredrohliche Rechtslücke*).[165] (...)

Mais recentemente, importante julgado nessa matéria foi a ADI nº 1102-2/DF que, também em período anterior à edição da Lei nº 9.868/99, colocou em discussão, perante o Tribunal, a necessidade de determinação de efeitos *ex nunc* para a proteção da saúde financeira do Estado, restando assim decidido:

> Ação Direta de Inconstitucionalidade. Custeio da seguridade social: expressões "empresários" e "autônomos" contidas no inc. do art. 22 da Lei nº 8.212/91. Pedido prejudicado quanto às expressões "autônomos e administradores" contidas no inc. I do art. 3º da Lei nº 7.787/89.
>
> 1. O inciso I do art. 22 da Lei nº 8.212, de 25.07.91, derrogou o inciso I do art. 3º da Lei r. 7.787, de 30.06.89, porque regulou inteiramente a mesma matéria (art. 2º, § 1º, da lei de introdução ao Cód. Civil). Malgrado esta revogação, o Senado Federal suspendeu a execução das expressões "avulsos, autônomo e administradores" contidas no inc. I do art. 3º da Lei nº 7.787, pela Resolução n. 15, de 19.04.95 (DOU 28.04.95), tendo em vista a decisão desta Corte no RE n. 177.296-4.
>
> 2. A contribuição previdenciária incidente sobre a "folha de salários" (Constituição Federal, art. 195, I) não alcança os "empresários" e "autônomos", sem vínculo empregatício; entre-

---

[165] Ação Direta de Inconstitucionalidade n. 513/DF. Relator: Min. Célio Borja, de 14 de junho de 1991.

> tanto, poderiam ser alcançados por contribuição criada por lei complementar (Constituição Federal, arts. 195, § 4º, e 154, I). Precedentes.
>
> 3. Ressalva do Relator que, invocando política judicial de conveniência, concedia efeito prospectivo ou *ex nunc* à decisão, a partir da concessão de liminar.
>
> 4. Ação direta conhecida e julgada procedente para declarar a inconstitucionalidade das expressões "empresários" e "autônomos" contidas no inciso I do art. 22 da Lei n. 8.212, de 25.07.91.

Esta declaração de inconstitucionalidade teve por objeto o inciso I do art. 22 da Lei nº 8.212/91, que fez incidir contribuição destinada à Seguridade Social também sobre os empresários e autônomos. Ocorre que, em se tratando de matéria referente à inconstitucionalidade das expressões *empresários* e *autônomos*, sucessivos precedentes reforçavam a atuação do Supremo Tribunal Federal no sentido de declarar a inconstitucionalidade desse dispositivo, já que a questão constitucional era substancialmente a mesma.

Cumpre destacar, entretanto, a discussão entre os membros do Tribunal para a determinação dos efeitos da decisão ora em exame: o relator, Min. Maurício Corrêa, seguindo sugestão do parecer do Procurador-Geral da República, votou pela inconstitucionalidade suscitada; porém, no que se refere à produção de efeitos, propôs sua restrição, para que a declaração de inconstitucionalidade somente viesse a gerar efeitos a partir da concessão da medida liminar. Afirmou o relator que, a seu ver, este era o melhor meio de resguardar os cofres da Previdência Social, salientando, ainda, que a declaração de inconstitucionalidade com efeitos retroativos acarretaria uma avalanche de ações de repetição de indébito, a fim de cobrar as importâncias pagas indevidamente (argumento conseqüencialista). Assim, argumentou:

> Creio não constituir-se afronta ao ordenamento constitucional exercer a Corte *política judicial de conveniência*, se viesse a adotar a sistemática, caso por caso, para a aplicação de quais os efeitos que deveriam ser impostos, quando, como nesta hipótese, defluisse situação tal a recomendar, na salvaguarda dos *superiores interesses do Estado* e em razão da *calamidade dos cofres da Previdência Social*, se buscasse o *dies a quo*, para a eficácia dos efeitos da declaração de inconstitucionalidade, a data do deferimento cautela[166] (grifei).

Restou, no entanto, voto vencido, pois, por maioria de votos, entendeu por bem o Supremo declarar a inconstitucionalidade do dispositivo legal, referendando, quanto à eficácia, a tradicional teoria das nulidades, isto é, atribuindo efeitos *ex tunc* à decisão. Não se verificou, portanto, no caso em tela, fundamento suficiente que justificasse a limitação de efeitos. Muito pelo contrário, reconheceu-se que a chancela aos efeitos de norma

---

[166] Cf. Voto do relator, p. 1029. In: Ação Direta de Inconstitucionalidade nº 1102/DF. Relator: Min. Maurício Corrêa.

inconstitucional nesta seara seria um incentivo à produção de leis inválidas pelo Estado. Neste sentido, o Min. Marco Aurélio argumentou:

> Há ainda o aspecto ligado à porta que estaria aberta e quase que implementado o estímulo a legislar-se, no campo tributário, em descompasso com a Carta Política da República, com inegáveis prejuízos, para a sociedade, para os cidadãos como um todo.[167]

Salientou a decisão que, nesse caso, não havia ofensa à segurança jurídica, pois, ao contrário, se o entendimento fosse pela aplicação generalizada dessa situação (restrição de efeitos), estar-se-ia correndo o grande risco de estimular a inconstitucionalidade.[168] Segundo a decisão, não havia, na hipótese, direito constitucional superior que merecesse ser resguardado ou direito que oferecesse risco à ordem constitucional como um todo.

Segundo o Supremo, claro está que, para que os efeitos nas decisões de inconstitucionalidade sejam limitados, é necessário que a fundamentação seja suficiente. Todavia, não pareceu ao Tribunal justificada a atribuição de efeitos restritos, sustentada tão-somente na precariedade da saúde financeira da Previdência Social e na possibilidade de grande número de demandas a serem intentadas.

Colhe-se, ainda, dos fundamentos do acórdão, a prevalência dos direitos à liberdade e à propriedade, que estão na base das limitações constitucionais ao poder de tributar do Estado. Foram protegidos, nesse caso, os preceitos constitucionais violados, que ensejaram a nulidade com efeito *ex tunc*, especialmente considerando que as fontes de custeio previstas no inc. I do art. 195 da Constituição Federal não contemplam a contribuição de autônomos e administradores e, para que fosse instituída, dependeria de lei complementar, conforme prevê o § 4º do art. 195, o qual remete ao art. 154, inc. I, do mesmo documento legislativo. Não há, por conseguinte, do outro lado, norma de mesma hierarquia que, com essas, colida, merecendo proteção por parte do intérprete, uma vez que não se está, de qualquer forma, a pôr em risco a segurança jurídica do ordenamento constitucional. Desfazer os atos praticados sob a égide do inc. I do art. 22 da Lei nº 8.212/91, naquelas circunstâncias, não macularia, como foi sugerido pelo relator, a salvaguarda dos superiores interesses do Estado. Ao contrário, resguardaria os direitos fundamentais de liberdade e propriedade,

---

[167] Ação Direta de Inconstitucionalidade nº 1102/DF, op. cit., p. 1029.

[168] O perigo do mau uso da prerrogativa de disposição dos efeitos da inconstitucionalidade parece ser uma preocupação universal. Já em 1985, Vital Moreira advertia: "a limitação de efeitos corre o risco de transformar a exceção em regra, sendo de temer que se crie a convicção de que 'o crime compensa' e de que vale sempre a pena criar normas inconstitucionais, porque, por mais flagrante que seja desde o início a inconstitucionalidade, sempre haverá fortes probabilidades de o Tribunal Constitucional, ao declarar a norma inconstitucional, vir a salvaguardar os atos e factos entretanto consumados". Declaração de voto anexa. Acórdão nº 144/84 do Tribunal Constitucional de Portugal. In: ATC, VI, p. 183 *et seq*, apud MEDEIROS, Rui. *A decisão de inconstitucionalidade*. Lisboa: Universidade Católica, 1999, p. 689-690.

direitos esses que, segundo a Constituição, o próprio Estado está incumbido de proteger.

Pode-se, ainda, acrescentar – já adiantando o capítulo final deste trabalho –, que a segurança jurídica, tendo em vista o seu próprio conceito e a utilização que dela tem feito a jurisprudência pátria, é fundamento a ser invocado na proteção dos direitos dos cidadãos, e não exatamente dos interesses do Estado. Mais que isso, a própria noção de interesse só se sustenta a partir de sua recondução a uma norma (regra ou princípio) constitucional, o que, *in casu*, não se verifica em relação ao Estado. Nessa questão, a decisão da maioria ratifica esse entendimento. Mais adiante se terá a oportunidade de aprofundamento desses argumentos, a partir do estudo dos elementos que compõem o conteúdo do princípio da segurança jurídica, os fins a que ele se propõe resguardar e o papel que tem a desempenhar no sistema jurídico e na aplicação do art. 27 da Lei nº 9.868/99.

Em relação às decisões mais recentes, já posteriores ao advento do art. 27, é interessante notar que, em matéria de tributos, o Supremo Tribunal Federal vem-se mantendo firme na proteção do direito de propriedade do contribuinte, em resposta ao apelo do ente arrecadador, para que seja dispensado de devolver os montantes indevidamente arrecadados.[169] Especificamente no que diz respeito à instituição do IPTU progressivo anteriormente ao advento da Emenda Constitucional nº 29/00, em diversas oportunidades, o Tribunal, inclusive em sua composição plenária, declarou a inconstitucionalidade da cobrança do IPTU com base em alíquotas progressivas.[170] "Em nenhum desses julgados, entretanto, reconheceu-se a existência das razões de segurança jurídica, boa-fé e excepcional interesse social para atribuir eficácia prospectiva àquelas decisões. Pelo contrário, a jurisprudência da Corte é firme em reconhecer, nesses casos, a inconstitucionalidade retroativa dos preceitos atacados, impondo-se, con-

---

[169] Em comentário ao art. 27, Osório Silva BARBOSA SOBRINHO (*Comentários à lei nº 9.868 de 1999*. São Paulo: Saraiva, 2004, p. 66-67) revela que sua preocupação, em relação ao permissivo, diz mesmo respeito à questão da repetição de indébito. Nada obstante o Supremo venha mantendo a declaração de inconstitucionalidade de tributo com efeitos *ex tunc*, como se vem de demonstrar, afirma o autor sua indignação e descrédito na correta aplicação do dispositivo: "Sendo o governo o principal violador da Constituição, sempre em benefício da administração daqueles que momentaneamente ocupam o poder, ver-se-á logo abaixo o malabarismo jurídico que é efetuado no projeto originário. Os exemplos estrangeiros utilizados para justificar a nova regra, pensamos, devem ser aceitos com reserva, uma vez que nos países apontados os seus governos são mais responsáveis e menos arbitrários e, portanto, menos violadores deliberados de suas cartas magnas. Dificilmente, para não dizer nunca, a modulação será efetuada em favor do cidadão individualmente considerado e em sua relação com outro cidadão. Seu destino será, como o passado nos ensina, forma de evitar que o governo devolva (repita) créditos tributários cobrados com fundamento em lei inconstitucional. A regra melhor teria sido escrita se ficasse esclarecido desde logo que ela não aproveita ao governo". Cf. infra, p. 145 e ss. os fundamentos pelos quais o dispositivo não aproveita ao Estado.

[170] RE nº 153.771. Relator: Min. Moreira Alves. DJ, 5 de setembro de 1997; RE nº 179.273. Relator: Min. Ilmar Galvão. DJ, 11 de setembro de 1998; RE nº 175.535. Relator: Min. Sepúlveda Pertence. DJ, 13 de agosto de 1999, entre outros.

seqüentemente, a repetição dos valores pagos indevidamente".[171] Com isso, assegura-se a prevalência dos direitos de propriedade e liberdade do indivíduo. Nesse sentido:

> Agravo regimental no agravo de instrumento nº 427.813/RJ. IPTU, declaração de inconstitucionalidade com eficácia prospectiva. A jurisprudência desta Corte é firme em reconhecer a repetição dos valores pagos indevidamente. Inconstitucionalidade retroativa. Agravo regimental a que se nega provimento.[172]

Freqüentemente, são interpostos embargos declaratórios sob o fundamento de que a Corte, ao declarar a inconstitucionalidade, omitiu-se quanto à disciplina dos efeitos em relação àquela questão, numa última tentativa de frustrar a repetição do indébito ao contribuinte. Ato contínuo, o Supremo tem deixado claro que o silêncio sobre a questão equivale à retroatividade irrestrita da decisão, de modo que vale a regra (efeito *ex tunc*) e, não, a exceção (*ex nunc*). Nessa direção:

> Agravo regimental em recurso extraordinário. IPTU alíquota progressiva. Declaração de inconstitucionalidade com eficácia prospectiva [*ex nunc*] em sede de controle difuso. Não configuração dos requisitos previstos no artigo 27 da Lei nº 9.868 de 1999.
> 1. A possibilidade de atribuir-se efeitos prospectivos à declaração de inconstitucionalidade, dado o seu caráter excepcional, somente tem cabimento quando o tribunal manifesta-se expressamente sobre o tema, observando-se a exigência de quorum qualificado previsto em lei específica.
> 2. Em diversas oportunidades, anteriormente ao advento da Emenda Constitucional n. 29/00, o Tribunal, inclusive em sua composição plenária, declarou a inconstitucionalidade de textos normativos editados por diversos municípios em que se previa a cobrança do IPTU com base em alíquotas progressivas. Em nenhuma delas, entretanto, reconheceu-se a existência das razões de segurança jurídica, boa-fé e excepcional interesse social, ora invocadas pelo agravante, para atribuir eficácia prospectiva àquelas decisões. Pelo contrário, a jurisprudência da Corte é firme em reconhecer a inconstitucionalidade retroativa dos preceitos atacados, impondo-se, conseqüentemente, a repetição dos valores pagos indevidamente.
> Agravo regimental a que se nega provimento.[173]

Nessa questão, versando sobre a cobrança progressiva de IPTU e taxas de iluminação pública e coleta de lixo, o Tribunal de origem decidiu pela sua inconstitucionalidade, determinando a repetição dos valores pagos indevidamente. Em sede de controle difuso de constitucionalidade, o Supremo foi provocado a se manifestar sobre a questão da modulação dos efeitos nos termos do art. 27 da Lei nº 9.868/99. Em face do pedido, o Min. Eros Grau proferiu decisão monocrática, repisando a inconstitucionalida-

---

[171] Cf. ARRE nº 392.129/RJ, n. 173.

[172] AR no Agravo de Instrumento nº 427.813/RJ. Supremo Tribunal Federal, 1ª Turma. Relator: Min. Eros Grau, de 12 de abril de 2005.

[173] Agravo Regimental no Recurso Extraordinário nº 392.139/RJ. Supremo Tribunal Federal, 1ª Turma. Relator: Min. Eros Grau, de 26 de abril de 2005, (DJ 13.05. 05), p.16.

de da exação, bem como a necessidade de repetição do montante pago indevidamente. Interposto agravo regimental, questionando os efeitos da declaração de inconstitucionalidade, argumentou-se pela necessidade de aplicação do art. 27 da Lei nº 9.868/99, de maneira a evitar o tumulto nas contas públicas pela repetição de indébito dos valores já pagos.

Julgando a questão, o voto do relator, seguido por unanimidade, decidiu que, ainda que fosse possível atribuir efeito prospectivo à declaração de inconstitucionalidade proferida incidentalmente, em sede de controle difuso, essa medida tem caráter excepcional, só tendo cabimento quando o Tribunal se manifesta expressamente sobre o tema, reconhecendo os requisitos de aplicação do art. 27 da Lei nº 9.868/99. O silêncio da Corte a esse respeito implica a retroatividade irrestrita da decisão. Ressalta o relator, uma vez mais, que, ausentes as razões de segurança jurídica, boa-fé e excepcional interesse social, bem como o *quorum* específico, inexiste a possibilidade de se atribuir eficácia prospectiva à declaração de inconstitucionalidade.

2.1.1.2. *Princípios que suportam a manutenção do ato ou de seus efeitos*

A aplicação do art. 27 da Lei nº 9.868/99 exige, como passo preliminar, a identificação das normas que suportam a manutenção do ato ou de seus efeitos. O resultado da análise dessas normas deve sugerir que elas superam – quantitativa e qualitativamente – a norma constitucional violada pelo ato declarado inconstitucional.

2.1.1.2.1. Segurança jurídica e "acefalia" do ente estatal

> Recurso extraordinário. Municípios. Câmara de Vereadores. Composição. Autonomia municipal. Limites constitucionais. Número de vereadores proporcional à população. Constituição Federal, art. 29, IV. Aplicação de critério aritmético rígido. Invocação dos princípios da isonomia e da razoabilidade. Incompatibilidade entre a população e o número de vereadores. Inconstitucionalidade, *incidenter tantum*, da norma municipal. Efeitos para o futuro. Situação excepcional.[174]

Em primeiro grau, o Ministério Público ajuizou ação civil pública, visando à redução do número de vereadores da Câmara Municipal de Mira Estrela de 11 (onze) para 9 (nove), sob a alegação de que o parágrafo único do artigo 6º da Lei orgânica do Município não acatou a proporção estabelecida no art. 29, inc. IV, alínea "a", da Constituição Federal, o que originou prejuízo aos cofres públicos locais. O juiz reconheceu a inconstitucionalidade da norma atacada e reduziu o número de vereadores, decretando a extinção dos mandatos que demandaram a majoração do número fixado,

---

[174] RE nº 197.917-8. Relator: Min. Maurício Corrêa, de 6 de junho de 2002.

e, por fim, condenou-os a devolver qualquer valor que por ventura viessem a receber a partir da sentença. Indeferiu, tão-somente, a devolução dos subsídios percebidos anteriormente, que havia sido requerida pelo *parquet*. Em grau de apelação, o Tribunal de Justiça do Estado reformou a decisão de primeiro grau e deixou de decretar a inconstitucionalidade, porque, apesar de reconhecida a violação ao dispositivo constitucional supracitado, a invalidação, com efeitos *ex tunc*, levaria o Município ao caos institucional.

Em recurso extraordinário, foi reconhecida a inconstitucionalidade do dispositivo em questão, cabendo, aqui, examinar como foram disciplinados os efeitos dessa decisão. Fixada a inconstitucionalidade, está-se diante de caso em que a tradicional aplicação dos efeitos *ex tunc* afetaria o próprio sistema jurídico constitucional, com grave ameaça à segurança jurídica. Isso ocorreria porque, se o intérprete, no caso, o Supremo Tribunal Federal, aplicasse a eficácia *ex tunc* à declaração de inconstitucionalidade, seriam questionáveis todas as decisões anteriores ao processo eleitoral do qual resultou a composição atual da Câmara Municipal: fixação do número de vereadores, fixação do número de candidatos, definição do quociente eleitoral. Também as decisões posteriores ao pleito seriam atingidas, colocando em xeque a própria validade das deliberações da Câmara Municipal nos diversos projetos e leis aprovadas.

Dessa forma, percebe-se claramente que a questão envolve, de um lado, a norma constitucional que fixa a proporcionalidade para fins eleitorais (art. 29, IV, "a"), e, de outro, a norma constitucional que prevê a segurança jurídica e a própria legalidade enquanto condição para a governabilidade, já que a forma pela qual o Estado se comunica com o indivíduo é a lei, *ex vi* do art. 5º, inc. II, da Constituição Federal de 1988. Diante deste conflito entre a norma que implica a invalidade do ato e as normas que implicam a manutenção dos efeitos produzidos pelo ato, cabe ao intérprete decidir qual a melhor forma de promover a Constituição como um todo: aplicando o art. 29 ou o art. 5º, *caput* e inc. II – levando em conta que, na verdade, a questão transcende ao próprio art. 5º, pois hoje se tem conhecimento de que a segurança jurídica é elemento que sustenta o próprio Estado de Direito, somando-se, assim, o art. 1º, *caput*, à discussão.

Uma análise meramente quantitativa deste conflito já acenaria para a preponderância da segurança jurídica nessa questão, pois ela atrai um maior número de dispositivos que restariam atendidos pela manutenção dos efeitos do ato inconstitucional. No entanto, a análise qualitativa é decisiva para resolver a questão. O art. 29, inc. IV, da Constituição Federal não é uma norma desimportante, na medida em que a representatividade proporcional é um aspecto do princípio democrático. Contudo, trata-se de norma de cunho organizacional, não implicando a realização imediata do princípio democrático.

Já a segurança jurídica tem um caráter que transcende à própria natureza de direito individual e fundamental, segundo prevê a Constituição no *caput* do art. 5º, porquanto, tradicionalmente, ela vem atrelada à própria noção de Direito e de justiça.[175] No entanto, no fim da aplicação da segurança jurídica, nessa situação, está ainda o próprio cidadão, que se veria frustrado no exercício da democracia representativa. A desconstituição dos efeitos levaria à própria dissolução do Poder Legislativo Municipal, e, para agravar a situação, não haveria parlamentares para a deliberação sobre o ajuste da Lei orgânica ao que determina a Constituição, em termos de fixação do número de vereadores no âmbito municipal. Ou seja, estaria, com isso, afetado o próprio princípio democrático (que o art. 29, inc. IV, formal e indiretamente, visa a resguardar), só que de forma ainda mais drástica, pois a população daquele município ficaria completamente desprovida de representatividade, atingindo-se, nesse caso, o *núcleo essencial* da democracia representativa. E, se isso ainda não bastasse, a ausência de um dos poderes, o Legislativo, gera uma lacuna intransponível no princípio constitucional – também fundamental – da separação dos poderes, muito especialmente se se tiver em mente que, em um Estado de Direito, a atuação dos demais poderes depende, em grande parte, da atuação do legislador (sim, porque, *grosso modo*, a tarefa do Executivo é a *concretização das leis*, e a do Judiciário, sua *aplicação*). Ou seja, nas palavras do Supremo Tribunal Federal: sem o Legislativo, o Estado estaria "acéfalo".

Como se pode intuir, a declaração de inconstitucionalidade não poderia ser dotada de eficácia *ex tunc*, sob pena de se instaurar a desordem no que concerne aos princípios fundamentais do sistema constitucional. Ainda que todos esses fundamentos não constem expressamente do acórdão, estão nele subentendidos, pois houve por bem o Supremo declarar a inconstitucionalidade da lei, sem que se alterasse a composição da atual legislatura da Câmara Municipal, resguardando, dessa forma, a competência dos vereadores para proceder à regulamentação do pleito eleitoral seguinte. Com essa decisão, o Supremo consolidou a declaração de inconstitucionalidade da lei com efeitos *pro futuro*, preservando-os até o processo eleitoral subseqüente.

Do que foi exposto, tem-se que: *atende à razão de segurança jurídica assegurar o Estado de Direito e a representatividade dos cidadãos através da manutenção do Poder Legislativo municipal*, até o final do mandato parlamentar, ainda que os vereadores tenham sido eleitos com suporte em norma declarada inconstitucional. Nesse caso, *razões de segurança jurídica conferiram prevalência a direitos fundamentais,* particularmente, aos direitos políticos do cidadão, assegurando a sua representatividade.

---

[175] Cf., *infra*, a posição de Gustav Radbruch e outros a este respeito.

2.1.1.2.2. Segurança jurídica e proteção do acesso à jurisdição

Ação Direta de Inconstitucionalidade. Rito do art. 12 da Lei 9.868. Art. 45 da Constituição do Estado do Rio Grande do Sul. Alínea a do anexo II da Lei Complementar 9.230/1991 do Estado do Rio Grande do Sul. Atribuição, à Defensoria Pública do Estado do Rio Grande do Sul, da defesa de servidores públicos estaduais processados civil ou criminalmente em razão de ato praticado no exercício regular de suas funções. Ofensa ao art. 134 da Constituição Federal.

1. Norma estadual que atribui à Defensoria Pública do Estado a defesa judicial de servidores públicos estaduais processados civil ou criminalmente em razão do regular exercício do cargo extrapola o modelo da Constituição Federal (art. 134), o qual restringe as atribuições da Defensoria Pública à assistência jurídica a que se refere o art. 5º, LXXIV.
2. Declaração da inconstitucionalidade da expressão "bem como assistir, judicialmente, aos servidores estaduais processados por ato praticado em razão do exercício de suas atribuições funcionais", contida na alínea a do Anexo II da Lei Complementar estadual 10.194/1994, também do estado do Rio Grande do Sul. Proposta acolhida, nos termos do art. 27 da Lei nº 9.868, para que declaração de inconstitucionalidade tenha efeitos a partir de 31 de dezembro de 2004.
3. Rejeitada a alegação de inconstitucionalidade do art. 45 da Constituição do Estado do Rio Grande do Sul.
4. Ação julgada parcialmente procedente.[176]

O objeto da declaração de inconstitucionalidade foi a alínea *a* do Anexo II da Lei Complementar nº 10.194, de 30 maio de 1994, que prevê, dentre as atribuições do cargo de defensor público estadual, a seguinte:

(...) assistir, judicialmente, aos servidores estaduais processados por ato praticado em razão do exercício de suas atribuições funcionais (...).

Em matéria de assistência judiciária, sucessivos acórdãos do Supremo Tribunal Federal reconheceram como missão institucional da Defensoria Pública a assistência judiciária aos necessitados.[177] Nos casos anteriores, todavia, estava em jogo o *deficit* de organização da Defensoria, o que não poderia servir de razão para o desamparo ao direito fundamental de acesso à jurisdição. Nesses precedentes, entrevê-se o reconhecimento, pelo Supremo Tribunal Federal, da dimensão subjetiva do direito fundamental à assistência jurídica, prevista no art. 5º da Constituição, para assegurar, em casos concretos, individualmente, a prestação da assistência jurídica pelo Estado aos hipossuficientes.

O caso em pauta, entretanto, trata de ampliação das atribuições da Defensoria Pública e, aqui, o Supremo Tribunal Federal entendeu que o dispositivo desvirtua missão institucional daquele órgão, que é o atendimento aos necessitados e está vinculado à concretização de um direito

---

[176] ADI nº 3.022-1/RS. Relator: Min. Joaquim Barbosa, de 2 de agosto de 2004.
[177] Cf. RE nº 147.776. Relator: Min. Sepúlveda Pertence; RE nº 213.514. Relator: Min. Moreira Alves. Esses recursos já foram citados na primeira parte deste trabalho.

fundamental específico, cujo fim último é a democratização do acesso à justiça. Segundo o relator, a defesa de servidores pela Defensoria gaúcha leva à desnaturação da missão institucional do órgão, tal como é compreendida pelo Supremo Tribunal Federal.[178]

Para efeitos de decretação da inconstitucionalidade, também foi considerado que:

> (...) se o servidor comprovar suas dificuldades e seu grau de necessidade, tem ele o amparo da Defensoria Pública, na medida em que o próprio texto constitucional determina que o Estado prestará assistência judiciária e integral e gratuita aos que comprovarem insuficiência de recursos. Dessa forma, não há necessidade de lei que privilegie indistintamente todos os servidores estaduais, no exercício de suas atribuições (...).[179]

Com esses fundamentos, basicamente, deliberou-se pela inconstitucionalidade do dispositivo, sem, no entanto, deixar de atentar aos inconvenientes da atribuição de efeitos *ex tunc* à declaração. Isso porque, durante a vigência do dispositivo, a Defensoria patrocinou a defesa de servidores, surgindo, então, o questionamento sobre o desfazimento dos atos processuais praticados.

O relator propôs a modulação de efeitos *pro futuro*, para que declaração surtisse efeitos após 31/12/2004, permitindo, assim, ao legislador gaúcho adequar a legislação à Constituição Federal. Os fundamentos da modulação, no entanto, restringem-se à seguinte passagem:

> Efetivamente, em relação aos efeitos da declaração de inconstitucionalidade dessas normas, verifico que a gravidade dos prejuízos eventuais decorrentes da nulidade *ex tunc* da norma é imprevisível, mas avaliável. Basta notar que, com base nas normas ora impugnadas, já foi efetuada a defesa de servidores estaduais. Nos termos do art. 27 da Lei nº 9.868, proponho aos colegas a restrição dos efeitos desta decisão, para não causar prejuízos desproporcionais. Como marco dessa limitação, sugiro que a declaração de inconstitucionalidade tenha efeito a partir de 31 de dezembro de 2004.[180]

Conquanto a questão tenha sido bem encaminhada, não parece que a aplicação do art. 27 tenha sido suficientemente fundamentada, pois ocorreu basicamente à vista de prejuízos *imprevisíveis, mas avaliáveis*. Da mesma sorte, aplicar o dispositivo para *não causar prejuízos desproporcionais* pouco esclarece acerca da consideração de razões de segurança jurídica. O que se observa, aqui, é a substituição de um conceito jurídico indeterminado por outros simplesmente indeterminados. Por outro lado, o Min. Marco Aurélio, que divergiu da decisão neste particular para não aplicar o art. 27, entendeu-o inaplicável apenas porque "não há que se cogitar, a meu

---

[178] Voto do Min. Joaquim Barbosa na ADI nº 3.022-1/RS, 2004.

[179] Teor do parecer do Procurador-Geral da República, também citado no voto do relator à fl. 101 dos autos.

[180] Cf., parte final do voto do Min. Joaquim Barbosa na ADI nº 3.022-1/RS

ver, de segurança jurídica, nem de excepcionalidade, tendo presente o interesse social". Faltou dizer por que razão, de modo que em nenhum dos sentidos atribuídos à norma a decisão foi *devidamente* justificada.

O que poderia ser considerado, no caso, como uma justificativa adequada para a incidência do art. 27? De um lado, tem-se a norma constitucional que confere atribuições à Defensoria Pública e justifica o decreto de nulidade do ato – o art. 134 da Constituição Federal. Não se trata de uma norma meramente organizacional, na medida em que institui um meio de concretização de um direito fundamental, previsto no art. 5°, inc. XXXV, que é o de acesso à jurisdição, para as pessoas necessitadas. Por outro lado, devem-se considerar quais os efeitos produzidos pela norma inconstitucional e quais as normas que sustentam a manutenção desses efeitos. No plano fático, o que se verificou foi a defesa processual, por defensores públicos, de servidores do Estado do Rio Grande do Sul, representação essa lastreada na vigência da Lei Complementar gaúcha. A defesa processual foi, também, um meio para a concretização do acesso à justiça aos servidores, legalmente representados em juízo – o mesmo art. 5°, XXXV –, devendo-se considerar, ainda, implícito, o exercício de outros direitos fundamentais vinculados ao processo, como o contraditório, a ampla defesa (art. 5°, LV), e, eventualmente, a proteção da coisa julgada (que é forma de densificação do princípio da segurança jurídica), etc. Desfazer todos os atos praticados pelos defensores públicos, naquelas circunstâncias, compreenderia o esvaziamento completo do direito de acesso à justiça e aos meios a ele inerentes para aqueles indivíduos envolvidos.

Em termos de proporcionalidade, o fim a que todos esses dispositivos se destinam é a proteção do acesso à jurisdição. Desfazer os efeitos do ato inconstitucional promove o fim em menor intensidade do que a manutenção desses mesmos efeitos. Assim, o meio necessário para a promoção do fim, em tais circunstâncias, é a manutenção dos efeitos da norma inconstitucional.

Observe-se que, de um lado, encontra-se a violação ao art. 134 da Constituição, que prevê um dos meios para o acesso à justiça por parte dos necessitados. No entanto, é interessante notar que essa violação não consiste na restrição do acesso, mas, sim, na sua ampliação, para os servidores, além dos necessitados. De outro, está uma violação mais grave: a restrição do próprio direito de acesso à justiça (art. 5°, XXXV), bem como dos direitos ao contraditório e à ampla defesa (art. 5°, LV), que seriam atingidos em seu *núcleo essencial,* caso fossem desfeitos os atos praticados pelos defensores públicos. Não há dúvida de que a estabilização desses atos, tal como foram praticados, é necessária do ponto de vista da segurança jurídica, até porque a expectativa de legitimidade da representação dos servidores pelos defensores públicos decorreu da presunção de constitucionalidade de que gozava a lei até o momento de sua invalidação.

Do que foi exposto, tem-se que: *atende à razão de segurança jurídica a permanência dos atos de promoção do acesso à jurisdição para uma categoria de indivíduos*, ainda que esses atos tenham tido por suporte uma norma declarada inconstitucional. Neste caso, *razões de segurança jurídica conferiram prevalência a direitos fundamentais*, particularmente, do direito de acesso à jurisdição ao cidadão, assegurando-lhe o exercício do contraditório e da ampla defesa.

2.1.1.2.3. Segurança jurídica e proteção da confiança e da boa-fé

No âmbito estadual, o Rio Grande do Sul registrou interessante caso de aplicação do art. 27, no ano de 2004. Trata-se de questão em que o plano diretor do Município de Capão da Canoa, elevando os índices de construção para aquela cidade, foi declarado formalmente inconstitucional por dupla ofensa à Constituição Estadual.

> Constitucional. Ação direta. Lei municipal. Edificações e loteamentos. Falta de participação de entidades comunitárias. Inconstitucionalidade.
>
> 1. É inconstitucional a Lei nº 1.365/99 do Município de Capão da Canoa, que estabeleceu normas acerca das edificações e dos loteamentos, alterando o plano diretor, porque não ocorreu a obrigatória participação das entidades comunitárias legalmente constituídas na definição do plano diretor e das diretrizes gerais de ocupação do território, conforme exige o art. 177, § 5°, da CE/89.
>
> 2. Ação direta julgada procedente.[181]

Inicialmente, registrou-se a ofensa ao § 5° do art. 177 da Constituição Estadual, segundo o qual deve ser assegurada a participação das entidades comunitárias na elaboração do plano diretor do Município. Verificou-se também a ofensa ao inciso V do § 1° do art. 251, que exige, tendo em vista a possibilidade de construção de prédios de até dezessete pavimentos no Município, a elaboração de estudo de impacto ambiental sempre que obras ou atividades públicas ou privadas possam causar degradação ou transformação ao meio ambiente, dando-se a esse estudo a indispensável publicidade.

A Ação Direta de Inconstitucionalidade, proposta pelo Ministério Público Estadual, obteve a suspensão da eficácia da lei, através de provimento liminar. Ao final da ação, foi proferida, quanto ao mérito, declaração de inconstitucionalidade da referida lei. Ao disciplinar os efeitos da declaração, houve por bem o Órgão Especial do Tribunal da Justiça do Rio Grande do Sul restringir o efeito *ex tunc*, atribuindo, como termo inicial para a produção de efeitos, a data da concessão da medida liminar e da

---

[181] ADI nº 70005449053. Tribunal de Justiça/RS, Órgão Especial. Relator: Des. Araken de Assis, de 5 de março de 2005.

conseqüente suspensão da lei. Fez isso porque, de outra sorte, o provimento judicial atingiria terceiros de boa-fé.

Com efeito, sob o amparo desse plano diretor, diversos projetos de incorporação imobiliária foram aprovados pela Prefeitura Municipal, dezenas de edifícios foram construídos e imóveis tornaram-se objeto de negócios jurídicos, celebrados entre pessoas de boa-fé, gerando expectativas, direitos e deveres entre as partes. A norma, mesmo se tida como ineficaz, foi, sem dúvida, um fato eficaz, tanto que resultou na construção e negociação de diversos imóveis.

Declarar a inconstitucionalidade com o efeito *ex tunc* exigiria a desconstituição dos efeitos produzidos pela lei desde o início, o que implicaria, evidentemente, a própria demolição dos prédios. *Normativamente* falando, acarretaria a frustração de expectativas e da previsibilidade dos adquirentes de boa-fé (segurança jurídica, 5°, *caput*, da Constituição Federal de 1988), de atos jurídicos perfeitos (art. 5°, XXXVI), de direitos de propriedade (art. 5°, XXII), e, eventualmente, de direito à moradia (art. 7°). Enfim, desconstituir os efeitos, nesse caso, frustraria uma série de bens protegidos por diversas normas constitucionais. Haveria mais normas constitucionais violadas pela desconstituição dos efeitos do que aquelas transgredidas pela lei em si, de modo que a decisão do Tribunal de Justiça do Rio Grande do Sul foi bastante coerente em termos de promoção integral da Constituição.

Do que foi exposto, tem-se que: *atende à razão de segurança jurídica a estabilização dos atos que geraram expectativas legítimas quanto a sua permanência para uma categoria de indivíduos*, ainda que esses atos tenham tido por suporte uma norma declarada inconstitucional. Neste caso, *razões de segurança jurídica conferiram prevalência a direitos fundamentais*, particularmente, ao direito à propriedade e à proteção do ato jurídico perfeito, a partir da consideração da boa-fé e da proteção das expectativas dos indivíduos na origem daqueles direitos.

2.1.2. Atribuição de peso

Os casos analisados são meramente ilustrativos da necessidade de ponderação entre normas internas da Constituição. Há que se atribuir um peso a cada um dos bens jurídicos conflitantes: de um lado, àqueles protegidos pela norma constitucional violada, que justificam a atribuição de efeitos retroativos à declaração de inconstitucionalidade; de outro, àqueles protegidos pelas normas constitucionais que justificam a aplicação do art. 27 da Lei n° 9.868/99.

Como se trata, em todo o caso, de normas constitucionais que possuem, formalmente, a mesma hierarquia, há que se definir se o intérprete está livre para escolher uma ou outra forma de disciplina dos efeitos da declaração de inconstitucionalidade, e, assim sendo, se qualquer escolha na atribuição de peso a cada um dos bens em conflito está de acordo com a Constituição como um todo. Não parece que assim seja. O que se propõe, a seguir, são critérios que devem guiar a determinação da relação de prevalência entre os bens em conflito, no caso específico, levando o intérprete a encontrar a melhor solução do ponto de vista constitucional.

2.1.3. Determinação da prevalência e argumentação jurídica: critérios

Se a tópica e demais formas de racionalidade para a interpretação de normas abertas apresentam condições para que se possa determinar de onde vêm os fundamentos de uma decisão, é preciso percorrer uma segunda etapa do problema, para determinar o que fazer com todos esses argumentos. Não basta o estabelecimento de critérios para que se possa identificar se um fundamento resulta do sentido literal do texto, ou de sua correlação com outras normas do sistema, ou do contexto histórico em que a norma foi editada, ou da idéia geral de direito, ou de interpretação analógica, ou das conseqüências que a aplicação da norma pode gerar, etc. Questões há – e não são poucas – que, uma vez problematizadas, suscitam fundamentos de toda sorte de procedência. Resta ao intérprete a tarefa de ponderar entre todos esses fundamentos. E essa tarefa de ponderação encontra, na argumentação jurídica, as condições para o seu exercício.

É a argumentação que vai auxiliar o intérprete na tarefa de concatenar os diversos argumentos que por ventura se apresentem e, a partir deles, justificar uma decisão a partir dos argumentos preponderantes. Surge, assim o problema de se saber: quais argumentos devem prevalecer? Também os argumentos sujeitam-se a uma hierarquia?

Argumentar significa fornecer fundamentos que justifiquem uma afirmação. Significa demonstrar a *pertinência* de um fundamento em relação à conclusão formulada visando a persuadir racionalmente os interlocutores quanto ao acerto desta conclusão.

> Os fundamentos, para atingirem este fim, têm de ser conformados de tal modo que convençam os participantes da discussão, cuja existência se pressupõe, e que permitam suplantar os contra-argumentos por eles aduzidos.[182]

A argumentação jurídica não é uma atividade que se exerça livremente, pelo menos não num pretendido Estado Democrático de Direito. A legalidade funciona como um dos pilares do Estado de Direito e exige que o Estado, no exercício do poder que lhe é conferido, em qualquer de suas manifestações, conte com uma norma de competência no fundamento de

---

[182] LARENZ, 1989, op. cit., p. 179.

sua atividade. Toda a atividade estatal, e assim também a judicial, parte de uma norma; com a argumentação jurídica não é diferente, sob pena de se abandonar o próprio Estado de Direito.[183]

No entanto, embora limitada pelas normas, a argumentação jurídica ainda se revela uma atividade bastante ampla, especialmente se se considerar a diversidade de enfoques que se podem conferir à norma. Fala-se em interpretação literal, histórica, sociológica, teleológica, sistemática, analógica, etc., indicando os diferentes pontos de vista a partir dos quais se pode visualizar o fenômeno jurídico, e, por conseguinte, lançar mão de argumentos de diversa natureza. Isso permite distinguir, também, diferentes níveis de argumentação. Pede solução, assim, o problema de se saber se todos os argumentos têm a mesma relevância ou peso.

2.1.3.1. Pressuposto: a qualificação dos argumentos

Segundo Humberto Ávila, os argumentos que podem ser utilizados na interpretação de uma mesma questão não são juridicamente equivalentes:

> Eles têm fundamentos desiguais e, por isso, valores diferentes. Não podem, por conseqüência, nem ser empregados indistintamente, nem ser tomados um pelo outro, como se fora a sua escolha e a sua valoração uma manifestação de mero capricho do intérprete.[184]

Ávila procura sistematizar as diferentes espécies de argumentos à luz dos princípios fundamentais da Constituição Brasileira de 1988. A partir daí, atribui uma dimensão de peso às diferentes categorias. Para tanto, segundo o autor, dois procedimentos são necessários: distinguir o tipo de argumento, segundo o fundamento empregado; e valorar cada qual, a partir do sistema jurídico brasileiro.

A tese que se pretende sustentar é a de que há duas regras básicas de prevalência entre os argumentos utilizados para a aplicação ou não do art. 27 da Lei n° 9.868/99: uma de natureza lógico-formal e outra de natureza lógico-material. No entanto, a fixação dessas regras pressupõe a adoção de uma classificação dos argumentos em diferentes categorias.

A especificação de um argumento resulta da procedência do seu fundamento. Segundo essa origem,

> várias classificações podem ser empreendidas e, se por um lado, as classificações podem levar à rigidez classificatória e desconsiderar a totalidade das relações que se estabelecem

---

[183] Nesse sentido, cf. LARENZ, 1989, op. cit., p. 180, citando ALEXY neste particular: "(...) pois que a argumentação jurídica tem lugar sob uma série de condições limitativas. Estas condições seriam: a vinculação à lei, a consideração que se exige pelos precedentes, a chancela da dogmática resultante da ciência jurídica institucionalmente cultivada, bem como, exceptuando o discurso juscientífico, as restrições decorrentes das regras dos códigos de processo".

[184] ÁVILA, Humberto Bergmann. Argumentação jurídica e a imunidade do livro eletrônico. In: *Revista Diálogo Jurídico*, n° 5, 2001. Disponível em: http://www.direitopublico.com.br.

entre os diferentes argumentos, por outro lado, reduzem a margem de arbitrariedade na argumentação e o subjetivismo na escolha dos fundamentos para uma determinada decisão.[185]

Para os fins a que este trabalho se propõe, os argumentos serão distinguidos nas seguintes categorias.

2.1.3.1.1. Argumentos institucionais

A classificação proposta por Ávila distingue dois grandes grupos de argumentos: os argumentos institucionais e os argumentos não-institucionais. Os primeiros seriam aqueles que têm, no ordenamento jurídico, o ponto de referência e, em razão disso, contam com maior carga de objetividade. Os segundos decorreriam do apelo ao sentimento de justiça e, por isso, possuem maior carga de subjetividade.

No interior da categoria dos argumentos institucionais, encontram-se uma divisão e subdivisões, comportando argumentos imanentes (subdivididos em lingüísticos e sistemáticos) e argumentos transcendentes ao ordenamento jurídico (subdivididos em históricos e genéticos).

a) argumentos institucionais imanentes: lingüísticos e sistemáticos

Os argumentos institucionais imanentes são "aqueles construídos a partir do ordenamento jurídico vigente, assim da sua linguagem textual e contextual como dos seus valores e sua estrutura".[186] Aqui se situam tanto os *argumentos lingüísticos*, ou seja, aqueles que dizem respeito ao significado do texto que expressa a norma jurídica, como também os *argumentos sistemáticos*, isto é, aqueles que permitem a contextualização e combinação do texto com os demais elementos disponíveis no sistema jurídico.

• Argumentos imanentes lingüísticos: sintáticos e semânticos

Um argumento que parte do texto normativo pode dizer respeito à estrutura gramatical deste texto, situação em que se forma um *argumento sintático*. Quando, de outro modo, o argumento refere-se ao significado de expressões utilizadas no texto, tem-se o *argumento semântico*, e este pode tanto referir-se ao uso da linguagem ordinária, naquele sentido que o homem médio atribuiria ao texto norma, quanto ao emprego da linguagem em seu sentido técnico, ou seja, naquele que lhe é atribuído pelos especialistas – no caso do direito, aqueles sentidos definidos pela legislação ou pela doutrina.

Este é o primeiro estágio da compreensão da norma, que a doutrina geralmente refere como a *interpretação gramatical*. Friedrich Müller obser-

---

[185] ÁVILA, 2001, op. cit., p. 5.
[186] Id., p. 7.

va que a interpretação gramatical não se confunde com a interpretação meramente literal do texto. Isso porque a compreensão do sentido da linguagem vai levar em conta, também, elementos fornecidos pela jurisprudência e pela doutrina (argumento semântico, linguagem técnica). Com efeito, o sentido de um texto somente pode ser apreendido a partir de sua relação com elementos relacionados ao texto, sejam eles de caráter dogmático ou de concretização, ou ainda concernentes àquilo que Müller denomina de *costume* constitucional, ou seja, elementos textuais decorrentes da jurisprudência do tribunal constitucional, de manuais e comentários, que, embora não sejam formalmente considerados como regras, fazem parte de um fundo de conhecimento e convicções comuns partilhado, ao longo dos anos, a partir da experiência constitucional.[187] A importância do texto não pode ser ignorada, muito especialmente nos sistemas codificados, que adotam expressamente a lei escrita, como é o caso brasileiro. É que, no plano dogmático,

> o direito constitucional costumeiro, à título de complementar a Constituição, somente pode existir em conformidade com os fundamentos e regras particulares desta mesma Constituição, somente existindo *praeter constitutionem*. É uma conseqüência da opção pelo direito constitucional codificado, bem como da função limitadora dos textos constitucionais escritos. Nem o estabelecimento, nem a concretização do direito infra-constitucional, nem a formação nem a concretização do direito constitucional não escrito podem se sobrepor aos limites inerentes à forma lingüística da Constituição escrita.[188]

Há que reconhecer, no entanto, que a suficiência da interpretação gramatical depende da estrutura da norma enquanto texto. Mesmo as normas que se utilizam de uma linguagem mais bem definida, suscitam, no intérprete, dúvidas, quanto às suas possibilidades de sentido, quanto ao tipo de uso que se está fazendo da linguagem, se jurídica ou ordinária, e, freqüentemente, quanto à diversas significações jurídicas. Por isso, afirma-se, os argumentos lingüísticos nem sempre são definitivos:

> (...) porque a relação entre a linguagem e a realidade a qual ela se refere não é natural (causal), mas convencional: é resultado de convenções lingüísticas. Além disso, a significação da comunicação legislada não preexiste ao ato interpretativo: ela deve ser construída pelo intérprete.[189]

Isso não passou despercebido na construção da metódica concretizante de Müller, que considera essa apreensão do significado do texto normativo apenas uma primeira etapa da interpretação da norma. O processo de interpretação, em sua totalidade, exige também o confronto entre o pro-

---

[187] MÜLLER, Friedrich. *Discours de la mèthode juridique*. Traduzido por Oliver Jouanjan. Paris: Puf, 1993, p. 257. Mais adiante, na p. 263, Müller denomina essas "regras" não-escritas de "standards" em direito constitucional.

[188] MÜLLER, 1993, op. cit., p. 260-261. (traduzi)

[189] ÁVILA, 2001, op. cit., p. 9.

grama normativo e os demais elementos disponíveis no próprio sistema, conduzindo o intérprete a outras categorias de argumentos – *argumentos imanentes sistemáticos* e *argumentos institucionais transcendentes*.

• Argumentos imanentes sistemáticos: contextuais e jurisprudenciais

Os argumentos sistemáticos são decorrentes das condições formais de interpretação do próprio sistema jurídico: relação entre parte e todo (consistência e coerência), e entre norma e fato (generalização e individualização).

> Por meio delas, evita-se e supera-se a contradição entre os elementos do sistema, ganhando-se pela combinação entre os elementos e pela superação das contradições, em consistência, e pelo significado advindo do conjunto de todos os elementos, em coerência.[190]

A *interpretação sistemática* compreende a utilização da comparação entre o texto da norma, objeto da interpretação, e outras prescrições, levando-se em conta tanto normas já revogadas, quanto aquelas em vigor, cujos textos ou programas normativos sejam idênticos, similares ou comparáveis, do ponto de vista da funcionalidade, em relação à norma em questão.[191] Nesse sentido, pode-se lançar mão de *argumentos contextuais*, que resultam da conjugação da norma objeto da interpretação, com outras normas do sistema a serem consideradas. Nessa linha de argumentação, são analisados: (a) os princípios relacionados ao caso e à norma; (b) os bens juridicamente protegidos atingidos pela aplicação da norma; (c) a possibilidade de emprego de analogia; (d) as condições de aplicabilidade de critérios tradicionais para solução de antinomias (critérios da hierarquia, especificidade da norma ou cronologia); (e) a localização do dispositivo no interior do diploma legislativo; (f) a constância e adequação terminológica, tomada como critério direcionador do argumento para essa ou aquela decisão.[192]

Se o emprego de argumentos sistemáticos é da maior relevância para a interpretação das normas em geral, com muito mais razão isso acontece quando estão em jogo as normas constitucionais, cuja relação de interdependência dos elementos impede que se examine a norma isoladamente, devendo ela ser analisada sempre em relação ao conjunto em que está inserida. Essa interdependência dos elementos está contida na essência do postulado da unidade da Constituição, segundo o qual a Constituição é um todo unitário, e o direito constitucional deve ser interpretado de forma a evitar contradições entre suas normas. O postulado da unidade obriga o intérprete a considerar a Constituição na sua globalidade e a procurar harmonizar os espaços de tensão existentes entre as normas constitucionais a concretizar. Daí por que o intérprete deve sempre considerar as normas

---

[190] ÁVILA, 2001, op. cit., p. 7.
[191] MÜLLER, 1993, op. cit., p.. 265.
[192] ÁVILA, 2001, op. cit., p. 10.

constitucionais não como isoladas e dispersas, mas, sim, como preceitos integrados em um sistema interno unitário de normas e princípios.

Como aqui é o momento de se verificar a imbricação que eventualmente possa se dar entre os diversos princípios fixados pelo sistema jurídico em face de uma mesma questão, o aprofundamento da conceituação dos princípios, enquanto normas que primordialmente instituem *fins*, sugere uma estreita afinidade entre o argumento sistemático e a interpretação teleológica. Com efeito:

> (...) não se pode separar a interpretação sistemática da teleológica. Sua consideração pode levar à utilização artificial das técnicas de redução teleológica (redução do sentido do dispositivo por ser ele muito amplo em relação à sua finalidade) e de extensão teleológica (ampliação do sentido do dispositivo por ser ele muito restrito em relação à sua finalidade).[193]

Os argumentos teleológicos resultantes da análise que leva em conta o *telos* das proposições normativas estão, portanto, considerados dentro da categoria dos argumentos sistemáticos. Esta análise vem a ser complementada pela proporcionalidade, adiante estudada, que desempenha importante papel no exame dos meios em relação aos fins que a positivação de normas com caráter principiológico visa a promover.

Ao lado dos *argumentos contextuais* estão os *argumentos jurisprudenciais*, concernentes aos precedentes do Poder Judiciário em relação à norma objeto de interpretação. A jurisprudência adquire especial relevo em se tratando de normas cujo conteúdo é impreciso, como no caso de princípios, cláusulas gerais e conceitos jurídicos indeterminados. Isso porque essas normas carecem de uma positividade apriorística, ou seja, o que deve-ser em face da norma resulta do processo de interpretação diante do caso concreto, papel exercido, em caráter definitivo, apenas pelas decisões judiciais. "À sentença judicial, especialmente à prática jurisprudencial constante, cabe então o papel de funcionar como um transformador dos princípios pré-positivos em proposições e instituições jurídicas positivas".[194]

O conteúdo das decisões, constitui, dessa forma, categoria de argumento que não deve ser ignorada na compreensão das normas jurídicas:

> Tratando-se de norma constitucional, e sendo o Supremo Tribunal Federal o órgão constitucionalmente incumbido de interpretar a Constituição Federal, seus acórdãos exercem papel fundamental na construção do significado de qualquer norma constitucional.[195]

Isso vale, certamente, tanto para a construção do significado de *segurança jurídica*, quanto para a análise da constitucionalidade da expressão *excepcional interesse social*.

---

[193] ÁVILA, 2001, op. cit., p. 11. No mesmo sentido, MÜLLER, 1993, op. cit., p. 271.

[194] LARENZ, 1989, op. cit., p. 162.

[195] ÁVILA, 2001, op. cit., p. 12.

b) argumentos institucionais transcendentes: históricos e genéticos

Os argumentos institucionais *transcendentes* são aqueles que não partem do texto da norma ou de outra fonte do ordenamento jurídico vigente, porém, fazem referência ao momento de sua formação ou ao sentido dos dispositivos que ele antes continha. Ávila os distingue em *argumentos históricos* e *argumentos genéticos*.[196]

- Argumentos transcendentes históricos

O *argumento histórico* procura relacionar a norma com o momento em que ela foi concebida. Não no sentido das razões ou finalidades pelas quais ela foi concebida (argumento genético), mas no da verificação das correspondências entre um dispositivo e o estado de coisas por ele regulado. Como o próprio nome sugere, a interpretação histórica se ocupa da história do direito, apoiando-se em textos anteriores e modelos normativos para responder como a matéria objeto de interpretação era regulada anteriormente.[197] Geralmente, utilizam-se textos normativos não mais em vigor.

> O argumento histórico faz normalmente apelo à "natureza das coisas", na medida em que procura demonstrar que, em decorrência das mutações históricas, o significado literal do dispositivo não mais se molda à realidade do momento da aplicação.[198]

Assim sendo, o argumento histórico serve, de maneira especial, para a determinação da pertinência de certo dispositivo em face de um estado de coisas que não mais se verifica, situação em que a norma pode perder seu próprio fundamento e adequação como instrumento para a solução de um conflito.

- Argumentos genéticos: *ratio legislatore*

Os argumentos genéticos são aqueles que consideram a vontade do legislador, fazendo referência a elementos relativos à procedência da norma objeto da interpretação: discussões parlamentares, projetos de lei, exposição de motivos, etc. Aqui se indaga o que tinha o legislador em mente ao editar a norma: por quê e para quê. Diversamente das situações anteriores, em que os argumentos partem de textos normativos, os argumentos genéticos levam em conta textos não normativos (v.g., registro de discussões, reflexões, relatórios de comissões legislativas, exposições de motivos), frutos do debate político – notadamente o que acontece nas assembléias legislativas –, que dizem respeito à gênese e aos trabalhos preparatórios dos textos normativos, exprimindo o que seria a *vontade do legislador*.

---

[196] ÁVILA, 2001, op. cit., p. 7 e 17.

[197] MÜLLER, 1993, op. cit., p. 265.

[198] ÁVILA, 2001, op. cit., p. 17, citando GUASTINI neste particular.

A vontade do legislador imprime um caráter eminentemente subjetivo à investigação, de modo que se podem distinguir o *argumento genético semântico-subjetivo*, isto é, que diz respeito ao significado que o legislador teria atribuído à determinada expressão, e o *argumento genético teleológico-subjetivo*, que concerne à finalidade por ele pretendida com a positivação daquela norma.[199]

Não é de hoje que se questiona a argumentação baseada na vontade do legislador. Contra o seu subjetivismo, pesam os seguintes argumentos:

(a) o argumento da vontade (a vontade do legislador é mera ficção, não existindo um legislador de vontade própria), (b) o argumento da forma (só as manifestações de vontade na forma da lei têm força legal, sendo o legislador no fundo apenas uma competência legal), (c) o argumento da confiança (os destinatários da norma devem confiar na palavra da norma como tal, a qual deve ser inteligível por si) e (d) o argumento da integração (só uma interpretação objetivista corresponde aos interesses da integração e complementação do direito).[200]

Diante disso, o que se verifica é uma preferência pelos argumentos imanentes ao sistema, de tal modo que simplesmente fazer menção à vontade do legislador não é suficiente para justificar qualquer conclusão.[201]

2.1.3.1.2 Argumentos não-institucionais: pragmatismo e conseqüencialismo. A questão política.

Há também argumentos que não estão relacionados com qualquer elemento descrito no ordenamento jurídico. Daí a denominação de "não-institucionais". Segundo Ávila,

os argumentos não-institucionais não fazem referência aos modos institucionais de existência do Direito. Eles fazem apelo a qualquer outro elemento que não o próprio ordenamento jurídico. São argumentos meramente práticos que dependem de um julgamento, feito pelo próprio intérprete, sob pontos de vista econômicos, políticos e/ou éticos.[202]

Aqui merecem referência o pragmatismo e o conseqüencialismo que podem ser detectados na origem de uma série de argumentos que acabam sendo considerados na interpretação jurídica. Tome-se, por exemplo, a decisão que deixa de atribuir efeitos *ex tunc* à declaração de inconstitucionalidade *apenas* para evitar *uma enxurrada de ações individuais*, ou a decisão

---

[199] ÁVILA, 2001, op. cit., p. 17.

[200] ANDRADE, Christiano José de. *O problema dos métodos da interpretação jurídica*. São Paulo: Revista dos Tribunais, 1992, p. 23, concluindo: "Atualmente a teoria objetivista, com diversas variações, é plenamente dominante; integrada na ordem social, a lei com ela mutua significados".

[201] ÁVILA, 2001, op. cit., p. 18.

[202] Id., ibid. Prossegue o autor: "As consequências danosas de determinada interpretação e a necessidade de atentar para os planos de governo enquadram-se aqui".

que atribui o efeito *ex tunc apenas*, porque, do contrário, equivaleria a incentivar o legislador à produção de normas em desacordo com a Constituição.[203] Ora, não é isso que deve servir de parâmetro para a interpretação do art. 27 da Lei n° 9.868/99. O reconhecimento da permanência dos efeitos deve decorrer justamente das *normas* que, acaso existentes, sustentem essa permanência, e, não, de um truque de mágica que não se justifique à luz do ordenamento jurídico.

O problema dos argumentos não-institucionais é que, justamente pela falta de referência a pontos de vista objetivos ou objetiváveis, "eles nunca serão conclusivos, porque manipuláveis arbitrariamente conforme os interesses em jogo".[204] Há que se ter o cuidado para não converter a *interpretação* do texto em *uso* do texto[205] para a satisfação de interesses setoriais, em detrimento da normatividade da Constituição e daquilo que ela se propõe a proteger mais intensamente. Disso resulta que os argumentos pragmáticos ou conseqüencialistas têm uma força meramente cumulativa, no sentido de que somente podem ser utilizados quando fluírem na mesma direção dos argumentos institucionais, a título de *reforço*.

Há uma lógica nisso, contudo, percebê-la exige que se dê um passo atrás. Não foram poucas as teorias dispostas a explicar as relações que se estabelecem entre o Direito e a Política – política designando, aqui, os pontos de vista extrajurídicos, sejam de origem pragmática ou conseqüencialista. Se, por um lado, a crença de que o Direito é uma ciência pura e impermeável não satisfaz, tampouco é satisfatória a opção por um direito alternativo, aquele que exprime o justo segundo o ponto de vista do intérprete independentemente do direito objetivo.

Direito e política convivem e há que se identificar o lugar de cada qual em cada sistema, sem fazer-se abstração da existência das normas positivadas e nem do fato de que intérprete, no ato de interpretar, é também permeável a elementos externos ao sistema normativo. A questão estará em saber concatenar esses elementos numa ordem de prioridades. Esta tarefa de organização não requer a filiação a qualquer tese extremada, seja a do purismo científico, seja ao que se oferece alternativamente. Requer apenas que não se faça abstração da evidência dos fatos e de suas conseqüências lógicas.

---

[203] Esses dois argumentos estão presentes, por exemplo, no julgamento da ADI n° 1102-2DF, Relator: Min. Maurício Corrêa, anteriormente analisada.

[204] ÁVILA, 2001, op. cit., p. 18.

[205] Sobre a distinção, originada no texto "Intentio lectoris: the state of the art", de Umberto Eco, v. ECO, Umberto, *Interpretation and Overinterpretation*. Cambridge: Cambridge University Press, 1992, p. 68, 93 et seq. Com esta expressão, Eco pretendeu referir situações em que o intérprete interpreta um texto para fins estritamente pessoais, seja através de especulações do que estaria na mente do autor do texto, seja fazendo abstração do seu modelo cultural e "background".

Com efeito, é fato que nosso sistema tem origem no sistema romano-germânico (sistema do *civil law*), caracterizado pela adoção de um sistema jurídico positivado e fundado em uma Constituição também positivada. Deste fato decorrem condicionantes para as relações que se estabeleçam entre a política e o Direito. A primazia da norma jurídica, numa democracia que se pretenda constitucional, não pode ser recusada e reserva à política um lugar secundário em face do ato de aplicação da norma.

Logo, por causa do princípio do Estado de Direito adotado na Constituição Federal, combinado com outras normas (legalidade, segurança jurídica, monopólio da jurisdição), no sistema jurídico que no Brasil se conhece, o *locus* reservado à primazia política é pré-jurídico. O sistema brasileiro está elaborado de modo que as políticas são vertidas em lei/normas gerais e iguais para todos, por quem detém legitimação democrática. Feito isso, os elementos normativos é que servem de parâmetros para os problemas jurídicos, e daí a afirmação de Larenz de que um determinado problema jurídico estará adequadamente solucionado quando se puder demonstrar que a decisão para o caso exprime o Direito.

Um fundamento ou argumento meramente político estará bem situado numa exposição de motivos ou numa proposta de lei encaminhada ao Congresso Nacional. A política reina absoluta (*pelo menos, deveria*) no Plenário das Câmaras Legislativas, nas Assembléias Constituintes. No entanto, não tem qualquer prevalência no processo de justificação de uma decisão judicial, a menos que encontre correspondência em um elemento normativo (interno ao sistema jurídico, *e.g.*, num princípio). Daí a afirmação de que os argumentos pragmáticos têm uma força meramente cumulativa, podendo ser utilizados quando fluírem na mesma direção dos argumentos institucionais. Se contrariarem os institucionais, estes é que deverão prevalecer – é a lógica do sistema do Estado de Direito, ou da democracia constitucional.

Com isso, não se nega o trânsito da política no sistema jurídico, mas exige-se a sua habilitação, i.e., sua internalização no sistema através de um princípio jurídico ou cláusula geral, para bem da legitimidade e correção da decisão judicial. Essa é primeira a regra do jogo da *legalidade-democracia-segurança*, base do Estado de Direito. Entretanto, há uma segunda regra: se o argumento político logra a internalização sistemática através de uma cláusula mais geral, nem por isso esse elemento normativo haverá de prevalecer, pois, uma vez dentro do sistema, lá será cotejado com as normas coexistentes, ponderado e avaliado segundo o critério da coerência. É importante lembrar que, uma vez identificados todas as normas e fundamentos pertinentes a uma questão, hoje a escolha por uma ou outra já não é indiferente. Exige-se a correção. Daí a importância das regras de prevalência e do critério de coerência adiante propostos neste trabalho.

Finalmente, é preciso perceber que, quando está em jogo a Constituição, um problema ainda mais grave se põe: admitir-se que ela seja atropelada pelo argumento meramente político, conseqüencialista ou pragmático, coloca em risco as próprias instituições, levando a uma ruptura estrutural que transcende à relação política e direito.

O resultado disso tudo é que a opção pela Constituição rígida formaliza e procedimentaliza as relações entre a Política e o Direito. A política tem um relevante papel modificador e transformador do direito, mas este papel tem uma forma para ser exercido, dentro dos parâmetros constitucionais, que é o processo legislativo. Até que esses parâmetros sejam respeitados e o Direito inovado, o que resta ao aplicador em caráter preferencial são as fontes do sistema jurídico.

2.1.3.2. Peso do argumento e regras de prevalência

Está em Karl Engisch a afirmação de que não há uma hierarquização ou precedência lógica entre os vários procedimentos interpretativos, especialmente quando se observa a possibilidade de os diferentes métodos de interpretação conduzirem a resultados contraditórios.[206] No mesmo sentido, é a manifestação de Hans Kelsen, para quem, sendo a interpretação jurídica a fixação, por via cognoscitiva, do sentido do objeto a interpretar, seu resultado somente pode ser a fixação da moldura que representa o direito e o conhecimento das várias possibilidades que, dentro dessa moldura, existem. Segundo Kelsen,

> não há qualquer critério com base no qual uma das possibilidades inscritas na moldura do Direito a aplicar possa ser preferida à outra. Não há absolutamente qualquer método – capaz de ser classificado como de Direito Positivo – segundo o qual, das várias significações verbais de uma norma, apenas uma possa ser destacada como correta.[207]

Essas afirmações, *data venia*, vão de encontro ao papel central e fundante que a Constituição desempenha no Estado de Direito, à importância que a força normativa da Constituição adquiriu no atual estado da arte, e, simplesmente, não resistiriam à *filtragem constitucional*.[208] É que, como já foi visto, os argumentos não se equivalem e, por terem origens distintas, não possuem sempre a mesma força justificativa. Ainda que se saiba que os argumentos não se formam isoladamente e devem ser analisados simultaneamente em face de uma mesma questão, a observância aos princípios constitucionais que fundamentam o próprio sistema jurídico positivo per-

---

[206] ENGISCH, Karl. *Introdução ao pensamento jurídico*. Lisboa: Fundação Calouste Gulbenkian, 1983, p. 118.

[207] KELSEN, 1991, op. cit., p. 368.

[208] Sobre a filtragem constitucional, v. SCHIER, Paulo Ricardo. *Filtragem Constitucional*: construindo uma nova dogmática jurídica. Porto Alegre: Sergio Fabris, 1999.

mite dizer que alguns argumentos são *mais fortes* que outros. Trata-se da passagem do *discurso* à *prática* da força normativa e da máxima efetividade da Constituição.[209]

Conforme se viu, já se encontra em Alexy a preocupação com a organização da argumentação e com a necessidade de estabelecimento de regras de preferência entre os diversos tipos de argumentos. Alexy dividiu os argumentos em seis grupos: semânticos, genéticos, teleológicos, históricos, comparativos e sistemáticos. É precisamente em face dessa diversidade que Alexy propõe uma hierarquia entre os argumentos, na direção de que alguns devem prevalecer sobre outros. A tese aqui defendida trilha o caminho apontado por Alexy, porém, com duas ordens de aperfeiçoamento.

De um lado, é proposta, com base em Ávila, uma diferente classificação dos argumentos, não abrangendo apenas os seis enumerados por Alexy. Além disso, essa diversa classificação possui, como será demonstrado, uma distinta concatenação entre os argumentos.

De outro lado, são estipuladas regras diferentes de prioridade entre os argumentos. Para Alexy, os argumentos que exprimem uma ligação com o teor literal da lei ou com a vontade do legislador histórico devem prevalecer sobre os demais. A tese ora defendida segue percurso diferente. Primeiro, ela não utiliza propriamente argumentos ligados ao "teor literal", mas argumentos relacionados ao sentido, classificados como semânticos, quer relativos à linguagem ordinária, quer relacionados à linguagem técnica. Segundo, ela não atribui à vontade do legislador histórico, como pretende Alexy, um peso tão importante. Em vez disso, ela atribui um peso maior aos elementos ditos objetivados ou com maior capacidade de objetivação, qualificados como argumentos institucionais imanentes ao ordenamento jurídico, onde se incluem os argumentos semânticos e os sistemáticos. Além disso, propõe-se também uma regra de prevalência de cunho material, que leva em consideração não o tipo do argumento, mas sim o seu conteúdo, guardando estrita referibilidade com aqueles conteúdos que, segundo a Constituição Federal do Brasil, são fundamentais.

Com efeito, se a linguagem utilizada pela norma é suficientemente clara, apresentando-se de forma inteligível ao homem médio, os argumentos lingüísticos podem ser suficientes para a sua compreensão. Não obstante, as normas semanticamente mais abertas – como aquelas que enunciam princípios e conceitos jurídicos indeterminados – não têm seu sentido determinado apenas pelo uso ordinário da linguagem, de modo que o recurso a outros argumentos se faz necessário.[210]

---

[209] Para o *discurso*: v. HESSE, Konrad. *A força normativa da Constituição*. Traduzido por Gilmar Ferreira Mendes. Porto Alegre: Sergio Fabris, 1991.

[210] ÁVILA, 2001, op. cit., p. 20.

Se, em face do contexto em que está inserida a norma, as demais normas e os precedentes apontarem na mesma direção, os argumentos sistemáticos podem ser suficientes para a compreensão do sentido da norma. Isso, no entanto, nem sempre acontece, pois é comum que tanto o contexto quanto os precedentes não sejam uniformes. A identificação dos diversos argumentos sistemáticos não é dispensável, nem inútil: embora não esteja exaurido o processo de compreensão da norma, a análise sistemática é um passo indispensável para a ponderação entre os argumentos identificados. Para que se saiba com razoável segurança a qual atribuir o maior peso é justamente o escopo desta tentativa de hierarquização entre os diversos tipos de argumentos.

Além dos argumentos lingüísticos, é possível alinhar argumentos de outra natureza, tais como os genéticos e históricos.

> Os argumentos transcendentes ao ordenamento jurídico passam a ser relevantes na interpretação no momento em que a linguagem e o sistema já não proporcionam uma justificação para a interpretação. Se o intérprete consegue construir um significado de acordo com argumentos lingüísticos e sistemáticos, não há razão suficiente para o recurso a outros argumentos.[211]

O peso dos argumentos pode ser traduzido em um sistema de etapas sucessivas e eliminatórias, de modo que, a partir do momento em que a norma atinja um grau suficiente de compreensão a partir do argumento empregado, não mais seja necessário o recurso às etapas argumentativas seguintes. Com isso não, se nega a utilização de argumentos transcendentes ao ordenamento jurídico para a configuração dos argumentos lingüísticos e sistemáticos, mas o recurso aos argumentos transcendentes só se admite se forem demonstradas razões suficientes para a superação da força justificativa dos argumentos imanentes.[212] O modelo de Ávila sugere uma classificação os argumentos na seguinte ordem:

1) lingüísticos (sintático e semântico; linguagem comum e técnica);
2) sistemáticos (contextuais e jurisprudenciais);
3) históricos;
4) genéticos;
5) práticos (em plano secundário).

Quanto às formas de interação, a relação entre os argumentos pode ser de convergência (*interação unidirecional*), caso em que os diferentes argumentos, da mesma ou de categoria diversa, independentes entre si, apontam em uma mesma direção, ou seja, levam à mesma conclusão a respeito do sentido a ser atribuído a uma determinada norma. Aqui entram

---

[211] ÁVILA, 2001, op. cit., p. 21. Cf., a propósito, LARENZ, 1983, op. cit., p. 153.
[212] Id., ibid., p. 21.

em jogo a unidade e a coerência e, quanto mais argumentos conduzirem o intérprete a uma decisão, mais justificada ela está em face do ordenamento como um todo.

De outra sorte, a relação entre os argumentos pode ser de divergência, ou seja, conflitual (*interação multidirecional*), caso em que os diversos argumentos, independentes entre si, levam a conclusões diferentes a respeito do sentido que deva ser atribuído à norma, fazendo com que surjam diferentes soluções para a mesma questão jurídica. Aqui surge o problema de se saber se, em face dessa multiplicidade de soluções, existem regras que estabeleçam, com razoável segurança, a prevalência de algum(ns) argumento(s) sobre os outros. Essas regras de prevalência podem derivar: (a) da conjugação de princípios jurídicos fixados pela jurisprudência ou pelo próprio direito positivado; ou (b) da convergência de diferentes argumentos na mesma direção, isto é, da força cumulativa dos argumentos que suportam a mesma interpretação.[213]

A convivência entre os diversos argumentos implica não só uma análise quanto à forma pela qual eles interagem, mas também a fixação de regras de prevalência material que determinem qual a solução adequada (ou, em certos casos, *mais adequada*) para a integração da norma jurídica, em face do caso concreto.

a) prevalência lógico-formal

A regra de prevalência lógico-formal diz respeito à prevalência de determinados argumentos, considerada a sua fonte ou origem, independentemente do conteúdo que revelem.

Num primeiro momento, é no sistema jurídico que se devem buscar as regras que atribuam dimensões de peso aos argumentos. Se, no ápice da hierarquia das fontes do sistema, está a Constituição, é por aí que se deve iniciar esta análise. Nos princípios fundamentais do título I da Constituição vigente, já se pode lançar mão de princípios que, de imediato, implicam que se considerem os argumentos imanentes (lingüísticos e sistemáticos) ao ordenamento jurídico como preponderantes em relação aos transcendentes.

Com efeito, ali se encontram o princípio do Estado de Direito (art. 1°, *caput*), o princípio democrático (art. 1°, parágrafo único) e o princípio da divisão dos poderes (art. 2°). O maior peso dos argumentos imanentes em relação aos transcendentes resulta evidente do fato de que

> o poder parlamentar é que tem representatividade democrática para tomar decisões; e o respeito a essas decisões é um elemento necessário ao princípio da separação dos poderes. Os argumentos sistemáticos decorrem da idéia de coerência do sistema jurídico, que se deixa reconduzir aos princípios fundamentais do Estado Democrático de Direito (art. 1° da

---

[213] ÁVILA, 2001, op. cit., p. 23-24.

Constituição Federal de 1988), sem os quais, em vez de controle jurídico do Estado, racionalidade do Direito pela clareza e previsibilidade e tutela plena dos direitos, há arbitrariedade. Os argumentos institucionais transcendentes (argumentos genéticos e históricos), por sua vez, não decorrem da força vinculativa do Poder Legislativo. Eles apenas indiretamente podem ser a ele reconduzidos, na medida em que exploram os trabalhos preparatórios ao conteúdo final dos atos legislativos ou visam a reconstruir um momento histórico anterior. Os argumentos não institucionais ou meramente práticos nem mesmo indiretamente fazem referência à força vinculativa do Poder Legislativo; eles não se deixam reconduzir, por conseqüência, aos princípios imanentes ao Estado Democrático de Direito.[214]

Ávila deduz, a partir dessa relação entre os argumentos empregados na interpretação jurídica e os princípios constitucionais fundamentais, algumas regras *prima facie* de interpretação:

a) *os argumentos institucionais*, porque têm no ordenamento jurídico seu ponto de referência e assim são dados objetiváveis, *devem prevalecer sobre os não institucionais*, pois esses se apóiam exclusivamente em opiniões subjetivas e individuais, contrapondo-se às exigências de racionalidade e determinabilidade da argumentação, que são ínsitas ao Estado Democrático de Direito;

b) *os argumentos imanentes ao ordenamento jurídico* (lingüísticos e sistemáticos) *devem prevalecer sobre os transcendentes* (genéticos e históricos), "na medida em que aquilo que foi finalmente estabelecido pelo Poder Legislativo deve prevalecer sobre aquilo que deixou de ser estabelecido".[215] Noutras palavras, aquilo que foi dito deve prevalecer sobre o não-dito.

Uma última questão deve ser esclarecida: a permanecer a divergência entre argumentos do mesmo grau de valor, como, por exemplo, a situação em que argumentos lingüísticos e sistemáticos fluem em direções diversas, qual dentre eles deve prevalecer?

A sugestão de Ávila é que, primeiro, se verifique se há a convergência de vários argumentos relevantes numa mesma direção. A relevância do argumento será aferida da demonstração de que aquela solução serve para concretizar um princípio ou assegurar um bem juridicamente protegido. Na medida em que se estreita a relação entre os argumentos e os princípios fundamentais, "afasta-se de uma justificação pessoal da interpretação baseada em sistemas de crenças individuais, em favor de uma justificação objetiva fundamentada em pontos de vista objetiváveis e, portanto, de acesso intersubjetivo".[216] A idéia de coerência está, justamente,

---

[214] ÁVILA, 2001, op. cit., p. 25-26. Na mesma direção segue a orientação de MÜLLER (1993, op. cit.), que concorda com a possibilidade de uma hierarquização abstrata que seja conforme ao princípio do Estado de Direito (p. 322); também considera que os argumentos diretamente relacionados ao texto normativo têm preferência em relação aos argumentos não diretamente relacionados ao texto normativo (p. 320-321). Estes últimos "não oferecem mais que uma simples função auxiliar, ou sugestões quanto às possibilidades de precisão, determinação ou explicação da norma jurídica e da norma de decisão a ser estabelecida" (traduzi). Cf., ainda, p. 323-324.

[215] Id., p. 27. No mesmo sentido: MÜLLER, 1993, op. cit., p. 330: "Cette situation justifie, en raison des imperatifs de l'Etat de droit cités à plusieurs reprises, la priorité des modes grammatical et systématique de l'interprétation dans leur fonction de limites à la formation des décisions admissibles".

[216] Id., ibid., p. 28.

no ato de se buscar o maior número possível de normas que apóiem a interpretação em determinado sentido para a norma. Daí que, "dentre os significados possíveis da norma deverá ser escolhido aquele que mais intensamente corresponder aos valores estabelecidos pelos princípios e que menos intensamente os contrarie".[217] Contudo, paralelamente ao exame da coerência, sugere-se a verificação do conteúdo dos argumentos e da possibilidade de utilização da regra de prevalência lógico-material em face da questão em exame.

b) *prevalência lógico-material*

Há que observar o conteúdo das normas invocadas em face de uma mesma questão e verificar se há hierarquia entre os princípios considerados no processo de interpretação. Em relação às normas constitucionais, a própria Constituição, ao instituir algumas *normas fundamentais* e outras que são, simplesmente, *normas*, sugere o reconhecimento de uma hierarquia, no mínimo, axiológica, entre os seus preceitos. Daí por que, em congruência com o valor atribuído pela própria Constituição a determinados princípios e direitos, se haverá de atribuir maior peso ao argumento que privilegiar, dentro do contexto, esses mesmos princípios e direitos.[218] Aí o fundamento da última regra argumentativa proposta por Ávila:

> (...) na justificação com base em argumentos imanentes ao ordenamento jurídico deverá ser escolhido o significado que seja mais coerente com os princípios constitucionais axiologicamente sobrejacentes à norma interpretada.[219]

José Souto Maior Borges, analisando a possibilidade de reconhecimento teórico de uma hierarquia axiológica dentro da Constituição, afirma que:

> (...) a palavra "hierarquia" convém ao fenômeno, porque as normas jurídicas são para muito havidas como comandos e suas prescrições como dogmas – donde a "dogmática" jurídica.

---

[217] ÁVILA, 2001, op. cit., p. 28.

[218] Conquanto siga na mesma direção, observa-se que esta proposta não se confunde com o "princípio da hierarquização axiológica", proposto por Juarez Freitas (*in* FREITAS, Juarez. *A interpretação sistemática do direito*. São Paulo: Malheiros, 1995), considerado pelo autor como uma *meta-regra* ou *meta-princípio*, ou *lei*, ou *dever* (p. 80), ou *metacritério* "que ordena, diante inclusive de antinomias no plano dos critérios, a prevalência do princípio axiologicamente superior, ou da norma axiologicamente superior em relação às demais, visando-se a uma exegese que impeça a auto-contradição do sistema conforme a Constituição e que resguarde a unidade sintética dos seus múltiplos comandos" (p. 81). Isso porque, ao passo que Freitas busca, na metalinguagem, a fundamentação para o chamado princípio da hierarquização axiológica, aqui se entende desnecessário o recurso à metalinguagem para estabelecer uma hierarquia axiológica entre as normas constitucionais. É que, segundo se sustenta, esta hierarquia deve ser buscada na própria linguagem-objeto do Direito, ou seja, no próprio direito objetivo, aqui enunciado através da Constituição. Não se justifica, portanto, um critério *hierarquizante* abstratamente considerado independente da hierarquia que já vem esboçada na própria Constituição. É, pois, na Constituição, que essa hierarquização deve ser fundada, até porque, sem ela, o chamado princípio da hierarquização axiológica opera no vazio.

[219] ÁVILA, 2001, op. cit., p. 29.

(...). Não há dogmática jurídica, sem hierarquia das normas. Portanto, onde falta a hierarquia a sintaxe jurídica inteiramente se desarticula.[220]

A valoração constitucional dos princípios é claramente percebida através do texto e da estrutura das normas na Constituição. Uma forma segura de reconhecimento dessa hierarquia axiológica dá-se pela própria interpretação literal: basta se ater àquilo que o texto designa como fundamental e têm-se os valores para cuja proteção a argumentação haverá de convergir. Os primeiros princípios constitucionais estão vestibularmente dispostos no texto: federação, república, democracia, dignidade humana (art. 1°), tripartição do poder (art. 2°). São nomeados *princípios fundamentais*, contrapondo-se, por exemplo, a meros *princípios gerais da ordem econômica* (arts. 170 e seguintes). Esse descompasso terminológico, todavia, não é produto do acaso. Mas, em primeiro lugar, deve-se, segundo Souto Maior Borges,

> ponderar que os direitos e deveres individuais e coletivos do art. 5º, são reunidos sob a rubrica constitucional: "Dos direitos e garantias fundamentais". Fundamental é aí o que está no fundo dos fundamentos. O que sustenta os próprios alicerces constitucionais.[221]

Do reconhecimento dessa hierarquia, importantes conseqüências se farão sentir no jogo de argumentos que podem ser suscitados no preenchimento dos conceitos de *razões de segurança jurídica* e *excepcional interesse social*. Isso porque essa hierarquia fornece um critério material de prevalência, que favorece a proteção dos direitos fundamentais do indivíduo e da dignidade humana.

• Proteção dos direitos fundamentais

Também se deve reconhecer a prevalência dos direitos fundamentais em situação de conflito com outras normas da Constituição. A própria Constituição oferece vários indicativos nesse sentido, não só por denominar de "fundamentais" esses direitos e princípios, mas também por erigi-los à condição de cláusulas pétreas, que não podem ser eliminadas da Constituição pela via do poder constituinte derivado (Constituição Federal, art. 60, § 4°, inc. IV). Além disso, fez questão o constituinte de, após fixar o rol dos direitos fundamentais, estabelecer que esses direitos têm aplicabilidade direta e imediata (art. 5°, § 1°) e que aquele rol é materialmente aberto, pois se admite o reconhecimento de direitos e garantias fundamentais a partir de princípios adotados pela Constituição e de tratados internacionais celebrados pela nossa República (art. 5°, § 2°).

Com efeito, salienta Souto Maior Borges:

---

[220] BORGES, José Souto Maior. Pró-dogmática: por uma hierarquização dos princípios constitucionais. In: *Revista Trimestral de Direito Público*, São Paulo, Malheiros, n° 1, p. 145, 1993.

[221] BORGES, 1993, op. cit., p. 145.

(...) há uma hierarquia no inter-relacionamento desses princípios com outras normas da Constituição Federal e, sobretudo, com outros princípios constitucionais (sintaxe jurídico-constitucional) que põe a lume a maior importância dos seus princípios fundamentais no confronto com outros princípios. Muitos desses podem ser objeto de reforma constitucional. Nada o impede. Mas, no tocante aos princípios fundamentais, a Constituição Federal é rigidíssima. Não podem, a teor do seu art. 60, § 4º, ser abolidos senão por via revolucionária e, pois, extraconstitucional.[222]

A Constituição Federal, norma central e fundamental do ordenamento jurídico vigente, sustenta, portanto, uma proposta teórica de hierarquização dos princípios, visto que é a base empírica da dogmática constitucional. Isso não representa um divórcio com a realidade normativa; muito pelo contrário: dela decorre. Este é o caminho iluminado por Souto:

> Fora do ordenamento jurídico constitucional não há solução: nenhum outro critério para a hierarquização dos princípios constitucionais. Princípio fundamental, em contraposição aos demais, é o que a Constituição Federal diz que assim o é. Impossível portanto caracterizar aprioristicamente princípios de direito constitucional positivo, isto é, com prescindência de critérios ofertados pelo próprio texto constitucional. Conclusão que vale inclusive para a hierarquização dos princípios constitucionais. Essa solução não pode ser ofertada por nenhum direito alternativo.[223]

Há que explorar, também, o sentido da norma constante no art. 5º, § 1º, da Constituição Federal de 1988, dispondo a aplicabilidade imediata dos direitos fundamentais – até porque, na lei, segundo Rui Barbosa, não existem palavras inúteis. Com esse dispositivo se busca, principalmente, a proteção judicial dos direitos fundamentais, no sentido de que as normas que prevêem direitos fundamentais devem ser interpretadas como normas de caráter preceptivo e, não, meramente programático.

> O art. 5º, § 1º, da Constituição Federal, autoriza que os operadores de direito, mesmo à falta de comando legislativo, venham a concretizar os direitos fundamentais pela via interpretativa. Os juízes, mais do que isso, podem dar aplicação aos direitos fundamentais mesmo contra a lei, se ela não se conformar ao sentido constitucional daqueles.[224]

Não há como negar que a satisfação concreta de um direito fundamental está ligada à densidade normativa do dispositivo que o prevê. Com efeito, nas situações em que o dispositivo é carente de densificação, tem a jurisprudência, salvo raras exceções, exigido a interposição do legislador, de modo que o maior problema atribuído ao § 1º do art. 5º da Constituição Federal de 1988 diz respeito à aplicabilidade imediata desses direitos

---

[222] BORGES, 1993, op. cit., p. 145. No mesmo sentido, acenando para a mesma fórmula de primazia dos direitos fundamentais em relação às demais disposições normativas, cf. BARCELLOS, Ana Paula, 2003, *op. cit.*, p. 107-109.

[223] Id., p. 146.

[224] MENDES, Gilmar et al. *Hermenêutica constitucional e direitos fundamentais*. Brasília: Brasília Jurídica, 2000, p. 134-135.

não totalmente definidos. A doutrina tem interpretado esse dispositivo como uma norma-princípio, na perspectiva de Alexy, cujo escopo seria a otimização do sentido das prescrições de direitos fundamentais, conferindo-lhes a maior eficácia *possível*.[225] Um comando, basicamente, de reforço à eficácia interpretativa que é inerente não apenas às normas de natureza principiológica, mas sobretudo às normas constitucionais.[226]

Essa eficácia interpretativa dos direitos fundamentais, pois, se irradia em direção à interpretação de todo o ordenamento jurídico. Diz, ao intérprete do direito, o mesmo que a chamada *eficácia informadora* da Constituição traduz para o legislador: os preceitos e princípios constitucionais devem servir de orientação à legislação pós-constitucional e de diretriz à atividade do legislador ordinário, donde surge a obrigação de se adequar o conteúdo *material* da lei ordinária em face dos preceitos e princípios constitucionais.[227] Ao aplicador traduz-se, *mutatis mutandis*, no dever de adequação material das decisões judiciais.

Tudo isso, verdadeiro lugar comum na atual doutrina do direito constitucional pátrio e estrangeiro, assume grande relevância na medida em que a interpretação da Lei nº 9.868/99 – notadamente a norma do art. 27 –, assim como de todas as demais normas do ordenamento jurídico, não escapa dessa irradiação da eficácia das normas de direitos fundamentais previstas na Constituição. Deve-se passar do discurso dos direitos fundamentais à prática dos direitos fundamentais. Ao lidar com os conceitos abertos do art. 27, é mister que o intérprete tenha em mente o dever de proteção dos direitos fundamentais e também o dever de otimização do sentido dos preceitos que os prevêem, de modo a jamais utilizar o dispositivo para assegurar a permanência de efeitos lesivos àqueles direitos, que eventualmente tenham sido produzidos por norma declarada inconstitucional. Com isso, quer-se afirmar que, quando a interpretação de *razões de segurança jurídica* ou *excepcional interesse social* ensejar um conflito que tenha em um dos pólos a proteção a direitos fundamentais do indivíduo, deve-se aplicar a regra de prevalência em favor desses direitos, em detrimento dos demais argumentos que possam ser invocados na questão. À guisa de exemplo, pode-se retornar a um caso já examinado: assim procedeu o Supremo Tribunal Federal para proteger o direito de propriedade e liberdade em face do prejuízo à saúde financeira do Tesouro.

---

[225] Cf. SARLET, 2001, op. cit., p. 245.

[226] CANOTILHO, José Joaquim Gomes. *Direito constitucional e teoria da Constituição*. 3ª ed. Coimbra: Almedina, 1999, p. 1.105, 1.149.

[227] ARCE Y FLÓREZ-VALDÉS, Joaquin. *El derecho civil constitucional*. Madri: Cuadernos Civitas, 1991, p. 170: "La eficacia informadora de la Constituición ha sido asumida por la doctrina, gozando de reconocimiento casi general. LARENZ ve en esta eficacia 'una pauta decisiva, tanto para la legislación ordinaria como también para la jurisprudencia'".

Além disso, há que se considerar que os direitos fundamentais têm, ainda, estreita afinidade com o princípio da dignidade humana, consagrado pela Constituição no título dos princípios fundamentais da República, condensando um segundo aspecto da regra de prevalência lógico-material.

• Proteção da dignidade humana

Segundo a Constituição Federal, a dignidade da pessoa humana é um dos fundamentos do Estado Democrático de Direito (art. 1º, inc. III). Segundo Sarlet, essa previsão declara explicitamente que o Estado existe em função da pessoa, e não a pessoa, em função do Estado, uma vez que o indivíduo é, por essência, a finalidade principal, e, não, meio para o Estado.[228] A dignidade da pessoa integra, assim, o direito positivo vigente e, norma jurídica que é, também está sujeita à interpretação.

O constituinte de 1988 optou por não inserir a dignidade da pessoa humana no rol dos direitos e garantias fundamentais, mas atribuiu-lhe a condição de princípio fundamental. Essa condição de princípio fundamental revela a convicção de que o art. 1º, inc. III, da Constituição, não compreende somente uma declaração de teor ético e moral, mas estabelece uma norma jurídico-positiva de hierarquia constitucional formal e material, cuja eficácia deve ser delimitada através da interpretação. Daí se dizer que a dignidade da pessoa humana "constitui valor-guia não apenas dos direitos fundamentais, mas de toda a ordem jurídica (constitucional e infraconstitucional)".[229]

Todavia, a aribuição do *status* de norma à dignidade da pessoa humana não exclui a sua função como valor fundamental geral para todo o ordenamento jurídico, mas, ao contrário, concede a esse valor uma maior possibilidade de eficácia e de efetividade. Seria, *grosso modo*, um tópico reforçado, a ser considerado no momento de construção do significado de normas a partir de atos de valoração do intérprete, ou um vetor que direciona e concatena os fundamentos em favor da pessoa e sua esfera juridicamente protegida.

Mas, enquanto princípio, para Sarlet – utilizando o conceito que Alexy e Dworkin atribuíram aos princípios –, a dignidade da pessoa huma-

---

[228] SARLET, 2001, op. cit, p. 67.

[229] Id., ibid., p. 72. Sobre a centralidade e importância da dignidade da pessoa há, além da obra de Ingo Sarlet, dois importantes trabalhos de Ana Paula de Barcellos: *A eficácia jurídica dos princípios constitucionais: o princípio da dignidade humana*. Rio de Janeiro: Renovar, 2002, e Alguns parâmetros normativos para a ponderação constitucional. In: BARROSO, Luís Roberto (Coord.). *A nova interpretação constitucional*: ponderação, direitos fundamentais e relações privadas. Rio de Janeiro: Renovar, 2003. Neste último, a autora é enfática: "Com efeito, não há autor, de direito público ou privado, que não destaque a dignidade da pessoa humana como elemento central do sistema jurídico, bem como sua superior fundamentalidade, se comparada a outros bens constitucionais" (p. 109), citando, neste particular, Luís Roberto Barroso.

na opera "como um mandado de otimização, ordenando algo (no caso, a proteção e promoção da dignidade da pessoa) que deve ser realizado na maior medida possível, considerando as possibilidades fáticas e jurídicas existentes".[230]

Na concepção de Humberto Ávila, para quem os princípios são normas imediatamente finalísticas, porque prevêem um estado ideal de coisas, a dignidade humana assume a condição de *sobreprincípio*. Em razão disso, quanto à sua eficácia, observa-se que a dignidade humana exerce, a par das funções que são próprias aos princípios (*função interpretativa* e *função bloqueadora*), uma *função rearticuladora*, servindo de critério para a interação entre os demais princípios e os elementos que integram o estado ideal de coisas por eles previstos. Assim, a dignidade exerce sobre as demais normas, primeiro, uma eficácia interpretativa, na medida em que auxilia na interpretação das normas construídas a partir de textos positivados, restringindo ou ampliando seus sentidos. Com isso, apresenta uma característica típica dos princípios enquanto *decisões valorativas objetivas com função explicativa*. Segundo, a dignidade exerce também uma eficácia bloqueadora, porque, através dela, pode o intérprete afastar tópicos – ou mesmo normas positivadas –, que sejam incompatíveis com aqueles fins que, segundo os princípios, devem ser promovidos.[231] Daí por que não seria congruente com a dignidade da pessoa uma interpretação que levasse à promoção de uma situação de desigualdade entre indivíduos ou que negasse aos indivíduos o acesso à jurisdição, porque incompatível com os fins dos princípios da igualdade e da universalidade da jurisdição.[232]

Esta dimensão instrumental, integradora e hermenêutica, do princípio da dignidade, somada à sua função rearticuladora, faz com que a dignidade sirva de prisma para análise dos direitos fundamentais, das demais normas constitucionais, e de todo o ordenamento jurídico. Essas propriedades levam o princípio da dignidade humana a servir de critério para a hierarquização valorativa intrínseca ao processo hermenêutico-sistemático.[233]

É exatamente por servir de critério para essa hierarquização (função rearticuladora), que a dignidade humana tem sido considerada um princípio hierarquicamente superior aos demais – ou, segundo Ávila, um *sobreprincípio*. Dessa premissa, podem-se deduzir a obrigação de se interpretar em conformidade com a Constituição e com os Direitos Fundamentais, segundo a dignidade, e, também, uma regra de prevalência lógico-mate-

---

[230] SARLET, 2001, op. cit, p. 74.

[231] ÁVILA, 2006, op. cit., p. 98, 99.

[232] V. *retro*, ADI nº 3.522/RS, STF, Tribunal Pleno, Relator: Min. Marco Aurélio, de 24 de novembro de 2005. DJ 12.05.05. ADI nº 3.022-1 RS, Relator Min. Joaquim Barbosa, de 2 de agosto de 2004.

[233] Cf. SARLET, 2001, op. cit., p. 83.

rial que tenha sempre em mente "o imperativo segundo o qual em favor da dignidade não deve haver dúvida".[234]

Considerando acertada a premissa de que os direitos fundamentais consistem em densificações da dignidade da pessoa, é de se concordar inteiramente com Sarlet que, em cada direito fundamental está presente um conteúdo ou, no mínimo, alguma proeminência, referente à dignidade da pessoa. Assim ocorre em relação à proteção da igualdade, da liberdade, da identidade pessoal, concretizada no respeito à privacidade, à intimidade, à honra e à imagem, todos princípios ligados à dignidade da pessoa, à sua integridade física e moral. O próprio direito à propriedade constitui-se em dimensão inseparável da dignidade da pessoa, na medida em que representa uma das condições para o exercício dos direitos de liberdade, bem como dos demais direitos ligados ao bem-estar do indivíduo. Sarlet afirma, inclusive, que o princípio da dignidade serve como critério para uma definição material de direito fundamental (que, ressalte-se, na Constituição Federal de 1988 é aberta, dado o teor do § 2º do art. 5º), de modo que seriam considerados fundamentais todos aqueles direitos cuja realização promova a dignidade, independente da catalogação formal do art. 5º da Constituição.[235]

Daí se afirmar que:

> o princípio da dignidade da pessoa humana, em relação aos direitos fundamentais, pode assumir, mas apenas em certo sentido, a feição de *lex generalis*, já que, sendo suficiente o recurso a determinado direito fundamental (por sua vez já impregnado de dignidade), inexiste, em princípio, razão para invocar-se automaticamente a dignidade da pessoa humana, que, no entanto, não pode ser considerada como sendo de aplicação meramente subsidiária, até mesmo pelo fato de que uma agressão a determinado direito fundamental simultaneamente poderá constituir ofensa ao seu conteúdo em dignidade.[236]

---

[234] SARLET, Ingo Wolfgang. *Dignidade da pessoa humana e direitos fundamentais na Constituição Federal de 1988*. Porto Alegre: Livraria do Advogado, 2001, p. 86. Citando, neste particular: FREITAS, Juarez. Tendências atuais e perspectivas da hermenêutica constitucional. In: *Revista AJURIS*, n. 76, p. 397-408, 1999, p. 406: "Nessa ordem de considerações, todo o aplicador precisa assumir, especialmente ao lidar com os direitos fundamentais, que as garantias devem servir como um enérgico anteparo contra o arbítrio (seja do administrador, seja do legislador), motivo pelo qual deve ser evitado qualquer resultado interpretativo que reduza ou debilite, sem justo motivo, a eficácia máxima dos direitos fundamentais. Neste contexto, urge que a exegese promova e concretize, com especialíssima ênfase, o princípio jurídico da dignidade da pessoa, sendo como é um dos pilares supremos do nosso ordenamento, apto a funcionar como vetor-mor de compreensão superior de todos os ramos do Direito. Mais do que 'in dubio pro libertate', princípio valioso nas relações do cidadão perante o Poder Público, faz-se irretorquível o imperativo segundo o qual em favor da dignidade, não deve haver dúvida".

[235] SARLET, 2001, op. cit, p. 100 e 101, atentando para o perigo de que, devido ao caráter indeterminado e polissêmico da dignidade da pessoa humana, com algum esforço argumentativo, tudo o que consta no texto constitucional pode ser reconduzido ao valor da dignidade, e adotando, neste particular, a concepção de LAURENCE TRIBE, no sentido de que "a dignidade não deve ser tratada como um espelho no qual todos vêem o que desejam ver, pena de a própria noção de dignidade e sua força normativa correr o risco de ser banalizada e esvaziada". Assim, sendo, somente se se estiver diante de uma "posição jurídica diretamente embasada e relacionada com a dignidade (no sentido de essencial à sua proteção) à dignidade da pessoa, inequivocamente estaremos diante de uma norma de direito fundamental".

[236] Id., ibid., p. 103.

Por isso se diz que a dignidade da pessoa é, ao mesmo tempo, elemento e medida dos direitos fundamentais, "de tal sorte que, em regra, uma violação de direito fundamental estará sempre vinculada com uma ofensa à dignidade da pessoa".[237]

Por todas essas razões, e sendo indiscutível a importância que a doutrina e, sobretudo, a Constituição conferem ao princípio fundamental da dignidade humana e sua estreita relação com a proteção dos direitos fundamentais, resulta lógico afirmar que, para que a interpretação do art. 27 da Lei n° 9.868/99 seja conforme com a Constituição, a modulação de efeitos não pode ser admitida em detrimento dos direitos fundamentais dos cidadãos.

2.2. PROPORCIONALIDADE

Também a proporcionalidade tem um papel a desempenhar na ponderação exigida por conta da aplicação do art. 27 e grassam no Supremo Tribunal Federal decisões alertando para a imprescindibilidade da proporcionalidade nesse contexto.[238] Pela idéia de proporcionalidade, quer-se impor, nas relações que se estabelecem entre o Poder Público e os cidadãos, que os direitos individuais somente sejam restringidos na medida do estritamente necessário ao alcance das finalidades públicas almejadas pelo Estado. Assim, somente será proporcional a restrição a direito por uma medida que seja adequada para atingir o fim público, que seja a menos restritiva possível ao direito individual e cujas vantagens promovidas pelo fim visado compensem o prejuízo causado ao direito objeto de restrição.[239]

A proporcionalidade é norma que vem sendo utilizada para justificar a declaração de inconstitucionalidade de dispositivos legais restritivos dos direitos individuais. Sua relevância decorre do reconhecimento dos direitos fundamentais como parte da Constituição em sentido material e por isso, a proporcionalidade, vocacionada à proteção desses direitos, constitui um dos fundamentos do próprio Estado de Direito.

Na doutrina ainda se fala em *princípio* da proporcionalidade, mas estudos sobre o emprego da proporcionalidade pela jurisprudência já comprovaram que ela é uma norma cuja natureza é distinta da natureza dos princípios. Com efeito, a proporcionalidade é uma norma instrumental,

---

[237] SARLET, 2001, op. cit.

[238] Cf. ADI n° 2.240, Pet-MC-segunda 2859, AI-AgR 582280, entre outros. Cf., especialmente, votos do Min. Gilmar Mendes.

[239] Cf. SARMENTO, 2001, op. cit., p. 87-90; BONAVIDES, Paulo. *Curso de direito constitucional*. 9ª ed. São Paulo: Malheiros, 2000, p. 360-361.

ou metodológica, que não entra em conflito com outras normas (diversamente dos princípios, que podem conflitar), servindo, justamente, para a análise da colisão entre princípios e para a determinação de até que ponto uma norma restritiva de um direito individual é adequada, necessária e proporcional em sentido estrito, para a promoção de outros direitos ou fins colimados pela Constituição. A proporcionalidade seria a "balança" na qual são pesados os princípios que estejam em situação de tensão, e chamar a proporcionalidade de princípio seria confundir os pesos com a balança. Daí ser denominada por Humberto Ávila de *postulado normativo aplicativo*.[240]

Divergências semânticas à parte, é concepção corrente que, para que se possa falar no postulado da proporcionalidade, deve-se identificar, em um dado problema, uma relação entre meios e fins, de modo que se possa fazer o exame dos elementos da proporcionalidade, a saber: a avaliação da adequação, da necessidade e da proporcionalidade *stricto sensu* dos meios em relação aos fins. Não havendo um meio, um fim e entre eles uma relação de causalidade, o postulado da proporcionalidade não tem aplicabilidade em seu caráter trifásico.

"O exame da proporcionalidade aplica-se sempre que houver uma *medida concreta*, restritiva de direito, destinada a realizar uma *finalidade*".[241] Nessa perspectiva, é imprescindível que se examine se o meio (a restrição) é idôneo para a promoção do fim (adequação), se, dentre aqueles disponíveis, o meio visado é o que menos restringe os direitos envolvidos (necessidade), e se as vantagens no emprego do meio superam suas desvantagens, justificando a restrição necessária (proporcionalidade em sentido estrito).

Já que é essencial a existência de relação meio/fim para que se possa realizar o exame da proporcionalidade, interessa pesquisar o alcance de *fim*. No sentido literal da palavra, *fim* significa intenção, propósito. Diz-se que o fim é aquilo que se quer alcançar. Ou, então, que o "fim consiste num ambicionado resultado concreto (extrajurídico)", ou ainda, que "significa um estado desejado de coisas".[242]

No estudo aqui proposto, importa saber de qual *fim* se fala. Em geral, o fim de uma medida restritiva de direito é a proteção de outro direito. Nesse caso, contempla-se a colisão, em concreto, entre direitos individuais que exercem limitações recíprocas entre si, como v.g., o direito à informação e à liberdade de expressão em tensão com o direito à intimidade e à

---

[240] Cf., por todos, ÁVILA, Humberto Bergmann. A distinção entre princípios e regras e a redefinição do dever de proporcionalidade. In: *Revista de Direito Administrativo*, n° 215, p.151-179, jan./mar. 1999. ÁVILA, Humberto. *Teoria dos princípios*: da definição à aplicação dos princípios jurídicos. 5ª ed. São Paulo: Malheiros, 2006.

[241] ÁVILA, 2006, op. cit., p. 150.

[242] Id., Ibid.

privacidade.[243] O exame da proporcionalidade serve para determinar até que ponto se justifica uma invasão no direito à intimidade de alguém para a satisfação do direito à informação ou à liberdade de expressão.

O fim de uma medida restritiva a um direito também pode ser a promoção do fim instituído em um princípio ou regra jurídica. Nesse caso, contempla-se a situação em que se restringe um direito fundamental para se dar cumprimento às finalidades públicas. Assim, admite-se, v.g., a restrição ao direito de propriedade, em prol do meio ambiente; a restrição à liberdade de iniciativa, em face do dever de o Estado promover a defesa do consumidor; ou a restrição da liberdade de ir e vir, para a manutenção da ordem.

No presente estudo, a proporcionalidade vai servir para determinar em que medida se autoriza a agressão de uma norma constitucional (aquela que justifica a declaração de inconstitucionalidade) para a promoção de outras normas também constitucionais (aquelas que protegem os efeitos do ato inconstitucional). Ou, noutras palavras, em que medida a atribuição de efeitos *ex nunc* ou *pro futuro* é o meio adequado, necessário e proporcional *stricto sensu* para a promoção da supremacia da Constituição como um todo.

Evidentemente, o fim do controle de constitucionalidade é a promoção da Constituição e a sustentação lógica de sua superioridade hierárquica sobre as demais normas do ordenamento jurídico. Quando se fala em Constituição, no entanto, o postulado da unidade pressupõe que se a considere de forma unitária e não-fragmentária. A partir daí, serão analisados os diferentes meios para garantir a normatividade constitucional como um todo, tais como, a determinação de efeitos *ex tunc* absoluto ou relativo, *ex nunc* ou *pro futuro* para a declaração de inconstitucionalidade. A questão está em determinar, diante do caso concreto, qual dessas formas promove mais a Constituição e atinge melhor os fins do controle de constitucionalidade.

Tudo depende, no entanto, da análise dos critérios que compõem o exame da proporcionalidade. São eles:

a) adequação entre meio e fim

Entende-se que há adequação toda vez que os meios destinados a realizar um fim são, por si só, apropriados. Para aferir a adequação, o meio escolhido há de ser adequado e pertinente para atingir o resultado almejado. "A adequação exige uma relação empírica entre o meio e o fim: o meio deve

---

[243] Sobre esse conflito, cf. BARROSO, Luís Roberto. Liberdade de expressão, censura e controle de programação de televisão na Constituição de 1988. In: *Temas de Direito Constitucional*, p. 341-387, p. 362 et. seq. Da lavra do mesmo autor, há interessante trabalho intitulado Liberdade de expressão versus direitos da personalidade. Colisão de direitos fundamentais e critérios de ponderação. In: *Temas de Direito Constitucional, Tomo III*, Rio de Janeiro: Renovar, 2005, p. 79-129.

levar à realização do fim".[244] Para que se possa compreender a relação entre meio e fim, é necessário se examinarem "as espécies de relação que existem entre os vários meios disponíveis e o fim que se deve promover".[245]

Essa relação pode ser verificada sob três aspectos: quantitativo, qualitativo e probabilístico. Quantitativamente, uma medida pode atingir *menos*, de maneira *igual* ou *mais* um fim em relação à outra medida. Qualitativamente, uma medida pode atingir *pior*, de maneira *igual* ou *melhor* o fim que outra medida. E, probabilisticamente, uma medida pode atingir com *menos*, *igual* ou *mais certeza* o fim, em relação à outra medida. Assim, percebe-se que a comparação entre as medidas a serem escolhidas nem sempre se conserva em um mesmo nível.[246]

Essa percepção de que a adequação tem níveis variáveis é de suma importância, quando se avalia a repercussão provocada pela aplicação da regra que determina o desfazimento dos efeitos produzidos pela norma declarada inconstitucional (efeito *ex tunc*). É que, embora, num primeiro momento, o desfazimento pareça mais consentâneo com a supremacia da Constituição, em muitas situações pode ficar demonstrado que a manutenção de ditos efeitos promove *mais* ou *melhor* a Constituição considerada como um todo – ou o *bloco constitucional* –, e isso a análise do postulado da coerência, a seguir empreendida, dará conta de comprovar.

b) necessidade

Nesse aspecto, deve-se verificar a existência de meios alternativos àquele escolhido, e que, da mesma forma, possam atingir o fim, sem limitar os direitos fundamentais afetados. A análise de necessidade abarca duas fases de investigação: o exame da igualdade de adequação dos meios, e o exame do meio menos restritivo.

O primeiro "envolve a comparação entre os efeitos da utilização dos meios alternativos e os efeitos do uso do meio adotado pelo Poder Legislativo ou pelo Poder Executivo".[247] O problema dessa análise está no fato de que as medidas realizam o fim sob diferentes aspectos (qualitativo, quantitativo e probabilístico). Em alguma intensidade, as medidas distinguem-se umas das outras quanto à realização do fim. Ademais, em determinadas situações, a diferenciação entre os meios será manifesta; todavia, em outras, sua expressão se dá de forma confusa.

Essas considerações trazem à tona a questão referente à comparação dos meios, ou seja, se os meios devem ser comparados sob todos os aspectos, ou apenas em alguns. Afasta-se um meio, tão-somente, se ele for, de

---
[244] ÁVILA, 2006, op. cit., p. 152.
[245] Id., ibid.
[246] Id., ibid., p, 153.
[247] Id., ibid., p. 158.

modo evidente, menos adequado do que outro, já que, segundo o critério da necessidade, o meio escolhido deve ter sido *o mais suave* entre as opções existentes. Assim, entre as soluções possíveis, deve-se optar pela menos gravosa.

Também pela ótica da necessidade deve ser analisada a regra do desfazimento dos efeitos da norma declarada inconstitucional. Já foi visto que, em diversas situações, a simples atribuição de efeito *ex tunc* à declaração de inconstitucionalidade leva a uma situação mais inconstitucional que a inconstitucionalidade da norma individualmente considerada – na ótica da proporcionalidade, seria, além de *inadequado* para a promoção da Constituição, também o meio *mais grave*, sob a perspectiva da unidade. No mesmo sentido, é o entendimento de Rui Medeiros, para quem:

> (...) torna-se claro que o sacrifício de um interesse jurídico não constitucionalmente protegido dificilmente pode ser excessivo em face do interesse no restabelecimento pleno da normatividade da norma constitucional violada.[248]

O uso *justificado* da prerrogativa do art. 27 é, justamente, uma alternativa menos restritiva em relação ao fim, que é a manutenção da supremacia da Constituição.

c) proporcionalidade em sentido estrito

O processo de valoração diante do caso concreto coincide justamente com o exame da proporcionalidade em sentido estrito, pois este é o momento em que se ponderam os valores envolvidos para a verificar se o emprego do meio escolhido gera mais benefícios ou prejuízos. Este exame visa a determinar se as vantagens causadas pela promoção do fim são proporcionais às desvantagens causadas pela adoção do meio.[249] É que, "estando em causa um jogo de custo x benefício, não se vê como qualificar de intolerável uma medida adequada e necessária à satisfação de um interesse de peso superior àquele que é sacrificado".[250] Nesse contexto é que as regras de prevalência lógico-formal e material poderão orientar o intérprete na atribuição de peso aos interesses, bens, direitos e princípios envolvidos na questão a ser decidida pela ótica da proporcionalidade *stricto sensu*.

2.3. UNIDADE E COERÊNCIA

Por fim, apontam-se os postulados da unidade e da coerência como fios condutores de todo o exame proposto para a aplicação constitucional

---

[248] MEDEIROS, 1999, op. cit., p. 712.

[249] ÁVILA, 2006, op. cit., p. 160.

[250] MEDEIROS, 1999, op. cit., p. 712.

do art. 27 da Lei nº 9.868/99. A unidade e a ordenação são propriedades formais de qualquer sistema, inclusive do jurídico. Com efeito, o sistema jurídico é um sistema de normas ordenadas segundo critérios determinados, e a unidade é o atributo que evita a dispersão dessas várias normas, numa multiplicidade de valores singulares e desconexos, permitindo que sejam reconduzidas aos princípios considerados fundamentais.[251]

No que concerne à unidade enquanto postulado hermenêutico, dela decorre a exigência de que a ordem jurídica não seja examinada de modo parcial e de que o operador do direito, ao interpretar o sentido de uma norma, tenha em mente todo o contexto e conexões em que ela se insere. É que, muitas vezes, o sentido de uma norma somente pode ser completado a partir do exame de outras normas e das várias conexões e relações de dependência que, entre elas, se estabelecem; daí a exigência de que se considere o sistema unitariamente como condição da interpretação.

Diversas correntes filosóficas têm recorrido à coerência como critério para a aferição da correção de uma decisão judicial ou para a atribuição da condição de verdadeira a uma determinada proposição jurídica,[252] desempenhando ela, assim, importante papel no problema da justificação das decisões judiciais. A coerência tem sido apontada como critério auxiliar na compreensão das relações que se estabelecem entre as diversas normas, tanto do ponto de vista formal, como material, pois o critério hierárquico, sozinho, é insuficiente para explicar todas as relações possíveis de serem estabelecidas entre os variados tipos de normas, notadamente entre aquelas que, ao fim e ao cabo, possuem a mesma hierarquia formal e axiológica.

Do ponto de vista formal, a coerência implica consistência (ausência de contradição) e completude, no sentido mesmo de integridade (o conjunto de proposições apresenta todos os elementos e suas negações) e de coesão (o conjunto de proposições contém suas próprias conseqüências lógicas). Do ponto de vista material, a coerência implica uma relação de

---

[251] CANARIS, Claus-Wilhelm. *Pensamento sistemático e conceito de sistema na ciência do direito*. Traduzido por Antônio Menezes Cordeiro. Lisboa: Fundação Calouste Gulbenkian, 1989, p. 13 e 21, sustentando, ainda, que a necessidade de serem reconhecidos esses elementos de ordenação e unidade como imanentes à própria idéia de justiça e suas concretizações através da igualdade (tendência à generalização) e da segurança. "Também ela (a segurança) pressiona, em todas as suas manifestações –seja como determinabilidade e previsibilidade do Direito, como estabilidade e continuidade da legislação e da jurisprudência ou simplesmente como praticabilidade da aplicação do Direito— para a formação de um sistema, pois todos esses postulados podem ser muito melhor prosseguidos através de um Direito adequadamente ordenado, dominado por poucos e alcançáveis princípios, portanto um Direito ordenado em sistema, do que por uma multiplicidade inabarcável de normas singulares desconexas e em demasiado fácil contradição umas com as outras". (p. 22)

[252] RAZ, Joseph. *Ethics in the public domain*. ed. rev. Oxford: Clarendon Press, 1996, p. 277. Cf., também, ALEXY, Robert. *Constitucionalismo discursivo*. Traduzido por Luís Afonso Heck. Porto Alegre: Livraria do Advogado, 2007, p. 117 e 119: A coerência é condição fundamental da racionalidade do decidir e fundamentar jurídico e o conceito de fundamentação é a chave para a análise do conceito de coerência.

conexão e dependência recíproca entre as proposições e os seus elementos comuns. Como, nesses casos, a dependência entre as proposições e seus elementos comuns varia em intensidade, a coerência, no sentido material, comporta uma *graduação*, podendo-se dizer que algo seja *mais* ou *menos* coerente. É considerando esse aspecto que se pode falar em uma promoção em graus da normatividade da Constituição, e é isso que justifica a adoção, no controle de constitucionalidade, de técnicas que permitam uma racionalização dos efeitos na declaração de inconstitucionalidade que promova *mais* a Constituição como um todo (*näher am Grundgesetz*).[253]

No exame das relações que se estabelecem entre as normas, há que distinguir, primeiro, se há entre elas uma relação de verticalidade (critério hierárquico). Para que seja coerente, essa relação deve se apresentar de modo que "o conteúdo da norma inferior deve ser aquele que 'mais intensamente' corresponder ao conteúdo de sentido da norma superior". Se a relação for de horizontalidade (critério de especificidade), existe coerência se "o conteúdo normativo da norma mais específica constitui precisamente uma 'melhor especificação' da norma mais geral".[254]

Quando a interpretação de uma questão envolve diversos argumentos, o critério da coerência permite identificar o elemento, ou o princípio geral, que lhes confere unidade. Entre esses argumentos se estabelece, assim, uma conexão de sentido, de modo que sejam agrupados em uma mesma categoria, visto que apontam para uma mesma direção (*unidirecionalidade*). A coerência está, portanto, na correspondência entre esses argumentos e os princípios gerais que lhes conferem unidade e conexão, no reforço mútuo que eles exercem entre si.[255] Identifica-se, nesses argumentos, uma *força justificativa acumulada*, traduzida por Ávila, nos seguintes termos:

> Essa unidirecionalidade normalmente surge em função de determinados argumentos serem suportados por princípios. Nessa hipótese, entra em cena a idéia de coerência do sistema jurídico: um sistema jurídico é tanto mais coerente quanto maior for a cadeia de fundamentação que ele contiver, e quanto mais proposições forem suportadas pelo menor número de princípios. A idéia de coerência, justamente porque se relaciona com a concepção de racionalidade e generalidade inerente ao Estado de Direito, reforça a justificação de uma

---

[253] ÁVILA, Humberto. *Sistema constitucional tributário*. 2ª ed. São Paulo: Saraiva, 2006, p. 31-32. O autor prossegue, em relação aos casos que foram mitigados dos efeitos *ex tunc* pelos tribunais constitucionais: "Em todos esses casos, não se está mais diante de uma alternativa entre o 'promove ou não promove', o 'suporta ou não suporta' ou o 'compatível ou incompatível'. Está-se, em vez disso, no terreno do 'promove mais ou promove menos', do 'suporta mais ou suporta menos' e do 'mais compatível ou menos compatível'". (p. 33). No mesmo sentido, afirmando que a coerência "é um assunto de grau"; ALEXY, Robert. *Constitucionalismo discursivo*. Traduzido por Luís Afonso Heck. Porto Alegre: Livraria do Advogado, 2007, p. 119.

[254] ÁVILA, *Sistema...*, 2006, op. cit., p. 33.

[255] RAZ, 1996, op. cit., p. 281.

determinada interpretação. Quanto maior a cadeia de fundamentação, maior a estrutura de estabilidade dos valores, e maior a força justificativa dos argumentos.[256]

A coerência apresenta um critério quantitativo, ou seja, quanto mais as proposições de um sistema são fundamentadas por outra proposição desse sistema, tanto mais coerente é o sistema; e também um critério qualitativo, ou seja, quanto mais extensas são as correntes de fundamentação que pertencem a um sistema, mais coerente é o sistema. É bastante feliz e oportuno, para o objeto central da presente tese, o exemplo utilizado por Alexy como ilustração desses critérios e demonstração do entrelaçamento dessas proposições normativas. Segundo o autor, a relação mais significativa ocorre quando proposições diversas, relativamente especiais, são fundamentadas pela(s) mesma(s) proposição(ões), relativamente geral(ais). No caso, menciona Alexy o princípio do Estado de Direito, que pode ser empregado para a fundamentação de numerosos princípios, os quais, por sua vez, fundamentam outros princípios para as decisões dos casos particulares. O princípio do Estado de Direito fundamenta o princípio da segurança jurídica que, a seu turno, fundamenta a proteção da confiança.[257]

A cadeia de fundamentação para o exemplo utilizado explica-se dedutivamente. Porém, cadeias de fundamentação também podem ser explicitadas analiticamente (isto é, pela demonstração de que um princípio resulta logicamente de outro), ou empiricamente (ou seja, pela demonstração de que um princípio é um meio para a realização daquilo que outro exige).[258]

Para o objeto da investigação proposta por este trabalho, a coerência é um critério indispensável por servir de orientação para a interpretação dos tópicos e argumentos suscitados pela aplicação do art. 27 da Lei nº 9.868/99 às situações concretas. Já se afirmou que a hierarquização é a primeira etapa no processo de deliberação sobre a determinação, *in casu*, dos conceitos abstratamente indeterminados no dispositivo em questão. Pela aplicação das regras procedimentais propostas, serão considerados como prevalentes os argumentos institucionais (regra de prevalência formal), prioritariamente os lingüísticos e sistemáticos, e após, dentre eles, há que verificar se há uma hierarquia axiológica (regra de prevalência material). Esses critérios de prevalência, até aqui, operam como um meio seguro para se estabelecer qual a solução que prevalece para a situação em pauta; ao mesmo tempo, já satisfa-

---

[256] ÁVILA, *Sistema...*, 2006, op. cit., p. 24.

[257] ALEXY, 2007, op. cit., p. 122. Observe-se que aqui se preferiu o termo segurança jurídica, tendo o tradutor preferido a utilização de "princípio da certeza jurídica".

[258] Id., ibid.

zem a exigência de coerência, porque as proposições prevalentes suportam a cadeia de fundamentação na qual se baseiam.[259]

A primeira regra de prevalência – a de prevalência formal, segundo a qual devem preponderar os argumentos institucionais sobre os não-institucionais, e dentre aqueles, os que se relacionam com os elementos objetivados no ordenamento sobre os que pertencem ao campo subjetivo do legislador – assume importância capital no exame da coerência. Isso porque resulta claro que o direito objetivo, e nada mais do que ele, é que deve servir de objeto para o exame da coerência entre os seus diversos elementos. Nesse sentido, flui importante observação de Joseph Raz, para quem, segundo o critério da coerência:

> O direito é aquele estabelecido pelo subconjunto mais coerente da totalidade das proposições normativas. Só neste sentido, pode-se dizer, a coerência pode constituir um único juízo de verdade sobre o direito. (...) A primeira lição que devemos aprender é que a coerência é apenas um dos componentes de qualquer teoria do direito. (...) A segunda lição é que a base não pode ser subjetiva. Deve ser igual para todos. Particularmente, as teorias do direito não podem considerar as crenças (*beliefs*) de cada pessoa como base, muito menos as suas crenças jurídicas pessoais que correspondam a (um potencial) princípio jurídico. O direito não é subjetivo neste sentido (*cannot be person-relative*). Não há tantos direitos quantos sejam os indivíduos. Pois o direito é um só, e a base à qual deve aplicar-se o teste da coerência é única. Se o teste da coerência se aplicasse às crenças que cada indivíduo tem sobre o direito, terminaríamos com um sistema jurídico diferente para cada crente.[260]

Na fundamentação das decisões judiciais, esta solução pela primazia (*prima facie*) dos argumentos institucionais aumenta o grau de coerência da decisão, à medida que essa regra de prevalência formal se constitui em meio para a realização do estado de coisas reclamado por princípios fundamentais da Constituição. A regra de prevalência formal fundamenta-se nos princípios democrático e da divisão dos poderes, que, a seu turno, se fundamentam no princípio maior do Estado de Direito. Isso inclui uma cadeia de fundamentação própria, demonstrando o grau de coerência *presente* nos argumentos institucionais e *ausente* nos argumentos meramente pragmáticos ou conseqüencialistas.

Com isso, já se excluem os argumentos não institucionais e meramente subjetivos e todas as soluções que esses possam justificar. Os argumentos a serem considerados (institucionais) no processo decisório devem passar pelo exame qualitativo, pois, conforme a proposição jurídica a que

---

[259] É que, segundo ALEXY, quando argumentos distintos levam a conclusões incompatíveis, a solução estaria na fixação de regras de primazia para o caso concreto ou regras de primazia *prima facie*, como aquelas de natureza formal e material propostas nos capítulos precedentes. Segundo Alexy, "quanto mais relações de primazia são determinadas entre os princípios de um sistema, tanto mais coerente é o sistema". ALEXY, 2006, op. cit., p. 124.

[260] RAZ, 1996, op. cit., p. 288-299 (Traduzi, livremente): "Were the coherence test to apply to people's beliefs of the law, one would end with different legal systems for different believers".

façam referência, estão sujeitos à aplicação da regra de prevalência material, indicando a primazia dos princípios e direitos fundamentais da Constituição Federal, e, dentre esses, a preferência dos pontos de vista em defesa da pessoa e de sua dignidade.

Todavia, não sendo suficientes as regras de prevalência formal e material – seja porque todos os argumentos considerados no processo interpretativo têm origem em fontes de igual hierarquia formal, porque são todas constitucionais; seja porque, dentre elas, são todas fundamentais, ou não-fundamentais, segundo o direito objetivo –, prossegue-se no exame da coerência, isto é, da verificação das conexões que se estabelecem entre os argumentos e os princípios fundamentais da Constituição, buscando-se adotar um critério de unidade entre eles. Aí adquire relevo a aferição da *unidirecionalidade* entre os argumentos, de modo que o princípio mais geral, identificado como o ponto de convergência entre eles, indica a solução mais coerente, segundo o sistema jurídico. Pode-se chegar à conclusão de que os argumentos se correspondem mutuamente e, assim considerados, realizam, em maior (ou melhor) medida, aquilo que a Constituição considera fundamental.

2.4. A PONDERAÇÃO PROPOSTA E A JUSTIFICAÇÃO DAS DECISÕES NOS CASOS ANTES EXAMINADOS

Os casos antes analisados para ilustrar a necessidade de ponderação interna entre as normas constitucionais ilustram também o exame da coerência no processo de justificação. Tome-se, por exemplo, o caso dos vereadores de Mira Estrela (RE n° 197.917-8), em que a lei orgânica municipal infringiu o art. 29 da Constituição Federal, no que diz respeito ao sistema proporcional de eleição parlamentar. Manter isoladamente a supremacia do art. 29 repercutiria negativamente em outras normas da Constituição, ou seja, nos princípios constitucionais da legalidade, na separação dos poderes, nos direitos políticos de representatividade democrática (...) Podem-se reconhecer todas essas proposições convergindo para a necessidade de manutenção do princípio do Estado de Direito e da normalidade institucional daquele Município, imbricadas numa cadeia de fundamentação que envolve premissas analíticas (legalidade e separação dos poderes resultam logicamente do Estado de Direito), e empíricas (a manutenção dos mandatos dos parlamentares democraticamente eleitos naquela situação é um meio que promove mais o próprio princípio democrático do que a desconstituição do Legislativo municipal por causa da falta de proporção entre o número de eleitores e o número de parlamentares).

Pode-se também reconhecer neste caso concreto, a par da superioridade *quantitativa* dos argumentos que acenam para a manutenção dos efeitos do ato inconstitucional, a aplicação da regra de prevalência material. Isso porque, contraposta à defesa da norma organizacional do art. 29, está a defesa de princípios que a Constituição refere como sendo fundamentais, bem como de direitos políticos que pertencem ao título II da Constituição, ou seja, o capítulo dos direitos fundamentais. Verifica-se, então, uma superioridade também *qualitativa* da solução que preserva os efeitos do ato constitucional em detrimento do desfazimento. Essas justificativas preencheram de modo coerente o conceito, abstratamente indeterminado, de *razões de segurança jurídica* para o caso concreto e fundamentaram a aplicação do art. 27 para garantir a permanência dos efeitos do ato inconstitucional até o pleito eleitoral seguinte. Desse modo, promove-se mais intensamente a Constituição como um todo, em vez de contemplar-se, isoladamente, a norma do art. 29 da Constituição.

No caso de ampliação das atribuições constitucionais da Defensoria Pública (ADIn nº 3.022-1/RS), entendeu-se que o dever de prestar assistência judiciária a servidores públicos por ato praticado no exercício funcional violava o art. 134 da Constituição Federal, que incumbiu a Defensoria da defesa jurídica dos *necessitados*. No entanto, manter isoladamente a supremacia do art. 134, norma cuja finalidade é garantir o acesso à justiça, repercutiria negativamente em outras normas da mesma Constituição, inclusive naquelas que asseguram o mesmo acesso à jurisdição, para as partes atingidas pela incidência da lei, bem como o contraditório, a ampla defesa, a proteção do ato jurídico perfeito, e, eventualmente, a proteção da coisa julgada. Essas proposições convergem para a estabilização dos atos processuais praticados pelos defensores públicos, imbricadas numa cadeia de fundamentação que envolve premissas analíticas (contraditório e ampla defesa também integram o acesso à jurisdição) e empíricas (assegurar os atos processuais praticados é a única forma de assegurar o acesso à jurisdição para as partes envolvidas, uma vez que desconstituí-los implicaria atingir o núcleo essencial daqueles direitos fundamentais).

Pode-se também reconhecer, a par da superioridade *quantitativa* dos argumentos que acenam para a estabilização dos efeitos do ato inconstitucional, a aplicação da mesma regra de prevalência material. Isso porque, contraposta à defesa da norma que garante o acesso à jurisdição para os necessitados, está a defesa do próprio acesso à jurisdição às partes envolvidas, somada aos direitos fundamentais da ampla defesa e contraditório, à proteção da coisa julgada e do ato jurídico perfeito. Verifica-se, então, uma superioridade também *qualitativa* da solução que preserva os efeitos do ato constitucional em detrimento do desfazimento. Essas justificativas preencheram de modo coerente o conceito de *razões de segurança jurídica* para o caso concreto e fundamentaram a aplicação do art. 27 para garantia da permanência dos efeitos do ato inconstitucional até o prazo estipulado pelo Supremo Tribunal Federal.

Finalmente, a decisão do Tribunal de Justiça do Rio Grande do Sul em questão envolvendo a declaração de inconstitucionalidade formal do plano diretor do Município de Capão da Canoa fez uma ponderação entre argumentos, que, de um lado, levam à atribuição de efeitos *ex tunc* à declaração para o restabelecimento da supremacia do art. 177, § 5º, da Constituição daquele Estado, que consagra uma manifestação do princípio democrático; de outro, apresentam argumentos contrários, uma vez que o desfazimento dos efeitos concretos do plano diretor afetaria uma série de fatores abrangidos por normas também constitucionais. O simples desfazimento de efeitos frustraria as expectativas legítimas e a previsibilidade dos adquirentes de boa-fé dos imóveis, construídos segundo normas de plano presumidamente válido, bem como os direitos de propriedade consolidados sob a vigência da lei, a proteção do ato jurídico perfeito, a proteção do direito à moradia (...) Todos esses fatores convergem para um princípio maior que é o dever de proteção aos direitos fundamentais e que fundamenta o próprio conceito de Estado de Direito, previsto na Constituição como princípio fundamental.

Observa-se, nesse caso, uma cadeia coerente de fundamentação que pode ser justificada do ponto de vista quantitativo, uma vez que há uma superioridade numérica das normas que acenam para a solução que preserva os efeitos produzidos pela norma declarada inconstitucional. Do ponto de vista qualitativo, todavia, há que ressaltar que todas as normas envolvidas gozam do status de serem *fundamentais*, segundo o texto constitucional: de um lado, o princípio democrático, e, de outro, os direitos fundamentais da pessoa. Aqui, a incidência da regra de prevalência material determinará, com maior segurança para o processo de justificação da decisão, a preferência pelos direitos fundamentais relativos à pessoa, porque são considerados densificações da dignidade humana e, como visto, esta opera com um peso maior quando é objeto de ponderação. Com essas considerações, entendeu o Tribunal gaúcho justificada a restrição do efeito *ex tunc*, por razões de segurança jurídica, para proteger apenas as relações que se formaram durante a vigência insuspeita do plano diretor, fazendo com que retroagissem somente até o momento da concessão de medida cautelar que suspendeu a eficácia da norma que, posteriormente, veio a ser declarada inconstitucional. Desse modo, promove-se mais intensamente a supremacia da Constituição como um todo, em vez de se contemplar, isoladamente, a norma do art. 177, § 5º, da Constituição Estadual.

3. Aplicação dos conceitos de razões de segurança jurídica e excepcional interesse social do art. 27 da Lei n° 9.868/99

3.1. SIGNIFICADO DE RAZÕES DE SEGURANÇA JURÍDICA

A segurança jurídica é uma idéia tão antiga no direito, que importantes teóricos consideram-na, ao lado da justiça, como os únicos elementos universalmente válidos da idéia do direito.[261] A Constituição fala em segurança no *caput* do art. 5°. Normalmente, interpreta-se essa disposição

---

[261] Nesse sentido: RADBRUCH. *Filosofia do direito*. Traduzido por Cabral de Moncada. Coimbra: Armênio Armado, 1937, p. 103-9. A idéia de segurança em Radbruch pertence mesmo à própria idéia de justiça, de modo que se deve considerar eventuais conflitos entre a segurança jurídica e a justiça como conflito aparente. Observa o autor ser bem verdade que o jusnaturalismo buscou reduzir a idéia do Direito à do valor do justo, contrapondo-se, desta forma, ao positivismo, que avalia fundamental para o princípio da segurança. No entanto, sobre isso não se podem estabelecer generalizações, porquanto, conforme o próprio Radbruch, "a obrigatoriedade dum direito positivo injusto ou antijurídico, não é coisa que possa também afirmar-se sem mais nem menos". Não há como desconhecer que um mínimo de justiça é absolutamente necessário a qualquer modalidade de experiência jurídica, até porque, toda manifestação de segurança jurídica deve basear-se num mínimo de justiça. Para Radbruch, a segurança é uma forma de executar a justiça. Não há como desvincular-se por absoluto das aspirações de uma ordem justa. Caso contrário, estar-se-ia diante do puro arbítrio, ou seja, a segurança sem qualquer conteúdo justo se revela em mera manifestação discricionária. O exame das acepções de segurança possibilita a aproximação com o conceito de justiça. Seriam elas basicamente três, na ótica de Radbruch. Primeiro, a segurança através do direito, pressupondo que o direito seja certo. Segundo, a segurança como certeza do direito. E, por fim, a segurança contrária às alterações do próprio direito positivo. Reconhecidamente, entre esses conceitos existe a semelhança básica no fato de todos exigem a generalidade das normas. Até porque, somente uma norma geral tem o poder de regular *a priori* fatos futuros, isto é, de determinar um direito futuro certo. Cabe, portanto, dizer que a segurança é uma modalidade de justiça. Nesse sentido, não há propriedade em falar que há, entre justiça e segurança, algum tipo de antinomia. O que realmente ocorre, nas palavras de Radbruch, é que "a luta da justiça com a segurança jurídica representa um conflito da justiça consigo mesma". Desta forma, para ele é incabível entendimento diverso, pois à idéia de justiça é fundamental a de certeza e de segurança. Não conseguiria se estabelecer justiça num ambiente desprovido de certeza e segurança, uma vez que ambas são exigências fundamentais da própria justiça.

Também nesse sentido: SICHES, Luís Recasens. *Vida humana, sociedad y derecho*. México: Fondo de Cultura Economica, 1939, p. 209. Siches se questiona: "Si nos perguntamos por qué y para qué los hombres establecen el Derecho? y si, para ello, tratamos de descubrir el sentido germinal del surgimiento del Derecho, a fin de precatarnos de su esencia, caeremos en la cuenta de que la motivación radical que ha determinado el orto del Derecho no deriva de las altas ragiones de los valores eticos superiores, sino de um valor de rango inferior, a saber, la seguridad de la vida social".

como referente à segurança física do indivíduo, mas ela é extensiva também à segurança jurídica, pois, como será visto, esta possui também uma dimensão subjetiva.

Além dessa previsão normativa, hoje é concepção corrente, na doutrina e na jurisprudência, que a segurança jurídica se constitui em um dos pilares do próprio princípio do Estado de Direito – princípio fundamental do sistema constitucional brasileiro, no art. 1º, *caput*, da Constituição Federal de 1988, de modo que sua previsão expressa seria, até, desnecessária. Couto e Silva lembra que, no direito alemão, o princípio da segurança jurídica não é um princípio expresso:

> Ele foi deduzido pela jurisprudência, com o apoio da doutrina, do princípio geral do Estado de Direito, delineando várias prescrições da Lei Fundamental de Bonn, entre os quais o seu célebre artigo 20.[262]

Em nível infraconstitucional, a expressão *segurança jurídica* adquiriu relevância nas Leis n°s 9.784, 9.868 e 9.882, todas do ano de 1999, que regulam, respectivamente, o processo administrativo no âmbito da União, o processo das ações diretas de inconstitucionalidade e constitucionalidade e o processo das argüições de descumprimento de preceito fundamental. A doutrina tem interpretado, nesses textos legislativos, a *segurança jurídica* na sua vertente subjetiva, significando, quase sempre, a *proteção à confiança*.[263]

Para a adequada aplicabilidade do art. 27, há que se definir, tanto quanto possível, o sentido de segurança jurídica. Importante aspecto desse princípio consiste no conjunto de condições que tornam possível às pessoas ter *previsibilidade*, isto é, o conhecimento antecipado e reflexivo das conseqüências diretas de seus atos e de seus fatos à luz da liberdade reconhecida. A segurança jurídica é vivenciada pelo indivíduo quando lhe são proporcionadas condições para saber, ou poder saber, quais são as normas vigentes, assim como condições de ter fundadas expectativas de que elas se cumpram. O valor representado pela segurança jurídica envolve, pelo menos, duas dimensões: de um lado, a *certeza quanto à norma que regula os*

Ainda, nesse sentido: GUTIERREZ, Monica. *Derecho administrativo y seguridad jurídica*. Santiago: Editorial Jurídica de Chile, 1965, p. 12. C.f. Gutierrez "La seguridade es, entonces, el unico valor de esencia puramente jurídica, en cuanto condiciona su existencia al sistema de derecho positivo vigente, y en cuanto, además, adapta a éste según principios universales que la hacen posible".

[262] COUTO E SILVA, Almiro Régis do. O princípio da segurança jurídica (proteção à confiança) no direito público brasileiro e o direito da administração pública anular seus próprios atos administrativos: o prazo decadencial do art. 54 da Lei do processo administrativo da União (Lei nº 9.784/99). In: *Revista do Direito Público*, Belo Horizonte, ano 2, n. 6, p. 7-59, jul./set. 2004, p. 17-18: "o ponto de partida, porém, para a correta interpretação e aplicação desse preceito está em que a segurança jurídica é um valor constitucional que se qualifica como subprincípio do princípio maior do Estado de Direito, ao lado e no mesmo nível hierárquico do outro subprincípio do Estado de Direito, que é o da legalidade".

[263] COUTO E SILVA, 2004, op. cit., p. 16.

atos sociais; e, de outro, a *expectativa ou confiança quanto à situação do indivíduo na sociedade.*

A segurança jurídica vem a representar, assim, o reflexo do direito em cada indivíduo e, a partir daí, condicionar todo o encadeamento entre presente e futuro. Por conseqüência:

> insegurança jurídica haverá, não apenas em função da arbitrariedade que caracteriza o Estado de Polícia, mas também de uma ordem jurídica que admita, por exemplo, a mais ampla revogabilidade dos atos dos poderes públicos, um sem número de instâncias administrativas e jurisdicionais, a alterabilidade das situações criadas e consolidadas pelo tempo e a permanência de um estado potencial de conduta, em detrimento da definitivização.[264]

O dever-ser, que é o substrato da norma jurídica, trata-se, em verdade, de uma *pré-construção do futuro* com a função de *previsibilidade*, o que conduz o indivíduo *a ter confiança em si mesmo, nos demais e no próprio futuro*. Examinando-se os sentidos atribuídos à confiança pelos autores brasileiros que investigaram o tema – geralmente inspirados na doutrina alemã –, verifica-se que é comum o entendimento de que a proteção da confiança é um reflexo da segurança jurídica aplicada à defesa dos interesses legítimos dos cidadãos, ou seja, trata-se de uma versão garantista da segurança jurídica.

Pela segurança jurídica, busca-se assegurar ao cidadão a certeza de sua situação jurídica, o que se faz de duas formas: (a) segurança jurídica *ex ante*, relativa aos mecanismos que tornam possível o conhecimento e interpretação do direito (legalidade, certeza do direito: publicidade, clareza, etc.); (b) segurança jurídica *ex post*, concernente aos mecanismos de garantia da estabilidade dos mecanismos anteriores, com o reconhecimento de uma pauta de comportamento do cidadão diante do caso concreto.

Em relação à atividade normativa, a segurança se opera através dos meios de tornar evidentes os comandos legais (legalidade, tipicidade), da exigência de publicação das normas como pressuposto de sua vigência, da existência de critérios que previnam a contradição entre comandos normativos (hierarquia, especialidade, cronologia), da presunção de constitucionalidade das normas, e, muito especialmente, da irretroatividade das normas. Daí se falar em segurança jurídica como *certeza do direito*.

Já como decorrência da presunção de validade e vigência dos comandos normativos, a segurança jurídica exige a estabilidade das situações resultantes da concretização das normas, seja na execução das normas pela Administração Pública – levando em conta que, quando a administração pratica um ato, está fixando o direito para o caso concreto –; seja no âmbito das decisões judiciais – que também representam a fixação do direito para

---

[264] KNIJNIK, Danilo. O princípio da segurança jurídica no direito administrativo e constitucional. In: *Revista do Tribunal de Contas do Estado do Rio Grande do Sul*, v.13-2, n. 21, ago./dez. 1994, p. 123.

o caso concreto –, daí se dizer que o instituto da coisa julgada é uma das densificações do princípio da segurança jurídica. Na medida em que, em todos esses casos, a imposição do *dever-ser* parte da autoridade do Estado, é dever do cidadão confiar na atuação estatal e ajustar sua conduta a ela. Ora, uma contrapartida deste dever seria a garantia da permanência das situações formadas. Disso decorre o sentido de segurança jurídica como *proteção da confiança*. Este é o sentido mais importante para a interpretação do art. 27 da Lei n° 9.868/99, uma vez que se está no âmbito dos efeitos produzidos pelas normas – segurança *ex post*.

3.1.1. Segurança jurídica e proteção da confiança

A *segurança jurídica* guarda íntima relação com a proteção da confiança. Para Almiro do Couto e Silva, é a boa-fé e sua vertente de proteção da confiança que dão conteúdo ao princípio da segurança jurídica, princípio segundo o qual:

> (...) nos vínculos entre o Estado e os indivíduos, se assegura uma certa previsibilidade da ação estatal, do mesmo modo que se garante o respeito pelas situações constituídas em consonância com as normas impostas ou reconhecidas pelo poder público, de modo a assegurar a estabilidade das relações jurídicas e uma certa coerência na conduta do Estado.[265]

No entanto, a bem da clareza, há que se estabelecer uma distinção entre esses elementos. Assim, segundo Couto e Silva, o princípio da segurança jurídica deve ser considerado num duplo aspecto: o *objetivo*, que diz respeito à irretroatividade dos atos estatais (inclusive normativos) e à proteção do direito adquirido, do ato jurídico perfeito e da coisa julgada, consagrados no art. 5°, inc. XXXVI, da Constituição Federal de 1988; e o *subjetivo*, que diz respeito à proteção da confiança do cidadão em relação aos atos, procedimentos e condutas do Estado, em todo o seu âmbito de atividades.[266]

Enquanto princípio, a proteção da confiança tem por fim a proteção dos direitos e expectativas dos indivíduos em face das manifestações estatais, especialmente quando ocorrem modificações nessas manifestações, seja porque exaradas de forma ilegal, seja porque necessárias do ponto de vista da utilidade pública.

Este princípio teve suas aplicações iniciais no direito público alemão em matéria de invalidação dos atos administrativos, na qual aparece como uma verdadeira limitação ao *poder-dever* de a Administração invalidar seus próprios atos. Sedimentou-se como um temperamento à aplicação isolada do princípio da legalidade, que postula a invalidação imediata dos atos

---

[265] COUTO E SILVA, 2004, op. cit., p. 9.

[266] Id., Ibid., p. 10.

eivados de vícios. É que, uma vez reconhecida a necessidade de proteção da confiança daqueles que foram beneficiados pelo ato, esse, apesar de inválido, terá seus efeitos mantidos, numa das aplicações do princípio em tela.[267]

O princípio da proteção da confiança exige, assim, que se tenha em conta a confiança dos beneficiários na estabilidade dos atos emitidos pelo Estado,[268] representando uma espécie de contrapartida à presunção de legitimidade de que gozam os atos administrativos, e à presunção de constitucionalidade de que gozam os atos normativos do Poder Legislativo.

As razões pelas quais essa confiança merece ser assegurada constituem questão até hoje discutida na doutrina, sendo que, no direito comparado, atribuem-se ao princípio diversas formas de fundamentação. Predomina, na jurisprudência do Tribunal Administrativo Federal alemão, o entendimento de que a proteção da confiança se deduz tanto do princípio da segurança jurídica – o qual, a seu turno, é parte integrante do princípio do Estado de Direito –, quanto do princípio da boa-fé objetiva.

Este entendimento mereceu acolhida em recente julgado do Supremo Tribunal Federal da lavra do Min. Gilmar Mendes, no qual, após discorrer longamente sobre os ensinamentos do Prof. Almiro do Couto e Silva,[269] registrou que a matéria da manutenção dos atos inválidos evoca o princípio da segurança jurídica e que atualmente se considera

> que o tema tem, entre nós, assento constitucional (princípio do Estado de Direito) e está disciplinado, parcialmente, no plano federal, na Lei nº 9.784, de 29 de janeiro de 1999 (v.g. art. 2º). (...) Em verdade, a segurança jurídica, como subprincípio do Estado de Direito, assume valor ímpar no sistema jurídico, cabendo-lhe papel diferenciado na realização da própria idéia de justiça material.[270]

De fato, os atos jurídicos podem gerar expectativas nos cidadãos quanto à sua validade e quanto à realização concreta daquilo que prevêem.

> Essa expectativa pode ser produzida em razão de ato jurídico de cunho geral, impessoal e abstrato, quando o Poder Público edita atos normativos que possuem presunção de validade, e, por isso, criam expectativas ao cidadão quanto ao seu cumprimento. Essa expectativa é protegida pelo ordenamento jurídico por meio de várias normas constitucionais que protegem a continuidade da ordem jurídica, como os princípios da segurança jurídica, da irretroatividade das leis, da proteção do ato jurídico perfeito e da coisa julgada. Quando um ato normativo, com validade presumida, cria, na esfera jurídica do particular, uma

---

[267] COUTO E SILVA, Almiro do. Princípios da legalidade da administração e segurança jurídica no Estado de Direito contemporâneo. In: *Revista Brasileira de Direito Público*, 84:43, 1982, p. 46.

[268] MAURER, Hartmut. *Droit administratif allemand*. Paris: L.G.D.J., 1994, p. 291.

[269] COUTO E SILVA, 1982, op. cit., p. 46.

[270] Pet. nº 2.900-3-RS. Relator: Min. Gilmar Mendes. 27 de maio de 2003; No mesmo sentido: MS nº 22.357-0-DF. Relator: Min. Gilmar Mendes. 27 de maio de 2004.

razoável expectativa quanto ao seu cumprimento, há incidência do princípio da proteção da confiança.[271]

A proteção da confiança é aspecto fundamental a ser considerado, quando está em questão saber se se deve ou não proceder à manutenção de efeitos de atos inválidos, tendo em vista razões de segurança jurídica, nos termos do art. 27 da Lei n° 9.868/99. É que, muitas vezes, a norma, mesmo sendo inconstitucional, gera a presunção de que seu comando será cumprido e de que seus efeitos serão regularmente produzidos, sendo tudo isso reforçado pelo princípio da presunção da constitucionalidade dos atos normativos.

É bem verdade que essa presunção não é plena e, por isso mesmo, pode ser desfeita por decisão de Supremo Tribunal Federal, no controle abstrato de constitucionalidade. No entanto, até a decisão final – ou suspensão liminar de eficácia –, a norma é presumidamente válida e, portanto, exigível o seu cumprimento. A questão está em se saberem distinguir aquelas situações em que a norma gerou benefícios ao destinatário e criou neles a expectativa de que esses fossem válidos. A declaração de inconstitucionalidade da norma, com efeito retroativo, implicaria o retorno ao *stato quo ante* em relação a tais benefícios, mas a proteção da confiança, por ter assento constitucional, pode ser ponderada com a norma que justifica a declaração de inconstitucionalidade e obrigar o reconhecimento da permanência dos seus efeitos.

Questão interessante é responder se o Estado pode também invocar a segurança jurídica, nesse mesmo aspecto, para a manutenção de situações em que a lei inconstitucional tenha gerado em seu benefício. A resposta é não, taxativamente, não, por diversas razões. Primeiro, porque, se esse benefício se deu em detrimento de direitos fundamentais do indivíduo, já se concluiu pela prevalência desses em caso de conflito. Segundo, porque a segurança jurídica é, também, um direito fundamental do cidadão (art. 5°, *caput*) oponível ao Estado, e o Supremo Tribunal Federal, na esteira do pensamento constitucional germânico, tem confirmado o entendimento de que os direitos fundamentais aproveitam aos cidadãos e, não, ao Estado.[272]

---

[271] ÁVILA, Humberto Bergmann. Benefícios fiscais inválidos e a legítima expectativa dos contribuintes. In: *Revista Tributária e de Finanças Públicas*, n. 42 (100), jan./fev. São Paulo: Revista dos Tribunais, 2002, p. 104.

[272] Cf. RE n° 215.756/SP. Relator: Min. Moreira Alves, de 8 de maio de 1998, a respeito de direito adquirido invocado pela Administração Pública: "(...) Ora, se a Lei Estadual determinou sua aplicação a servidores públicos desde o momento anterior ao de sua entrada em vigor, não pode a administração pública pretender não aplicá-la sob a alegação de ofensa a direito adquirido seu (art. 5°, XXXVI, da Constituição Federal), porquanto, integrando ela o Estado, não tem ela direito a uma garantia fundamental que é oponível ao Estado e não – como ocorre, em geral, com garantias dessa natureza, a ponto de, em face do direito alemão (SCHLAICH, Klaus. *Das Bundesverfassungsgericht:* Stellung, Verfahren, Entscheidungen. 4ª ed. Müchen: Verlag C. H. Benk,1997, p. 102), dizer que as pessoas jurídicas de direito público não são capazes de ter direitos fundamentais – a ele outorgada". Também, RE n° 179.272-RS, Relator: Min. Néri da Silveira, de 2 de outubro de 2001 (Informativo do Supremo Tribunal

E terceiro, porque uma análise mais aprofundada de alguns aspectos do princípio da boa-fé, que, por aqui, tem servido para complementar a segurança jurídica no sentido de proteção da confiança,[273] jamais autorizaria que o autor de um ato inválido pudesse lograr proveito através dele. Isso será visto em seguida.

3.1.2. Fundamentação da proteção da confiança no ordenamento jurídico: do Estado de Direito à boa-fé

Procedendo-se a uma análise dogmática do instituto da proteção da confiança, segundo a Carta Constitucional de 1988, observa-se inicialmente, no art. 5º, *caput*, a garantia contra "a inviolabilidade do direito à vida, à liberdade, à *segurança* e à propriedade (...)", bem como, no art. 6º, a dos "direitos sociais a educação (...) a *segurança*, a previdência", etc. A *segurança* aí designada refere-se, segundo Pimenta Bueno, em comentário à Constituição Imperial, a apenas alguns dos aspectos da segurança, ou seja, segurança enquanto *direito*, que nada mais seria que

> a garantia da liberdade e mais direitos naturais: trata-se do primeiro sentimento do homem e mesmo do instinto dos animais – a conservação, a defesa de si próprio, a proteção da existência individual, o direito de viver e de não sofrer (...). É, finalmente, o direito de não ser sujeito senão à ação da lei, de nada sofrer de arbitrário, de ilegítimo. É a proteção social que substitui a proteção, a força individual do homem, que ele faria prevalecer se não estivesse em sociedade.[274]

Porém, enquanto princípio, a segurança, no amplo espectro em que se pretende estudá-la, está logicamente implicada com diversos outros dispositivos da Constituição. A começar pelo art. 5º, assim ocorre com as garantias, em nível constitucional, da proteção ao direito adquirido, à coisa julgada, ao ato jurídico perfeito, da ultratividade da lei penais *in bonam partem*, do princípio da não-surpresa em matéria tributária, do princípio da legalidade, da proteção e garantia de permanência das cláusulas pétreas, etc.

Federal nº 244): "Não ofende o art. 127, *caput*, da Constituição Federal de 1988 a realização de audiência na ausência de membro do Ministério Público que, regularmente intimado, deixa de comparecer. Com base neste entendimento, a turma, salientando que o exercício do devido processo legal constitui garantia do cidadão perante o Estado, e não do Estado perante o cidadão, manteve a decisão do TJRS que, afastando a alegada ofensa ao art. 127 da CF suscitada na preliminar de nulidade de audiência de debates e julgamento na qual não participara o Promotor de Justiça, embora devidamente intimado".

[273] Cumpre fixar a relação que se estabelece entre todas essas proposições jurídicas, para fins de elucidação conceitual. A segurança jurídica é um princípio jurídico que contempla diversos aspectos, entre eles, a proteção da boa-fé do indivíduo em face de atos estatais de cunho individual, pessoal e concreto (por exemplo, concessão de aposentadoria, aprovação em concurso público) e a proteção da confiança do cidadão ou das expectativas legitimamente formadas em face de atos de cunho geral, impessoal e abstrato (por exemplo, expectativas criadas pela edição de atos normativos).

[274] BUENO, José Antônio Pimenta. *Direito público brasileiro e análise da Constituição do Império*. Brasília: UnB, 1978, p. 404-405.

Como já se viu, no campo do direito constitucional, a doutrina e a jurisprudência situam o princípio da segurança jurídica como subprincípio do Estado de Direito. Apoiado nesse sentido, Canotilho reconduz a segurança jurídica ao *princípio da determinabilidade das leis* e da *proteção da confiança*, com apelo à estabilidade legislativa. Segundo esse autor,

a segurança jurídica está conexionada com elementos objetivos da ordem jurídica – garantia de estabilidade jurídica, segurança de orientação e realização do direito –, enquanto protecção da confiança se prende mais com as componentes subjectivas da segurança, designadamente a calculabilidade e previsibilidade dos indivíduos em relação aos efeitos jurídicos dos actos dos poderes públicos.[275]

Os princípios da proteção da confiança e da segurança jurídica podem ser assim formulados: o cidadão deve poder ter confiança em que os atos ou decisões públicas, incidentes sobre os seus direitos, estão relacionados a efeitos duradouros, previstos ou calculados com base nas normas jurídicas vigentes. Esses princípios apontam basicamente para: (a) a proibição de leis retroativas; (b) a inalterabilidade do caso julgado; e (c) a tendencial irrevogabilidade de atos administrativos constitutivos de direitos.[276]

Na quadra atual do ordenamento jurídico brasileiro, é de se considerar que, em face da previsão do art. 27 da Lei n° 9.868/99, a proteção da confiança passará a adquirir especial relevância em se tratando do controle de constitucionalidade dos atos normativos, determinando, sob certas circunstâncias, a manutenção dos efeitos de atos que tenham sido reputados inconstitucionais.

Como se verificou na primeira parte deste estudo, esta possibilidade, ainda que não fosse de todo estranha à jurisprudência do Supremo, não consistia regra vigente naquela Corte, que, comparando o vício de inconstitucionalidade aos atos nulos, destituía-os de eficácia retroativamente (*ex tunc*). Mesmo assim, em diversos julgados já vinha o Supremo entendendo por bem a manutenção dos efeitos de norma declarada inconstitucional, trazendo à consideração a proteção da confiança. Quando em jogo a proteção da confiança, é bem possível que essa venha a prevalecer quando em conflito com outra norma constitucional. Evidentemente, isso depende da qualidade da norma violada que enseja a declaração de inconstitucionalidade da norma inferior, já que também essa pode ser uma norma que a Constituição qualifica como fundamental. No entanto, na ponderação que leva em conta a proteção da confiança, não se pode perder de vista que este princípio encerra uma série de outras normas constitucionais que lhe servem igualmente de fundamento. Senão, veja-se.

---

[275] CANOTILHO, 1999, op. cit., p. 252.

[276] Id., Ibid.

A fundamentação constitucional do princípio da proteção da confiança se faz prioritária na medida em que as garantias do cidadão em face do Poder Público somente cumprem adequadamente o seu papel se estiverem expressa ou implicitamente admitidas na Constituição. Do contrário, privar-se-ia o princípio da proteção da confiança de sua operatividade normativa, atribuindo-lhe um valor de caráter meramente interpretativo ou integrativo. Ante a ausência de previsão expressa, considerar o princípio de proteção da confiança como um princípio constitucional é, no entanto, uma questão de interpretação constitucional. Na jurisprudência, como se viu, ele se justifica como decorrência da segurança jurídica e do papel fundamental que esta exerce para a realização do princípio do Estado de Direito.

Tradicionalmente, também a *boa-fé* pode ser considerada como fundamento constitucional do princípio de proteção da confiança. O sentido de boa-fé que importa analisar é o de *boa fé objetiva*, que significa um modelo de conduta. A boa-fé objetiva refere-se à submissão da conduta de um operador jurídico a um *standard* socialmente estabelecido.[277]

O princípio da proteção da confiança é comumente vinculado à noção de boa-fé objetiva, porque ambos são entendidos, quase sempre, como institutos que implicam a idéia de coerência com a conduta precedente. Nesse sentido, é de se destacar um importante aspecto da boa-fé objetiva, que diz respeito à proibição do *venire contra factum proprium* que, aparentemente, apresenta semelhanças com a proteção da confiança. É que, por força do *non venire contra factum proprium*, se exige a manutenção de condutas coerentes dentro do tráfego jurídico.[278] O que o mandamento em tela veda é a conduta contraditória: por exemplo, o titular de um direito, abstendo-se do exercício durante certo lapso de tempo, criaria, na contraparte, a representação de que esse direito não seria mais exercido; quando, em momento superveniente, viesse a agir, entraria em contradição.

Além da proibição do *venire contra factum proprio*, outro importante aspecto do princípio da boa-fé é relevante para a justificação de uma das principais teses deste trabalho: a de que o art. 27 não pode ser invocado em benefício do Estado, mas tão só do indivíduo ou da sociedade. Este aspecto é a cláusula do *tu quoque*.

Normalmente invocado nas relações contratuais, âmbito em que o respeito aos ditames da boa-fé é intensamente considerado, o *tu quoque* diz respeito ao exercício inadmissível de um direito quando a posição jurídica alegada tenha sido obtida mediante uma conduta ilegal ou contrária ao

---

[277] GARCÍA LUENGO, Javier. *El principio de protección de la confianza en el derecho administrativo*. Madrid: Civitas, 2002, p. 124.

[278] PÉREZ, Jesús Gonzáles. *El principio general de la buena fe en el derecho administrativo*. 3ª ed. Madri: Civitas, 1999, p. 21.

contrato. De uma forma mais generalizada – ainda que menos exata –, diz Wieacker que *somente a própria fidelidade jurídica pode exigir fidelidade jurídica*.[279] A fórmula *tu quoque* traduz, com generalidade, uma regra pela qual a pessoa que viole uma norma jurídica não poderia, sem abuso, exercer a situação jurídica que essa mesma norma lhe tivesse atribuído. Fere as sensibilidades primárias, ética e jurídica, que uma pessoa possa desrespeitar um comando e, depois, vir exigir de outrem o seu acatamento.[280]

Wieacker considera o *tu quoque* como uma "exceção da aquisição de um direito de má-fé". O caso de aplicação mais concreta desta regra é a fórmula que impede à parte recorrer, em sua defesa, ao ordenamento jurídico quando ele mesmo não o respeitou. Está em jogo um *vetor axiológico intuitivo* que aglutina uma série de máximas forenses como *"turpitudinem suam allegans non auditur"* (fórmula do direito canônico, ainda que desenvolvida no direito romano); *"equity must come with clean hands"*; *"he who wants equity must do equity"*.[281]

Condensa-se, assim, uma espécie de represália à infidelidade jurídica, que significa, para a situação aqui tratada, a infidelidade do Estado em relação à Constituição que lhe ampara e constitui. Assim, seria incongruente com os ditames da boa-fé (objetiva, saliente-se), a mais não poder, a solução que permitisse ao Estado usar (no caso, abusar) do poder de legislar em desrespeito à Constituição – ou seja, *inconstitucionalissimamente* –, e, como prêmio, ainda dispor da possibilidade de ver mantido o proveito que tenha logrado em virtude da lei inconstitucional, muito especialmente se esse proveito se dá em detrimento dos direitos individuais. Este importante aspecto do princípio da boa-fé reside, muito mais que numa proposição juridicamente fundada na segurança jurídica, na própria virtude e na ética das comunidades juridicamente organizadas, e há que ser considerado, portanto, na interpretação do art. 27 da Lei n° 9.868/99.

De qualquer sorte, porque se sustenta que a ponderação do art. 27 admite, exclusivamente, elementos que tenham abrigo em algum preceito constitucional, ainda estaria em aberto a fundamentação constitucional do próprio princípio da boa-fé, tendo em vista que ele não está explicitamente previsto na Constituição Federal da República. A falta de previsão expressa não diminui a condição de norma implícita deste princípio que, como se viu, integra o princípio da segurança jurídica que, a seu turno, integra o princípio do Estado de Direito. Nada obstante, para, mais uma vez, operar com a idéia de coerência, outros fundamentos podem ser suscitados para o reforço desta justificação constitucional. Na doutrina alemã, Frotscher relaciona o princípio da boa-fé com a necessidade de proteção da *dignidade*

---

[279] WIEACKER, Franz. *El principio general de la buena fe*. 2.ed. Madri: Civitas, 1986, p. 66.

[280] MENEZES CORDEIRO, A. Manuel. *Da boa-fé no direito civil*. Coimbra: Almedina, 1997.p. 837.

[281] Id., ibid., p. 69.

humana pelos poderes públicos. Entre os principais objetivos do princípio da *dignidade humana* está a proteção e o respeito ao indivíduo, com a respectiva proteção dos seus direitos fundamentais, objetivos que não podem ser alcançados se o Estado, ao intervir na esfera social, não assegurar a estabilidade de sua ação.[282]

Invoca-se também o direito de liberdade e os direitos fundamentais como fundamentos do princípio da proteção da confiança. Aqui se tem interessante tese sustentada por Otto Bachof, segundo a qual o princípio da proteção da confiança seria um instrumento de compensação da dependência do indivíduo à ação estatal, protetivo da liberdade mediante a manutenção das decisões estatais que a condicionam. Segundo Bachof,

> quanto maior é a coação proveniente dos poderes públicos, quanto mais se restringe o comportamento dos indivíduos, quanto mais for o indivíduo dependente, em suas decisões e disposições, das resoluções dos poderes públicos, tanto mais está ele obrigado a confiar na confiabilidade dessas resoluções estatais. Por isso, opino que para a Administração intervencionista e para a Administração prestacional resulta que o poder unilateral de disposição do Estado (seja através de lei, seja através de ato administrativo) só resulta suportável e conciliável com o Estado de Direito, se corresponder ao indivíduo o direito a uma certa estabilidade das medidas estatais. A dependência, que tornou-se existencial, do indivíduo em função das resoluções dos poderes estatais deve corresponder-se com a possibilidade de se confiar em ditas resoluções, certamente não uma estabilidade absoluta, mas uma estabilidade graduada segundo as circunstâncias.[283]

No entanto, como foi visto anteriormente, a corrente que, entre nós, conta com maior adesão, tanto em nível doutrinário quanto jurisprudencial, fundamenta a boa-fé no princípio da segurança jurídica, alegando que segurança jurídica e boa-fé são duas faces de uma mesma moeda.

---

[282] GARCIA LUENGO, 2002, op. cit., p. 145.

[283] *Apud* GARCÍA LUENGO, 2002, op. cit., p. 165-166.

Segundo García Luengo, invoca-se também a proporcionalidade como fundamento do princípio da proteção da confiança. Idéia atribuída à Grabitz reconduz o princípio da proteção da confiança ao princípio da proporcionalidade em face das intervenções estatais na liberdade individual, implicando uma ponderação de interesses entre a defesa da esfera de liberdade individual e o interesse público que exige a intervenção na mesma. No entanto, não nos parece adequado vincular os dois princípios. A proteção da confiança não trata de determinar a medida de uma intervenção estatal na esfera de liberdade individual, mas de estabelecer se cabe ou não o exercício de uma conduta em sentido contrário ao que anteriormente se havia estimado como sendo a conduta correta.

Ainda, o direito de propriedade é apontado como fundamento do princípio da proteção da confiança. Esta interessante tese reconduz a proteção da confiança a uma manifestação da proteção ao patrimônio (Constituição Federal, arts. 5°, X, XXII e 37, § 6°). O argumento é interessante, pois sua admissão leva à possibilidade de uma outra forma de composição do conflito entre a manutenção e o desfazimento do ato, que permite o desfazimento, mas compensando-se a confiança nele depositada, expressa em um cálculo com expressão econômica. A resposta parece satisfatória em relação aos atos de conteúdo patrimonial, mas deixa a desejar em relação aos atos sem este conteúdo (ex. naturalização), de modo que a fundamentação apenas no direito de propriedade resta insuficiente para abarcar todas as situações que se prestam à proteção pela aplicação deste princípio.

A segurança jurídica implica previsibilidade e estabilidade, tanto do ordenamento jurídico, como das disposições da autoridade estatal via Poder Executivo, sem consideração das relações pessoais. A boa-fé seria a vertente que leva em conta as relações pessoais que se travam entre o indivíduo e o Estado, pressupostas na idéia de confiança.[284]

Seria, assim, a vertente individualizada da segurança jurídica. Pelo menos, é nesse sentido, da proteção do indivíduo, que tem se manifestado a jurisprudência pátria quando em questão a aplicação dos princípios da segurança jurídica e da proteção da confiança.

3.1.3. Proteção da confiança do cidadão na jurisprudência dos Tribunais Superiores

Em matéria de atribuição de efeitos a atos inválidos no direito administrativo, a jurisprudência é farta no sentido de assegurar aos administrados a manutenção desses efeitos, quando esses se produzem em benefício do indivíduo. Isso faz reconhecer o surgimento de uma verdadeira disciplina para a invalidação dos atos administrativos que passa a impor limitações ao poder-dever de invalidação em observância ao princípio da legalidade.[285] Observam-se, assim, temperamentos à legalidade que decor-

---

[284] Cf. GARCÍA LUENGO, 2002, op. cit., p. 149-150.

[285] Para extenso exame jurisprudencial no direito comparado, cf. interessante monografia sobre a proteção das expectativas na Comunidade Européia: SCHONBERG, SOREN. *Legitimate Expectations in Administrative Law*. Oxford: University Press, 2000. Entende-se proveitosa uma digressão ilustrativa do conteúdo desta obra para a conclusão de que a jurisprudência e a doutrina brasileiras em nada deixam a desejar em termos de qualidade no tratamento da matéria. SCHONBERG registra que, no direito europeu, encontraram-se diferentes fórmulas para o problema, seja (a) pela proteção formal das expectativas (*procedural protection of expectations*), isto é, exigindo-se, para a revogação dos atos administrativos um procedimento que inclua o contraditório e a ampla defesa; (b) oferecendo proteção material das expectativas (*substantive protection of expectations*); ou, ainda, (c) através de compensação ou indenização pelas expectativas frustradas (*compensatory protection of expectations*). Como se poderá perceber no decorrer da análise da segurança jurídica nesta investigação, todas essas tendências já estão sedimentadas na jurisprudência brasileira. A título de registro histórico, inicialmente, a proteção da confiança despertou o interesse jurídico em face do poder de revogação dos atos pela Administração Pública, quando firmou-se, no direito francês, o princípio da irrevogabilidade das decisões administrativas criadoras de direitos (*intangibilité des décisions créatrices de droits*) com o caso *Mme. Cachet*, 1922. Uma decisão que tenha criado direitos é irrevogável (*intangible*) a não ser que leis ou provimentos explicitamente concedam o poder para revogá-la. (SCHONBERG, p. 70-71). No entanto, a utilização deste princípio está sujeita a condições específicas que são bem similares no direito inglês, francês e comunitário: a decisão deve ser (a) favorável, (b) incondicional, e, com exceção do direito francês, (c) ser comunicada para a pessoa afetada. Além disso, a jurisprudência inglesa sugere que (d) a pessoa afetada pela decisão deve ter confiado na decisão (*must have relied to his detriment on the decision*). (Id., p. 73-79) Não obstante, há forte tendência na Corte de Justiça da Comunidade Européia em seguir-se o exemplo da Alemanha, que presta mais atenção nos efeitos da decisão do que na decisão em si. Nessa linha, uma decisão seria irrevogável se conferiu um benefício para uma pessoa, mas, não, se impôs um ônus. Assim, decisões legais que são favoráveis para o seu destinatário não podem, na falta de previsão legal, ser revogadas, pouco importando se a decisão foi exercício de ato vinculado ou discricionário (Id., p. 71-73). No que concerne às decisões inválidas, inspirada pela jurisprudência alemã e francesa, a Corte de Justiça européia tem desenvolvido um princípio de ponderação que visa atingir um equilíbrio entre as necessidades de legalidade e justiça para os indivíduos que planejam suas vidas confiando em decisões que, mais tarde, venham a ser consideradas ilegais (Id., p. 96-101). Há uma

rem, justamente, de conflito concreto entre este princípio e outros – aqui interessa o da segurança jurídica – que podem ser analogamente considerados, *mutatis mutandis*, quando se analisar um conflito, também em concreto, entre norma constitucional violada e norma constitucional que protege a segurança jurídica. Para esse efeito, é digna de registro a leitura que os tribunais têm feito a respeito da Constituição em matéria de invalidação: sempre em favor do indivíduo.

Nesse sentido, é de ser colacionada jurisprudência que determina a observância do devido processo legal, com as garantias do contraditório e da ampla defesa, no procedimento de invalidação dos atos administrativos:

> Recurso em mandado de segurança nº 10.140. A administração que homologou concurso; nomeou, empossou e deu exercício a candidato, não pode, por ato unilateral, anular o procedimento e declarar sem efeito a nomeação.[286]
>
> RE nº 158543-9/RS. Tratando-se da anulação de ato administrativo cuja formalização haja repercutido no campo de interesses individuais, a anulação não prescinde da observância do contraditório, ou seja, da instauração de processo administrativo que enseje a audição daqueles que terão modificada situação já alcançada. Presunção de legitimidade do ato

---

forte tendência a se reconhecer que as decisões ilegais não são *sempre* revogáveis. As instituições têm o poder inerente de revogar com efeito retroativo, somente se, nas circunstâncias, o interesse público na revogação pesa mais que o interesse privado em ver a medida mantida, e a revogação é realizada sem "um razoável período" a partir do tempo em que se deu a sua comunicação. Em outras palavras, quando se visa revogar uma decisão ilegal, a instituição deve ponderar o princípio da legalidade com o princípio da segurança jurídica. O autor, a partir do exame das decisões da Corte Européia, aponta cinco condições que orientam a decisão sobre a revogação com efeitos retroativos: (1) A revogação é proibida apenas se a pessoa em favor de quem a decisão foi realizada tinha uma expectativa legítima de que a decisão definitivamente resolveu o assunto. Exige-se, no entanto, a demonstração de que o homem médio (*in possession of the aplicant's general knowledge and expertise*) poderia razoavelmente ter a expectativa de que a decisão finalizasse o assunto. Uma expectativa legítima será mais facilmente aceita se era difícil perceber a ilegalidade do ato que causou a expectativa. (2) Se foi demonstrado que a pessoa tinha uma expectativa legítima, a instituição deve considerar o interesse do indivíduo que será afetado na decisão. Na observação do autor, isto se torna particularmente importante se a pessoa contava financeiramente com esta decisão. (3) A importância ou peso do princípio da legalidade deve ser levada em conta. Quanto mais séria for a ilegalidade mais provável será a possibilidade de revogação. Uma decisão que viola direitos fundamentais está mais sujeita à revogação do que uma decisão que tem uma falha de procedimento ou é baseada numa interpretação errônea de uma ambígua *legislative provision*. (4) Deve ser levado em consideração como terceiros serão afetados se a decisão contrária ao direito for mantida. No entanto, o efeito sobre terceiros deve ser direto para ser levado em consideração no momento da ponderação. (5) Por fim, o tempo que transcorreu entre a decisão e sua revogação deve ser levado em conta. Revogação retroativa deve sempre ser realizada com um "período razoável". A extensão desse período depende da dificuldade em aferir-se a invalidade que afetava o ato (id., p. 89-95). As conclusões do autor, no entanto, em nada são estranhas ao observador local, eis que presentes na doutrina nacional de longa data (cf. COUTO E SILVA, 1982): "esses diferentes princípios legais refletem o fato de que enquanto os tribunais britânicos compreendem o princípio da legalidade como sacrossanto, os tribunais franceses e comunitários têm aceitado que o princípio da legalidade deve ser limitado para proteger a justiça individual, a segurança jurídica e a confiança na administração. Deve-se reconhecer que a legalidade não é absoluta, mas sim um importante aspecto do sistema legal, cujas conseqüências estão sujeitas a importantes considerações de contrapeso (the consequences of which are subject to important countervailling considerations)" (id., p. 104).

[286] Recurso em mandado de segurança nº 10.140. Pleno Supremo Tribunal Federal. DJ de 20 de março de 1963, p. 387.

administrativo praticado, que não pode ser afastada unilateralmente, porque é comum à administração e ao particular.[287]

Mandado de segurança nº 5106/DF. O pedido de modificação de relação jurídica consolidada, avessa à decisão unilateral do administrador, desproporcional e sem razoabilidade, assegura ao administrado o seu conhecimento (publicidade) para oportuno acesso a ampla defesa, com direito a audiência prévia, máxime quando os efeitos concretos do ato administrativo afetarão ou interferirão nos serviços permitidos sem precedente declaração de ilicitude ou ilegalidade nos favoráveis provimentos anteriores, válidos, eficazes e com executoriedade. Em contrário pensar, seria aceitar-se o "Estado Gendarme", autoritário e divorciado dos princípios regedores do devido processo legal.[288]

A par de uma disciplina atenta aos requisitos formais e procedimentais, também limites substanciais condicionam a invalidação dos atos administrativos. Nesse sentido, podem-se reconhecer duas regras a partir da análise jurisprudencial do tema:

1) ato inválido não pode ser anulado ou revogado apenas em razão de irregularidade formal. Se não há prejuízo – em sentido amplo, não apenas financeiro – não há razão para sua revisão. Assim a jurisprudência:

Administrativo. Funcionário de fato. Investidura baseada em norma posteriormente declarada inconstitucional. A nulidade não envolve uma das fases de ato complexo, de mera execução de ordem legítima, com a sua conseqüência normal e rotineira. Aparência de legalidade e inexistência de prejuízo.[289]

Nessa direção, o voto do Min. Décio Miranda:

Toda nulidade há de corresponder a uma finalidade prática. Não se decreta nulidade simplesmente pelo amor à formalidade que poderia ter sido repetida nas mesmas condições, com ratificação do efeito produzido. Assim, Sr. Presidente, a despeito das judiciosas considerações do eminente Relator, acho o caso compatível com um entendimento mais simples: o funcionário, não autorizado, tinha a seu favor a presunção de legitimidade, porque havia uma disposição regulamentar estadual que previa tal atuação.[290]

2) ato inválido não pode ser anulado ou revogado quando deu causa a situações que já se estabilizaram e se consolidaram no tempo. O Supremo Tribunal Federal adotou posicionamento nesse sentido, como comprova a seguinte decisão:

Ato administrativo. Seu tardio desfazimento, já criada situação de fato e de direito, que o tempo consolidou. Circunstância excepcional a aconselhar a inalterabilidade da situação de-

---

[287] RE nº 158543-9/RS. 2ª Turma. Relator: Min. Marco Aurélio. DJ. 06 de outubro de 1995, p. 767.

[288] Mandado de segurança nº 5106/DF. Superior Tribunal de Justiça. Relator: Min. Milton Luiz Pereira. DJ de 19 de dezembro de 1997, p. 67433

[289] RE nº 78.533/SP. 2ª Turma. Relator: Min. Décio Miranda. *Revista Trimestral de Jurisprudência*, n. 100, p. 1086/1091.

[290] Id., ibid.

corrente do deferimento da liminar, daí a participação no concurso público com aprovação, posse e exercício.[291]

Não deixa dúvida o voto do Min. Bilac Pinto na direção da necessidade de reconhecimentos dos efeitos do ato, apesar de defeituoso:

> Ao dar razão às autoras da ação ordinária, entendeu o acórdão que a Administração, podendo desfazer os atos de nomeação já quando da decisão local de que resultou a cassação da liminar, imperdoavelmente se omitiu, omissão, que se estendeu até mais de dois anos após a decisão do Supremo Tribunal Federal no RMS 18.917. De tudo isto, concluiu o acórdão impugnado, criou-se situação de fato, que o tempo acabou por consolidar, já existindo estabilidade.[292]

As decisões abaixo seguem a mesma orientação, assimilando a estabilidade das relações jurídicas à idéia de direito adquirido, da seguinte forma:

> O princípio de que a administração pode revogar seus próprios atos por motivo de conveniência ou oportunidade, encontra empeços diante da ocorrência de certas circunstâncias, entre elas a situação jurídica definitivamente constituída e o direito adquirido. Conceituação doutrinária sobre a revogabilidade do ato administrativo. A administração, ao prorrogar o prazo de validade de concurso público, no uso de sua faculdade discricionária, não mais pode revogar o ato, porquanto transformou em direito a expectativa dos candidatos aprovados.[293]

> Ensino superior. Transferência de estabelecimento de ensino. Funcionário municipal. Lei nº 1.711/52, art. 158. Mandado de segurança (efeitos). Ainda que plausível o entendimento sobre a inextensibilidade do art. 158 da Lei nº 1.711/52 a funcionários públicos que não os federais, a situação de fato consumada, ao longo do tempo, desde a concessão da liminar, desaconselha a sua desconstituição.[294]

> Ensino supletivo. Idade mínima; não a supre a emancipação. Hipótese, todavia, na qual o longo tempo decorrido e os eventos posteriores à concessão de liminar em mandado de segurança consolidaram a situação de fato e de direito, desaconselhando sua desconstituição.[295]

> Funcionário público. Provimento. Anulação. A regra enunciada no verbete nº 473 da Súmula do Supremo Tribunal Federal deve ser entendida com algum temperamento: no atual estágio do direito brasileiro, a Administração pode declarar a nulidade de seus próprios atos, desde que, além de ilegais, eles tenham causado lesão ao Estado, sejam insuscetíveis de convalidação e não tenham servido de fundamento a ato posterior praticado em outro plano de competência.[296]

---

[291] RE nº 85.179/RJ. 1ª Turma. Relator: Min. Bilac Pinto. DJ de 2 de dezembro de 1977, op. cit., p.4 (Acórdão).

[292] Constituição Federal 1967, art. 99, e Constituição Federal 1969, art. 100.

[293] Mandado de segurança nº 4.288. Superior Tribunal de Justiça. 3ª Seção. Relator: Min. William Patterson. DJ de 24 de junho de 1996.

[294] RE nº 93.752. 1ª Turma. Relator: Min. Rafael Mayer. DJ. 22 de abril de 1981, p. 418.

[295] RE nº 92.757. 1ª Turma. Relator: Min. Moreira Alves. DJ. 3 de outubro de 1980, p. 731.

[296] Recurso em mandado de segurança nº 407/MA. 1ª Turma. Relator: Min. Gomes de Barros. In: *Revista de Direito Administrativo*, n 184, p. 112-118.

Na mesma linha de raciocínio, o Superior Tribunal de Justiça também especifica que a legalidade deve ser harmonizada com outros princípios, como o princípio da boa-fé, da seguinte forma:

> Administrativo. Concurso público. Princípio da legalidade. Sua harmonização com a estabilidade das relações jurídicas e a boa-fé. Candidata admitida a concurso antes de completar a idade mínima prevista no edital. Recusa de nomeação da candidata que além de aprovada já atingira a idade limite. Ilicitude da recusa. Recurso especial não conhecido. (...) Na avaliação da nulidade do ato administrativo é necessário temperar a rigidez do princípio da legalidade, para que ele se coloque em harmonia com os princípios da estabilidade das relações jurídicas, da boa-fé e outros valores essenciais à perpetuação do Estado de Direito.[297]

No seu voto, o Min. Humberto Gomes de Barros, na esteira do pensamento de Almiro do Couto e Silva, demonstra que a legalidade não é princípio único da Administração Pública. Ao contrário, o princípio da legalidade deve ser compatibilizado com outros princípios, com os quais se entrelaça. Somente após a ponderação entre os princípios incidentes é que se pode tomar a decisão acerca da revisão ou manutenção do ato administrativo havido como inválido. Isso porque – como o próprio voto o revela – os fatos praticados com base em ato administrativo presumidamente válido produzem efeitos jurídicos, na medida em que, apesar de não serem protegidos pelo princípio da legalidade, têm sua eficácia protegida por outros princípios, como o princípio da boa-fé. Assim manifesta o referido voto:

> Esta vitoriosa corrente jurisprudencial gerou-se de uma constatação: em tema de nulidade do ato administrativo, é necessário temperar a rigidez do princípio da legalidade formal, para que ele se coloque em harmonia com outros valores essenciais à perpetuação do Estado de Direito. O princípio da legalidade gerou outro: o do primado dos interesses públicos sobre os particulares. Este princípio, erigido em preceito maior do direito administrativo foi, desgraçadamente, levado a exageros e deformações. Assim, *os superiores objetivos da Administração* foram muitas vezes confundidos com os subalternos interesses do príncipe. O sagrado postulado, vítima de solertes fraudes, transformou-se em caldo de cultura, onde proliferaram e se desenvolveram o Fascismo e tantas outras espécies de tiranias. A necessidade de colocar freios a tão dolorosos exageros trouxe à evidência antigos valores, até então relegados ao discreto plano do direito privado. Constatou-se que a estabilidade da ordem jurídica depende de que se prestigiem entidades da boa-fé e a segurança das relações jurídicas. Em lenta e segura evolução, a Doutrina e a Jurisprudência aproximam-se de uma solução de equilíbrio entre aqueles valores simétricos. Solução magistralmente resumida na advertência do ex-presidente da Corte Suprema Argentina Miguel Angel Bercaitz, *in verbis*:
>
> Vale notar que não se deve declarar qualquer nulidade, pela nulidade mesma, no Direito Privado. Sem prejuízo econômico ou do interesse público, deve-se manter a estabilidade do ato ou do contrato. (Teoria General del Contracto Administrativo. 2. ed. Depalma, p. 511)

---

[297] Recurso Especial nº 6.518/RJ. 1ª Turma. Relator: Min. Gomes de Barros. DJ de 19 de setembro de 1991, p. 134.

O Legislador brasileiro, sensível à preocupação, inseriu no direito positivo, sistema em que se condicionou a declaração de nulidade à conjunção entre a lesividade e alguns vícios (Lei nº 4.717, de 20.06.1965, arts. 2º, 3º e 4º).[298]

O Min. Xavier de Albuquerque, a seu turno, registrou nestas palavras a sensibilidade com que o Supremo Tribunal prestigiou a *finalidade* nos processos de seleção e formação:

> O RE nº 92.757. O poder desses fatos não é despiciendo. Em certa época, multiplicaram-se mandados de segurança contra a exigência de idade mínima de aprovação no ensino superior. Deram-se liminares e concederam-se seguranças que propiciaram a continuação dos cursos e a graduação dos impetrantes. Muito tempo depois, quando firmado o entendimento de que era legítima a exigência, cassaram-se tais concessões. Mas o Supremo Tribunal, em atenção às situações de fato criadas pelo deferimento liminar ou inicial dos mandados de segurança, foi levado a restaurá-los em vários casos.[299]
>
> (...) Desconstituí-lo agora, seria – não homenagear a Súmula 473 – mas praticar ato iniciado por desvio de finalidade (Lei nº 4.717/65). Seria praticar ato lesivo ao interesse público. Eis que a desconstituição do certame resultaria na troca de candidato bem classificado por outro, presumivelmente de qualidade inferior.[300]

Tais decisões relevam a necessidade de ponderação entre as razões contrárias e favoráveis à manutenção do ato administrativo inválido. Saliente-se que uma supremacia abstrata de uma ou outra razão está afastada.[301] Somente uma ponderação concreta e sistematicamente orientada é que poderá fornecer condições para a decisão. Assim se pronuncia o mesmo Min. Humberto Gomes de Barros, em outro julgamento:

> Percebe-se, assim, que a supremacia do interesse público sobre o privado deixou de ser um valor absoluto. Tal princípio muitas vezes prestou-se a deformações, servindo de justificativa para a implantação de regimes ditatoriais, tornou-se necessário temperá-lo com velhas regras do Direito Privado, que homenageiam a boa-fé e aparência jurídica. Em interessante monografia, a Profª. Weida Zancaner traça fiel esboço do estágio em que se encontra, hoje, o processo de composição entre o princípio da legalidade e o da segurança jurídica: (...) Claro está que o princípio da legalidade é basilar para a atuação administrativa, mas como se disse, encartados no ordenamento jurídico estão outros princípios que devem ser respeitados, ou por se referirem ao Direito como um todo como, por exemplo, o princípio da segurança jurídica, ou por serem protetores do comum dos cidadãos, como por exemplo, a boa-fé, princípio que também visa protegê-los quando de suas relações com o Estado. Ademais, a multiplicidade das áreas de intervenção do Estado moderno na vida dos cidadãos e a tecnicização da linguagem jurídica tornaram extremamente complexos o caráter regulador do direito e a verificação da conformidade dos atos concretos e abstratos expedidos pela

---

[298] REsp nº 6.518/RJ, 1991, op. cit., p. 134. Voto do Min. Gomes de Barros.

[299] RE nº 92.757. RTJ. 1995, p. 476.

[300] REsp nº 6.518/RJ, 1991, op. cit., p. 134.

[301] KREIBICH, Roland. *Der Grundsatz von Treu und Glauben im Steuerrecht*. Heidelberg: Müller, 1992, p. 84, *apud* ÁVILA, Humberto Bergmann. Repensando o princípio da supremacia do interesse público sobre o privado. In: *Revista Trimestral de Direito Público*, n. 24, p. 159-180, São Paulo: Malheiros, 1998.

Administração Pública com o Direito posto. Portanto, a boa-fé dos administrados passou a ter importância imperativa no Estado intervencionista, constituindo, juntamente com a segurança jurídica, expediente indispensável à distribuição da justiça material. É preciso tomá-lo em conta perante situações geradas por atos inválidos.[302]

É importante perceber que, em todas essas decisões, apresenta-se um elemento comum: a utilização da segurança jurídica em favor da proteção do cidadão. Isso favorece, em boa medida, a densificação conceitual da expressão *razões de segurança jurídica*, presente no art. 27, através de uma generalização, no sentido de que *essas razões somente podem ser invocadas para conferir prevalência aos direitos fundamentais dos indivíduos e, jamais, para perpetuar a lesão, a esses mesmos direitos, em decorrência de norma declarada inconstitucional.*

3.2. SIGNIFICADO DE EXCEPCIONAL INTERESSE SOCIAL

O art. 27 da Lei n° 9.868/99 estabelece, *in fine*, a possibilidade de modulação dos efeitos da declaração de inconstitucionalidade em face de *excepcional interesse social*. Pouco se encontra na doutrina brasileira sobre a expressão *interesse social* no âmbito do controle de constitucionalidade. A Constituição, a seu turno, fala em *interesse social* somente no art. 184, *caput*, para justificar a desapropriação para fins de reforma agrária. De fato, no direito brasileiro, foi no campo das desapropriações que se originou a expressão *interesse social* e é nessa matéria que a jurisprudência a emprega desde a edição da Lei n° 4.132, de 1962, que regulamentou o tema.[303]

É de Cretella Júnior a afirmação de que "a expressão *interesse social* não se define, exemplifica-se".[304] Isso revela, de pronto, a ambigüidade do termo. Do pouco que ficou determinado em sede doutrinária sobre *inte-*

---

[302] Recurso em mandado de segurança n° 407/MA. 1ª Turma: Relator Min. Gomes de Barros. *Revista de Direito Administrativo*, n° 184, p. 112-118.

[303] Cf. TASP. Apelação Cível n. 162.341. Relator: Sr. Juiz Assis Moura. 3 de agosto de 1971. *Desapropriação por interesse social – venda e locação dos bens expropriados* – Interpretação da Lei n. 4.132, de 1962. "No tocante ao interesse social vemos que a Lei n. 4.132, de 10.9.1962, definiu em termos claros o significado da expressão 'interesse social', tornando inequívoco que por interesse social se entende o aproveitamento de todo o bem improdutivo ou explorado sem correspondência com as necessidades de habitação, trabalho e consumo dos centros de população a que deve ou possa suprir por seu destino econômico; e, também, a manutenção de posseiros em terrenos urbanos onde, com a tolerância expressa ou tácita do proprietário, tenham construído sua habitação, formando núcleos residenciais de mais de 10 famílias". (Trecho do voto do relator), in: *Revista de Direito Administrativo*, n 109, p. 138-139, jul./set., 1972.

[304] CRETELLA JÚNIOR, José. *Comentários à lei de desapropriação:* Constituição de 1988 e leis ordinárias. Rio de Janeiro: Forense, 1991, p. 522.
Noutra passagem, evidenciando as dificuldades em fixar-se um conceito para o termo, afirma que "interesse social é tudo aquilo que, num dado momento histórico da vida de um povo, o legislador rotula como tal" (p. 522-523).

resse social, sabe-se que nele não está o interesse geral do povo, nem o do Estado, sendo o termo que refere a desapropriação realizada para atender a algum dos fins sociais detalhados no art. 2º da Lei nº 4.132, de 1962. Segundo a Seabra Fagundes, tendo em vista este dispositivo legal,

> haverá motivo de interesse social quando a expropriação se destine a solucionar os chamados problemas sociais, isto é, aqueles diretamente atinentes às classes pobres, aos trabalhadores e à massa do povo em geral pela melhoria nas condições de vida, pela mais eqüitativa distribuição da riqueza, enfim, pela atenuação das desigualdades sociais. Com base nele terão lugar as expropriações que se façam para atender a plano de habitações populares ou de distribuição de terras, à monopolização de indústrias ou nacionalização de empresas quando relacionadas com a política econômico-trabalhista do governo, etc.[305]

Nesse sentido, a expressão *interesse social* designa interesse de uma dada classe social, a menos favorecida, ou seja, aquela que constitui o *problema social* que reclama a desapropriação da propriedade privada e individual em favor da coletividade.

Percebe-se, entre aqueles que enfrentaram o tema, uma preocupação em se fixar a idéia de que interesse social não é interesse da Administração e nem do Estado, mas sim dos administrados, da sociedade. Do mesmo modo, "os bens desapropriados por *interesse social* não se destinam à Administração ou a seus delegados, mas sim à coletividade ou, mesmo, a certos beneficiários que a lei credencia para recebê-los e utilizá-los convenientemente".[306]

No âmbito do controle de constitucionalidade, a expressão *excepcional interesse social* foi introduzida em 1999 pelo art. 27 ora em comento e, na doutrina brasileira, até o momento pouco se disse sobre ela. Todavia, sabe-se que semelhante expressão consta do art. 282, nº 4, da Constituição portuguesa de 1976, o qual estabelece, *verbis*:

> Artigo 282º (Efeitos da declaração de inconstitucionalidade ou de ilegalidade)
>
> 1. A declaração de inconstitucionalidade ou de ilegalidade com força obrigatória geral produz efeitos desde a entrada em vigor da norma declarada inconstitucional ou ilegal e determina a repristinação das normas que ela, eventualmente, haja revogado.
>
> 2. Tratando-se, porém, de inconstitucionalidade ou de ilegalidade por infracção de norma constitucional ou legal posterior, a declaração só produz efeitos desde a entrada em vigor desta última.

---

[305] SEABRA FAGUNDES, Miguel. Da desapropriação no direito constitucional brasileiro. In: *Revista de Direito Administrativo*, n. 14, v.2., p. 3-4. No mesmo sentido, Pedro Calmon: "a desapropriação por interesse social é aquela que se promove para atender ao melhor uso da propriedade, ao seu rendimento em consonância com aquele interesse, à sua devida estimativa, em articulação com ele, ao bem comum que não pode ficar na dependência do egoísmo, que o despreza, ou da estupidez, que o contraria" RF, 110, p. 316, apud CRETELLA JÚNIOR, 1991, op. cit., p. 516. Cf. SALLES, José Carlos de Moraes. *A desapropriação à luz da doutrina e da jurisprudência*. 4ª ed. São Paulo: Revista dos Tribunais, 2000, p. 92.

[306] MEIRELLES, Hely Lopes. *Direito administrativo brasileiro*. 25ª ed. São Paulo: Malheiros, 2000, p. 555. No mesmo sentido, CRETELLA JÚNIOR, 1991, op. cit., p. 515.

3. Ficam ressalvados os casos julgados, salvo decisão em contrário do Tribunal Constitucional quando a norma respeitar a matéria penal, disciplinar ou de ilícito de mera ordenação social e for de conteúdo menos favorável ao arguido.

4. Quando a segurança jurídica, razões de equidade ou *interesse público de excepcional relevo*, que deverá ser fundamentado, o exigirem, poderá o Tribunal Constitucional fixar os efeitos da inconstitucionalidade ou da ilegalidade com alcance mais restrito do que o previsto nos n°s 1 e 2.(grifei)

No que diz com esta parte do dispositivo, Jorge Miranda observa que:

> Nas razões justificativas da ponderação dos efeitos indicam-se razões estritamente jurídicas – a segurança e a equidade, a primeira de incidência mais objectiva, a segunda de incidência mais subjectiva – e uma razão não estritamente jurídica – interesse público de excepcional relevo; e, por isso, este interesse tem de ser fundamentado.[307]

No entanto, Rui Medeiros assegura que para Miranda, por se tratar de razão não estritamente jurídica, "em nenhum caso, poderá a restrição de efeitos fundar-se em interesse público de excepcional relevo".[308]

A doutrina portuguesa tem muito cuidado ao examinar a questão. Rui Medeiros, autor de extensa obra sobre a decisão de inconstitucionalidade, informa que o constituinte lançou mão da expressão *interesse público de excepcional relevo* só porque não encontrou outra melhor, diante da constatação de que segurança jurídica e eqüidade não bastavam para abarcar todas as possibilidades que exigiriam a restrição excepcional de efeitos. No entanto, procedeu-se à ressalva de que o termo deveria ser interpretado restritivamente, de modo a evitar sua utilização para permitir a prevalência de "valores políticos, ou considerações de ordem política, colocando em causa a fiscalização da constitucionalidade".[309] Medeiros reconhece, pois, a exigência de uma *fundamentação especial ou reforçada* da decisão que aplique o n° 4 do art. 282 da Constituição portuguesa, como forma de prevenir a má aplicação do dispositivo, devendo ser considerado um conceito jurídico indeterminado que protege, apenas, interesses *constitucionalmente* protegidos não abrangidos pelas noções de segurança jurídica ou eqüidade. Sublinha-se, inclusive, o caráter não-discricionário da decisão restritiva de efeitos naquelas bandas. A conclusão do autor é a de que "tudo aponta, pois, no sentido da primazia actual da constitucionalidade sobre a politicidade".[310]

Em que pese tudo o que se possa dizer acerca da expressão *interesse público de excepcional relevo* na doutrina portuguesa, especialmente con-

---

[307] MIRANDA, Jorge. *Manual de direito constitucional*. 2 ed. Coimbra: Coimbra, 1983. t.2, p. 391.

[308] *Apud* MEDEIROS, 1999, op. cit., p. 694.

[309] Id., ibid., p. 707.

[310] MEDEIROS, 1999, op. cit., p. 707-710 e 708-706.

siderando sua presença textual na própria Constituição portuguesa, há um fato de maior relevo a ser observado no exame do art. 27 da Lei nº 9.868/99: não há, nem no texto e nem no contexto da Constituição Federal do Brasil de 1988, qualquer alusão à *excepcional interesse social (ou público)* aplicável no âmbito do controle de constitucionalidade.

É interessante observar que o legislador pátrio preferiu o termo *excepcional interesse social* a *excepcional interesse público*. De plano é de se inferir que, se esta parte do dispositivo for considerada válida, através do seu uso deverá ter prevalência o interesse da sociedade – por suposto: a soma dos interesses individuais –, quando contraposto aos interesses do próprio Estado.

A ausência de suporte na Constituição, por si só, permite que se questione a possibilidade de modulação de efeitos da declaração de inconstitucionalidade com base no excepcional interesse social. É que, resgatando o que se vem sustentando desde o início desta investigação, diante da necessidade de manutenção da supremacia da Constituição (sob pena de ruptura da própria ordem constitucional), a modulação de efeitos somente estará autorizada na medida em que contemplar a aplicação de outras normas constitucionais que, após justificada ponderação, se sobreporiam àquela que foi violada pela lei declarada inconstitucional. Aliás, existentes os fundamentos naquelas normas, o termo torna-se até mesmo dispensável, pois assegurar a supremacia da Constituição já implicaria, naturalmente, a proteção dos efeitos. No entanto, é fato que falece ao excepcional interesse social previsão constitucional que lhe sirva de fundamento, ao contrário do que ocorre com segurança jurídica, que, como foi visto, trata de princípio que conta com ampla fundamentação constitucional e com conteúdo bem delineado.

Há, no entanto, um problema ainda mais grave naquela expressão. Conforme já foi anunciado no início desta segunda parte, a absoluta indeterminação deste conceito contrasta com o próprio princípio constitucional da segurança jurídica, à medida que dele decorre a exigência de mecanismos que assegurem previsibilidade e certeza à ordem jurídica. Ora, a utilização de expressão com tamanha fluidez e ambigüidade no significado torna o preenchimento do conceito um processo cujo resultado é "imprevisível", impedindo que se assegure a previsibilidade necessária à manutenção da ordem jurídica como um todo. E, se essa expressão contrasta com a segurança jurídica, contrasta também com o próprio princípio do Estado de Direito, ao qual a segurança serve de suporte. A conclusão parece lógica e insofismável, razão por que há que levar a sério o argumento no sentido de que a utilização do art. 27, esteada no excepcional interesse social, é inconstitucional por desconformidade aos princípios fundamentais da Constituição.

Ainda que se refute o argumento, não se pode descurar da advertência, já feita em precedente jurisprudencial citado nesta pesquisa, de que o afastamento do efeito *ex tunc* somente ocorre após severo juízo de ponderação que, fundado no princípio da proporcionalidade e nas regras argumentativas anteriormente sugeridas, faça prevalecer a segurança jurídica ou *outro princípio constitucionalmente relevante* que venha a assumir a forma de excepcional interesse social. É, nesse sentido, do Min. Gilmar Mendes a conclusão de que a não-aplicação do princípio da nulidade "não se há de basear em consideração de política judiciária, mas em *fundamento constitucional próprio*".[311]

A premissa fundamental a ser registrada é que, em todo caso, a proteção dos efeitos de norma inconstitucional deve-se apresentar como a melhor alternativa para assegurar a normatividade da Constituição como um todo, preservando-se, assim, a integridade da ordem jurídica. Em razão disso, a interpretação, com base no excepcional interesse social, subordina-se ao mesmo tipo de exame anteriormente sugerido e às mesmas regras de prevalência lógico-formal e material propostas neste trabalho.

---

[311] Voto da lavra do Min. Gilmar Mendes. In: AgR no AI 582.280-3/RJ. Relator: Min. Celso de Mello, de 12 de setembro de 2005.

4. Conclusão (Teses)

1) A teoria do direito empreendeu grande esforço para diferenciar *nulidade* de *anulabilidade*, mas não logrou apontar elementos diferenciadores intrínsecos a esses dois institutos. Como se pôde demonstrar, o esforço empreendido para o estabelecimento de traços distintivos entre o nulo e o anulável acaba sempre por se voltar a aspectos exteriores à invalidade em si. O fato de os critérios diferenciadores serem sempre *quanto a isso, quanto àquilo* permite entrever a enorme dificuldade de distinção entre as categorias do nulo e do anulável. Isso se deve, segundo se sustenta, à carência de elementos que sejam intrínsecos a esses defeitos, de maneira a poder diferenciá-los de forma clara e segura. Por essa razão, o legislador, ao qualificar os defeitos como nulo ou anulável, opera sobre esses conceitos sem maior rigor, tratando o mesmo tipo de invalidade ora como nulo, ora como anulável, além de permitir – e por vezes, mesmo, obrigar – a manutenção dos efeitos produzidos pelos atos nulos. Com isso, afirma-se que a distinção entre nulo e anulável não se justifica do ponto de vista da natureza das coisas. E não se pode perder de vista que invalidade é uma categoria deontológica – e, não, ontológica –, assim como o são os regimes de efeitos atribuído às invalidades pelo legislador.

2) A teoria das invalidades é compatível com diversos regimes de atribuição de efeitos aos atos inválidos, desde que esses regimes sejam legalmente autorizados. Nulidade e anulabilidade não apresentam diferença intrínseca: são simplesmente defeitos, com maior ou menor potencialidade para desconstituir os efeitos do ato jurídico existente. É o legislador quem atribui a condição de nulidade ou anulabilidade para os defeitos que ele próprio descreve. O mesmo se diga em relação ao regime dos efeitos da invalidação do ato: é facultado ao legislador fixá-lo. Na conformação desse regime, o legislador goza de certa liberdade, balizada apenas pelas normas constitucionais, hierarquicamente superiores. No uso dessa liberdade, regulamentou o controle abstrato de constitucionalidade e houve por bem instituir o regime de efeitos do art. 27 da Lei nº 9.868/99, para um tipo específico de invalidade: o ato normativo declarado inconstitucional.

3) Duas teses contrapostas pretenderam explicar a natureza do ato inconstitucional: a da nulidade (modelo norte-americano) e a da anulabi-

lidade (modelo austríaco). A tradição brasileira, optando pela primeira, reconheceu o dogma da nulidade, com efeitos *ex tunc*, do ato inconstitucional, considerando-o a técnica adequada para evitar a ruptura com a supremacia da Constituição. É importante que se questione *como* a regra da nulidade assumiu a condição de *dogma* na tradição brasileira. É que, constatada a existência de dois sistemas diferentes de controle de constitucionalidade das leis – modelo austríaco, abstrato, e modelo norte-americano, concreto – e, respectivamente, de duas formas distintas de atribuição de efeitos – *ex nunc* e *ex tunc* –, não se poderia, absoluta e aprioristicamente, negar validade a uma ou outra forma de se operar com os efeitos. Especialmente se se levar em conta o fato de que, no Brasil, os dois modelos de controle – abstrato e concentrado – operam paralelamente desde a Emenda Constitucional nº 16, à Constituição de 1946, não deixa de causar estranheza a formação do *dogma da nulidade da lei inconstitucional*, que tornou a retroatividade dos efeitos da declaração um imperativo inarredável.

4) Por um lado, a condição de dogma atribuída à tese da nulidade apresenta-se inadequada, quando em jogo um regime exclusivo de desfazimento de efeitos contraposto à segurança jurídica, bem como a outros valores constitucionais de igual dignidade, a postular o reconhecimento dos efeitos produzidos. Por outro lado, a visão maniqueísta sobre as teses da nulidade e anulabilidade do ato inconstitucional é postura que desconsidera, inclusive, a própria evolução que os dois sistemas de origem (austríaco e norte americano) experimentam com o passar do tempo. Como nem o modelo norte-americano e nem o austríaco apresentavam soluções teoricamente satisfatórias para todos os problemas que surgiam de cada avaliação em concreto, hoje percebe-se que, em relação ao regime de efeitos no aspecto temporal, há uma *interpenetração* dos dois modelos, ou seja, entre as teses da nulidade e da anulabilidade do ato inconstitucional. Por tal razão é que, para que a matéria seja adequadamente regulada, deve-se abrir mão de uma regra geral, exclusiva e absoluta, para adotar uma regra de preferência que admita exceções, tal como se procedeu no sistema brasileiro de controle de constitucionalidade, através da edição do art. 27.

5) A discussão em torno da natureza do ato inconstitucional é dispensável para o exame do art. 27. Não são as teorias sobre a natureza de ato nulo ou anulável da norma inconstitucional que interessam para se aferir a constitucionalidade das aplicações do art. 27. Esse exame deve partir de outras premissas, notadamente daquelas relativas aos limites da argumentação e interpretação acerca dos conceitos indeterminados expressos no dispositivo. Como se vem de afirmar, nulo e anulável, enquanto categorias dogmáticas, não se distinguem a ponto de exigirem regimes radicalmente opostos quanto aos efeitos produzidos pelo ato defeituoso. Isso, somado à inadequação em adotar-se uma postura ortodoxa diante do problema, confere ao legislador a prerrogativa de disciplinar o regime

de efeitos, prerrogativa essa que deve ser exercida dentro dos limites da Constituição. Nesse particular, a Constituição, ao não dispor taxativamente sobre a regra da nulidade *ex tunc* dos atos que lhe forem contrários, é abstratamente compatível com o art. 27 e permite a modulação de efeitos, desde que executada para a promoção do ordenamento constitucional como um todo. Isso, por si só, já serve de reforço à presunção de constitucionalidade do art. 27 e justifica o abandono da dicotomia *ex tunc/ex nunc* em favor de uma ponderação que leve em consideração as normas constitucionais afetadas pela norma inconstitucional e pelos efeitos por ela produzidos. Isso permite que se interprete a regra da nulidade *ex tunc* da norma inconstitucional como uma regra de preferência, que pode ser, ela própria, superada, quando não puder ser utilizada como a melhor técnica para assegurar a supremacia da Constituição como um todo.

6) O artigo 27 permite que, apesar de declarado inconstitucional, um ato mantenha todos os efeitos produzidos até esta declaração (*ex nunc*), ou que mantenha parte desses efeitos (*ex tunc* restringido), ou que, além de manter todos os efeitos produzidos, tenha produção de efeitos assegurada *pro futuro*, até o momento que a decisão fixar para que tais efeitos cessem (*ex nunc* com termo inicial diferido). Para a manutenção desses efeitos, é necessário o acordo de, pelo menos, oito Ministros, e que a manutenção desses efeitos esteja albergada no texto da Constituição.

7) O *quorum* legalmente previsto pelo art. 27 não está em discrepância com aquele constitucionalmente previsto pelo art. 97 da Constituição Federal de 1988. É que se trata de *quorum* para deliberações distintas. No caso do art. 27, o *quorum* qualificado justifica-se pela necessidade de reforço – formal, além do reforço material através da justificação da decisão –, para a superação da regra da nulidade da lei inconstitucional. Interessante perceber que, caso a aplicação do art. 27 se faça necessária no controle concreto de constitucionalidade (hipótese que, como visto, não deve ser descartada *a priori*), a questão deverá ser submetida ao exame do Pleno do STF, para que se cumpra o requisito legal do *quorum* de dois terços.

8) As possibilidades previstas pelo art. 27, ainda que social e juridicamente desejadas, devem ser operadas com a devida parcimônia, porquanto o poder de determinação dos efeitos deve pautar-se pelos bens jurídicos e princípios garantidos na Constituição Federal, notadamente pelo princípio da segurança jurídica e pelo dever de proteção dos direitos fundamentais pelo Estado.

9) A decisão que preserva efeitos de ato inconstitucional aceita somente uma fundamentação institucional, jamais recorrendo a argumentos meramente pragmáticos ou conseqüencialistas. É da Constituição que devem ser extraídos os *topoi* que serão assegurados pela preservação dos efeitos. Noutras palavras, toda ponderação permitida pelo art. 27 deve

levar em conta um confronto entre normas internas à Constituição. Do contrário, aí sim, rompe-se com a supremacia da Constituição, vértice de toda a ordem jurídica.

10) Em direito constitucional, nenhuma ponderação deve ser exercida à revelia de critérios formais e materiais. Cresce, assim, a preocupação em tornar a ponderação um método que não leve à imprevisibilidade quanto aos resultados do processo hermenêutico, e tampouco permita, ao intérprete, tomar decisões que dispensem os argumentos intersubjetivamente sindicáveis, em prol daqueles que, ao contrário, se fundamentem apenas em seu sentimento de justiça. Na tentativa de explicitação desses limites para a aplicação do art. 27, propõe-se uma ponderação estruturada em três fases distintas: primeiro, a identificação e análise dos princípios (genericamente designando os valores, direitos, interesses ou bens protegidos na Constituição) que estejam em conflito em face do caso concreto; segundo, a atribuição de peso e importância correspondente a cada princípio objeto de ponderação; e, terceiro, a determinação da prevalência de um princípio sobre os demais. O processo de justificação é, pois, tão relevante, que não basta que o intérprete tenha realizado a ponderação; é necessário que a ponderação realizada tenha efetuado uma *correta* valoração e definição constitucional dos direitos presentes na questão. Daí a importância de se identificar, selecionar e valorar cada tipo de argumento, para, após, sujeitá-los a uma hierarquização.

11) É a argumentação que vai auxiliar o intérprete na tarefa de concatenar os diversos argumentos que por ventura se apresentem e, a partir deles, justificar uma decisão a partir dos argumentos preponderantes. Nessa linha de raciocínio, justifica-se a adoção da *regra de prevalência lógico-formal* dos argumentos institucionais em relação aos demais. Com isso, a possibilidade de aplicação do art. 27 baseada, pura e simplesmente, em razões de política judiciária, ou em considerações meramente políticas, fica, aprioristicamente, excluída. Nada nos estudos acerca da interpretação jurídica sugere que uma decisão jurídica possa se alicerçar, exclusivamente, em fundamentos extra-sistemáticos ou meramente pragmáticos, ou possa resultar do sentimento de justiça do intérprete. Essa obrigação de que toda a argumentação desenvolvida na aplicação do art. 27 seja, necessariamente, reconduzida a uma norma ou princípio constitucional, longe de ser uma afirmação de cunho meramente positivista (no sentido legalista), decorre, simplesmente, da atribuição de máxima efetividade e normatividade a princípios constitucionais que fundamentam a ordem constitucional vigente, notadamente, o Estado de Direito, a democracia, a divisão dos poderes, a legalidade e a segurança jurídica. Sem falar que, de outro modo, rompe-se com a supremacia da Constituição.

12) Na fundamentação das decisões judiciais, esta solução pela primazia (*prima facie*) dos argumentos institucionais aumenta o *grau de coerên-*

cia da decisão, à medida que essa regra de prevalência formal se constitui em meio para a realização do estado de coisas reclamado por princípios fundamentais da Constituição. A regra de prevalência formal fundamenta-se nos princípios democrático e da divisão dos poderes, que, a seu turno, se fundamentam no princípio maior do Estado de Direito. Isso inclui uma cadeia de fundamentação própria, demonstrando o grau de coerência *presente* nos argumentos institucionais e *ausente* nos argumentos meramente pragmáticos ou conseqüencialistas. A regra de prevalência formal, segundo a qual devem preponderar os argumentos institucionais sobre os não-institucionais, e dentre aqueles, os que se relacionam com os elementos objetivados no ordenamento sobre os que pertencem ao campo subjetivo do legislador, assume importância capital no exame da coerência. Isso porque resulta claro que o direito objetivo, e nada mais do que ele, é que deve servir de objeto para o exame da coerência entre os seus diversos elementos.

13) Dentro de uma linha de fundamentação institucional interna à Constituição, faz-se também necessário resgatar o emprego da interpretação literal para *supra valorar*, dentro da Constituição, os conteúdos que ela própria refere como sendo mais importantes. Essa referência aparece sempre que o próprio texto emprega expressões como "fundamental", "prioritário", "não pode ser abolido", etc., de modo que essas normas adquiram prevalência quando confrontadas com as demais. Esse exame acurado do texto constitucional autoriza e fundamenta o reconhecimento de uma hierarquia axiológica dentro da Constituição e, em respeito a essa hierarquia, deve-se conferir prevalência às normas constitucionais fundamentais que estejam em situação de conflito com outras normas, se também constitucionais. Nisso consiste a *regra de prevalência lógico-material* proposta: a ponderação entre normas constitucionais conflitantes deve considerar o dever de proteção aos direitos fundamentais e o princípio da dignidade humana, conferindo uma primazia às normas constitucionais que otimizem os direitos individuais e o respeito à pessoa.

14) O reconhecimento dessas regras de prevalência lógico-formal e material não se deduz de concepções meramente teóricas, filosóficas ou metodológicas. Muito mais do que isso, elas justificam-se a partir da imperatividade do direito constitucional positivo. Elas são, pois, dedutíveis a partir da integração e contextualização da Constituição Federal de 1988, considerado, de um lado, o caráter de fundamentalidade que atribuiu ao princípio do Estado Democrático de Direito e seus corolários (legalidade, separação dos Poderes, segurança jurídica), que sustentam a regra de prevalência lógico-formal, e, de outro, o caráter de fundamentalidade que atribuiu aos direitos fundamentais e à dignidade da pessoa, que sustentam a regra de prevalência lógico-material.

15) Com efeito, a interpretação da Lei nº 9.868/99 – notadamente a norma do art. 27 –, assim como de todas as demais normas do ordenamento jurídico, não escapam da irradiação da eficácia das normas de direitos fundamentais previstas na Constituição. É preciso passar do discurso dos direitos fundamentais à prática dos direitos fundamentais. Ao lidar com os conceitos abertos do art. 27, é mister que o intérprete tenha em mente o dever de proteção dos direitos fundamentais e também o dever de otimização do sentido dos preceitos que os prevêem, de modo a jamais utilizar o dispositivo para assegurar a permanência de efeitos lesivos àqueles direitos, que eventualmente tenham sido produzidos por norma declarada inconstitucional. Com isso, quer-se afirmar que, quando a interpretação de *razões de segurança jurídica* ou *excepcional interesse social* ensejar um conflito que tenha em um dos pólos a proteção a direitos fundamentais do indivíduo, deve-se aplicar a regra de prevalência em favor desses direitos, em detrimento dos demais argumentos que possam ser invocados na questão.

16) A aplicação do art. 27, para ser conforme a Constituição, deve ocorrer a partir da correta integração da *expressão razões de segurança jurídica*. O princípio da segurança jurídica é um dos pilares do Estado de Direito e comporta, conceitualmente, uma vertente objetiva, que diz respeito à certeza do direito e à previsibilidade, e outra subjetiva, concernente à proteção da confiança do indivíduo e da boa-fé. A proteção da confiança se apresenta como um aspecto relevante relacionado à interpretação do art. 27, pois tem por fim a proteção dos direitos e expectativas dos indivíduos em face das manifestações estatais, especialmente quando ocorrem modificações nessas manifestações, seja porque exaradas de forma ilegal, seja porque necessárias do ponto de vista da utilidade pública. Assim, a proteção da confiança é aspecto fundamental a ser considerado, quando está em questão saber se se deve ou não proceder à manutenção de efeitos de atos inválidos, tendo em vista razões de segurança jurídica, nos termos do art. 27 da Lei nº 9.868/99. É que, muitas vezes, a norma, mesmo sendo inconstitucional, gera a presunção de que seu comando será cumprido e de que seus efeitos serão regularmente produzidos, sendo tudo isso reforçado pelo princípio da presunção da constitucionalidade dos atos normativos.

17) O Estado, a seu turno, não pode invocar a segurança jurídica, nesse mesmo aspecto, para a manutenção de situações que a lei inconstitucional tenha gerado em seu benefício. Observou-se que as aplicações do princípio da segurança jurídica têm ocorrido, na jurisprudência dos tribunais superiores, sempre em benefício do cidadão, e não do Estado. Não são poucas e nem irrelevantes as razões que amparam a tese. Primeiro, porque, se esse benefício para o Estado deu-se em detrimento de direitos fundamentais do indivíduo, já se concluiu pela prevalência desses em caso

de conflito. Segundo, porque a segurança jurídica é, também, um direito fundamental *do cidadão* (art. 5°, *caput*), oponível ao Estado. E terceiro, porque alguns aspectos do princípio da boa-fé têm servido para complementar a segurança jurídica no sentido de proteção da confiança, e a exigência de boa-fé nas relações jamais autorizaria que o autor de um ato inválido pudesse lograr proveito através dele.

18) O princípio da proteção da confiança é comumente vinculado à noção de boa-fé objetiva porque ambos são entendidos como institutos que implicam a idéia de coerência com a conduta precedente. É de se destacar um importante aspecto da boa-fé objetiva, que diz respeito à cláusula do *tu quoque,* segundo a qual é inadmissível o exercício de um direito quando a posição jurídica alegada tenha sido obtida mediante uma conduta ilegal. Isso fere as sensibilidades mais primárias, éticas e jurídicas. Condensa-se, assim, uma espécie de represália à infidelidade jurídica, que significa, para a situação aqui tratada, a infidelidade do Estado em relação à Constituição que lhe ampara e constitui. Seria, no mínimo, incongruente com os ditames da boa-fé, a mais não poder, a solução que permitisse ao Estado usar (no caso, abusar) do poder de legislar em desrespeito à Constituição – ou seja, *inconstitucionalissimamente! –,* e, como prêmio, ainda dispor da possibilidade de ver mantido o proveito que tenha logrado em virtude da lei inconstitucional, muito especialmente se esse proveito se dá em detrimento dos direitos individuais. Este importante aspecto do princípio da boa-fé reside, muito mais que numa proposição juridicamente fundada na segurança jurídica, na própria virtude e na ética das comunidades juridicamente organizadas, e também há que ser considerado na interpretação do art. 27 da Lei n° 9.868/99.

19) Quanto à interpretação da expressão *excepcional interesse social*, também há que ser conforme a Constituição. Verificam-se duas alternativas. Por um lado, a expressão pode ser considerada inconstitucional, uma vez que, sua ampla indeterminação, ambigüidade e fluidez contrastam com as exigências de *previsibilidade e certeza,* decorrentes do princípio constitucional da segurança jurídica, que constitui, neste particular, fundamento do próprio Estado de Direito. Por outro lado, para que sua aplicação seja válida, através do seu emprego deverá ter prevalência o interesse da sociedade, quando contraposto aos interesses do próprio Estado. Além disso, como se sustenta desde o início, diante da necessidade de manutenção da supremacia da Constituição (sob pena de ruptura da própria ordem constitucional), a modulação de efeitos somente estará autorizada na medida em que contemplar a aplicação de outras normas constitucionais que, após justificada ponderação, se sobreporiam àquela que foi violada pela lei declarada inconstitucional. Não se pode descurar, ainda, da advertência, já feita pelo Min. Gilmar Mendes, em precedente jurisprudencial citado nesta pesquisa, de que o afastamento do efeito *ex tunc* somente ocorre após

severo juízo de ponderação que, fundado no princípio da proporcionalidade e nas regras argumentativas anteriormente sugeridas, faça prevalecer a segurança jurídica ou *outro princípio constitucionalmente relevante* que venha a assumir a forma de excepcional interesse social.

20) Como se pretendeu demonstrar, na integração dos termos *razões de segurança jurídica* e *excepcional interesse social*, por ocasião de sua aplicação em concreto, o rigor na escolha dos argumentos aptos a preenchê-los impede que se faça vista grossa aos direitos e princípios fundamentais da Constituição. Assim sendo, a aparente liberdade, para a modulação dos efeitos temporais da declaração de inconstitucionalidade, deve ser entendida como o dever de argumentar de forma coerente sobre as opções realizadas. Deve-se evitar que a possibilidade de *determinação* converta-se em *manipulação* dos efeitos do controle de constitucionalidade em benefício de interesses aleatórios, e que a jurisprudência, tendo amplas condições de preservar a supremacia da Constituição e a garantia do direito fundamental à segurança jurídica, converta-se em um instrumento de autoritarismo e corrosão dos próprios direitos e princípios que a Constituição, prioritariamente, consagra.

21) Esse discurso deve ser compreendido como uma forma de concretização da força normativa da Constituição e da relevância da teoria dos direitos fundamentais. Esses dois elementos constituem a tônica da Teoria da Constituição hodierna, mas, se permanecerem encapsulados no plano teórico, apequenam sua contribuição para que vingue, no Brasil, institucionalmente, aquele *estado-ideal-de-coisas* preconizado pelo princípio do Estado de Direito, presente já no primeiro dispositivo da Constituição Federal de 1988. A intenção subjacente à elaboração dessas teses é, pois, concretizar, através do controle de constitucionalidade, as premissas do Estado Democrático de Direito, e permitir que este Estado cuide bem dos principais elementos que o constituem: seu povo e sua Constituição.

5. Referências bibliográficas

ALEXY, Robert. *Constitucionalismo discursivo*. Traduzido por Luís Afonso Heck. Porto Alegre: Livraria do Advogado, 2007.

——. *Derecho y razón práctica*. México: Biblioteca de Etica, Filosofia del Derecho y Politica, 1993.

——. *Teoria da argumentação jurídica*. Traduzido por Hilda Hutchinson Schild Silva. São Paulo: Landy, 2005.

ALVES, José Carlos Moreira. *Direito romano*. Rio de Janeiro: Forense, 2003.

ANDRADE FILHO, Edmar Oliveira. *Controle de constitucionalidade de leis e atos normativos*. São Paulo: Dialética, 1997.

ANDRADE, Christiano José de. *O problema dos métodos da interpretação jurídica*. São Paulo: Revista dos Tribunais, 1992.

ANDRADE, José Carlos Vieira de. *Os direitos fundamentais na Constituição portuguesa de 1976*. Coimbra: Almedina, 1987.

ARAGÃO, Alexandre Santos. O controle da constitucionalidade pelo Supremo Tribunal Federal à luz da teoria dos poderes neutrais. In: *Revista Forense*, v. 373, p. 24-27, maio./jun. 2004.

ARCE Y FLÓREZ-VALDÉS, Joaquin. *El derecho civil constitucional*. Madri: Cuadernos Civitas, 1991.

ATIENZA, Manuel. *As razões do direito:* teorias da argumentação jurídica – Perelman, Toulmin, MacCormick, Alexy e outros. São Paulo: Landy, 2000.

ÁVILA, Ana Paula Oliveira. Razoabilidade, proteção do direito fundamental à saúde e antecipação de tutela contra a fazenda pública. In: *Revista AJURIS*, 86, p. 361-374, jun 2002. t.2;

ÁVILA, Humberto Bergmann (org). *Fundamentos do Estado de Direito:* estudos em homenagem ao professor Almiro do Couto e Silva. São Paulo: Malheiros, 2005.

——. A distinção entre princípios e regras e a redefinição do dever de proporcionalidade. In: *Revista de Direito Administrativo*, n. 215, p.151-179, jan./mar. 1999.

——. Argumentação jurídica e imunidade do livro eletrônico. In: *Revista Diálogo Jurídico*, n.5, 2001. Disponível em: www.direitopublico.com.br.

——. Benefícios fiscais inválidos e a legítima expectativa dos contribuintes. In: *Revista Tributária e de Finanças Públicas*, n. 42(100), jan./fev. São Paulo: Revista dos Tribunais, 2002.

——. *Sistema constitucional tributário*. 2. ed. São Paulo: Saraiva, 2006.

——. *Teoria dos princípios:* da definição à aplicação dos princípios jurídicos. 5. ed. São Paulo: Malheiros, 2006.

——. Repensando o princípio da supremacia do interesse público sobre o privado. In: *Revista Trimestral de Direito Público*, n. 24, p.159-180, São Paulo: Malheiros, 1998.

ÁVILA, Ana Paula Oliveira. A face não-vinculante da eficácia vinculante das declarações de constitucionalidade: uma análise da eficácia vinculante e o controle concreto de constitucionalidade no Brasil. In: ÁVILA, Humberto (org.). *Fundamentos do Estado de Direito:* estudos em homenagem ao professor Almiro do Couto e Silva. São Paulo: Malheiros, 2005.

BARACHO, José Alfredo de Oliveira. *Processo constitucional*. Rio de Janeiro: Forense, 1984.

BARBOSA SOBRINHO, Osório Silva. *Comentários à lei n. 9.868/99*. São Paulo: Saraiva, 2004.

BARBOSA, Rui. Os atos inconstitucionais do congresso e do executivo. In: *Trabalhos jurídicos*. Rio de Janeiro: Casa de Rui Barbosa, 1962.

BARCELLOS, Ana Paula de. Alguns parâmetros normativos para a ponderação constitucional. In: BARROSO, Luís Roberto (Coord.). *A nova interpretação constitucional:* ponderação, direitos fundamentais e relações privadas. Rio de Janeiro: Renovar, 2003.

——. *A eficácia jurídica dos princípios constitucionais: o princípio da dignidade humana*. Rio de Janeiro: Renovar, 2002.

BARROSO, Luís Roberto. Fundamentos teóricos e filosóficos do novo direito constitucional brasileiro. In: *Revista de Direito Administrativo*, n. 225, p. 5-37, 2001.

——. *Interpretação e aplicação da constituição*. 4. ed. São Paulo: Saraiva, 2001.

——. *O controle de constitucionalidade no direito brasileiro*. São Paulo: Saraiva, 2004.

——. *Temas de direito constitucional.* Rio de Janeiro: Renovar, 2001.
——. *Temas de direito constitucional.* Tomo II. Rio de Janeiro: Renovar, 2003.
——. *Temas de direito constitucional.* Tomo III. Rio de Janeiro: Renovar, 2005.
——; BARCELLOS, Ana Paula de. O começo da história: a nova interpretação constitucional e o papel dos princípios no direito brasileiro. In: *Temas de direito constitucional.* Rio de Janeiro: Renovar, 2005. t. 3.
BARZOTTO, Luiz Fernando. *Positivismo jurídico contemporâneo.* São Leopoldo: Unisinos, 1999.
BITTENCOURT, Lúcio. *O controle jurisdicional da constitucionalidade das leis.* 2. ed. Rio de Janeiro: Forense, 1968.
BONAVIDES, Paulo. *Curso de direito constitucional.* 9. ed. São Paulo: Malheiros, 2000.
BORGES, José Souto Maior. Pró-dogmática: por uma hierarquização dos princípios constitucionais. In: *Revista Trimestral de Direito Público,* n. 1, p. 140-146. São Paulo: Malheiros, 1993.
BUENO, José Antônio Pimenta. *Direito público brasileiro e análise da Constituição do Império.* Brasília: UnB, 1978.
BUZAID, Alfredo. *Da ação direta de declaração de inconstitucionalidade no direito brasileiro.* São Paulo: Saraiva, 1958.
CAMPOS, FRANCISCO. *Direito constitucional.* Rio de Janeiro: Freitas de Bastos, 1956. v. 2.
CANARIS, Claus-Wilhelm. *Pensamento sistemático e conceito de sistema na ciência do direito.* Traduzido por Antônio Menezes Cordeiro. Lisboa: Fundação Calouste Gulbenkian, 1989.
CANOTILHO, J. J. Gomes. *Direito constitucional e teoria da Constituição.* 4. ed. Coimbra: Almedina, 1999.
CAPPELLETTI, Mauro. *O controle judicial de constitucionalidade das leis no direito comparado.* 2. ed. Porto Alegre: Fabris, 1992.
CARVALHO, Francisco Pereira de Bulhões. *Sistemas de nulidades dos atos jurídicos.* 2. ed. Rio de Janeiro: Forense, 1981.
CASTRO, Carlos Roberto Siqueira. Da declaração de inconstitucionalidade e seus efeitos em face das leis nº 9.868/99 e 9.882/99. In: SARMENTO, Daniel (org.) *O controle de constitucionalidade e a Lei 9.868 de 1999.* Rio de Janeiro: Lumen Juris, 2001.
CLÈVE, Clèmerson Merlin. *A fiscalização abstrata da constitucionalidade no direito brasileiro.* 2. ed. São Paulo: Revista dos Tribunais, 2000.
COÊLHO, Sacha Calmon Navarro. *O controle da constitucionalidade das leis e do poder de tributar na Constituição de 1988.* 3. ed. Belo Horizonte: Del Rey, 1999.
COUTO E SILVA, Almiro Régis do. O princípio da segurança jurídica (proteção à confiança) no direito público brasileiro e o direito da administração pública anular seus próprios atos administrativos: o prazo decadencial do art. 54 da lei do processo administrativo da união (lei nº 9.784/99). In: *Revista do Direito Público,* Belo Horizonte, ano2, n. 6, p. 7-59, jul./set., 2004.
——. Princípios da legalidade da administração pública e da segurança jurídica no Estado de Direito contemporâneo. In: *Revista de Direito Público,* n 84, 43, 1982.
——. Veiculação de publicidade com infringência eventual ao art. 37, §1º, da cf. e estatuto das licitações: possibilidade do slogan. In: *Revista da Procuradoria Geral do Município de Porto Alegre,* Porto Alegre, v. 9, p. 61-84, 1996.
CRETELLA JÚNIOR, José. *Comentários à lei de desapropriação:* Constituição de 1988 e leis ordinárias. Rio de Janeiro: Forense, 1991.
DANTAS, Ivo. *O valor da Constituição.* 2. ed. Rio de Janeiro: Renovar, 2001.
DWORKIN, Ronald. *Is law a system of rules? In the philosophy of law.* New York: Oxford University Press, 1977.
ECO, Umberto. *Interpretation and overinterpretation.* Cambridge: Cambridge University, 1992.
ENGISCH, Karl. *Introdução ao pensamento jurídico.* 6 ed. Lisboa: Fundação Calouste Gulbenkian, 1983.
ENTERRÍA, Eduardo Garcia de. Justicia constitucional, la douctrina propesctiva en la declaración de ineficácia de las leyes inconstitucionales. In: *Revista do Direito Público,* n. 92, p. 5, out./dez. 1989.
FALCÃO, Djaci. *O poder judiciário e a nova carta constitucional. Arquivos do Ministério da Justiça,* n. 173, p.25, 1988.
FERRARI, Regina Maria Macedo Nery. *Efeitos da declaração de inconstitucionalidade.* 4. ed. São Paulo: Revista dos Tribunais, 1999.
FERRAZ JUNIOR, Tércio Sampaio. *Introdução ao estudo do direito.* 2. ed. São Paulo: Atlas, 1994.
FERREIRA FILHO, Manoel Gonçalves. *Curso de direito constitucional.* São Paulo: Saraiva, 2000.
——. O sistema constitucional brasileiro e as recentes inovações no controle de constitucionalidade. In: *Revista de Direito Administrativo,* n. 220, p. 1-17, 2000.
FERREIRA, Olavo Alves. *Controle de constitucionalidade e seus efeitos.* São Paulo: Método, 2003.
——; FERNANDES; PIERONI, Rodrigo. A argüição de descumprimento de preceito fundamental e a manipulação dos efeitos de sua decisão. In: *Advocacia Pública,* Ano VIII, n. 18, p. 23-24, jun., 2002.

FREITAS, Juarez. *A interpretação sistemática do direito.* São Paulo: Malheiros, 1995.

——. Tendências atuais e perspectivas da hermenêutica constitucional. In: *Revista AJURIS*, n. 76, p. 397- 408,1999.

GARCÍA LUENGO, Javier. *El principio de protección de la confianza en el derecho administrativo.* Madrid: Civitas, 2002.

GRINOVER, Ada Pellegrini. Ação rescisória e divergência de interpretação em matéria constitucional. In: *Revista Dialética de Direito Tributário XXXX*, n. 8, p. 9-20, 2002.

GUSY, Christoph. *Parlamentarischer Gesetzgeber und Bundesverfassungs-Gericht.* Berlin: Duncker & Humblot, 1985.

GUTIERREZ, Monica. *Derecho administrativo y seguridad jurídica.* Santiago: Editorial Jurídica de Chile, 1965.

HESSE, Konrad. *A força normativa da constituição.* Traduzido por Gilmar Ferreira Mendes. Porto Alegre: Fabris, 1991.

KASER, Max. *Direito privado romano.* Lisboa: Fundação Calouste Gulbenkian, 1992.

KELSEN, Hans. *General theory of law and state.* Traduzido por Anders Wedberg. Cambridge: Harvard University, 1945.

——. *La giustizia constituzionale.* Milão: Giufrè, 1931-1981.

——. *Teoria pura do direito.* Traduzido por João Baptista Machado. 3. ed. São Paulo: Martins Fontes, 1991.

KNIJNIK, Danilo. O princípio da segurança jurídica no direito administrativo e constitucional. In: *Revista do Tribunal de Contas do Estado do Rio Grande do Sul*, v. 13-2, n. 21, p. 123, ago./dez. 1994.

KREIBICH, Roland. *Der Grundsatz von Treu und Glauben im Steuerrecht.* Heidelberg: Müller, 1992.

LARENZ, Karl. *Metodologia da ciência do direito.* 2. ed. Lisboa: Fundação Calouste Gulbenkian, 1989.

MACHADO, Hugo de Brito. Declaração de inconstitucionalidade e direito intertemporal. In: *Revista Dialética de Direito Tributário*, n. 57, p.72-87, 2000.

——. Efeito retroativo da declaração de inconstitucionalidade. In: *Informativo consulex*, v. 19, n. 16, p. 430-429, abr. 1996.

MACIEIRA, Luciana de Assunção. A inconstitucionalidade do art. 27 da lei n. 9868/99 quanto ao regulamento processual dos efeitos do provimento final em sede de controle abstrato. In: *Revista da ESMAPE*, v.6, n. 13, jan./jun. 2001.

MARTINS, Ives Gandra da Silva; MENDES, Gilmar Ferreira (orgs). *Controle concentrado de constitucionalidade:* comentários à lei n. 9.868, de 10-11-1999. São Paulo: Saraiva, 2001.

MARTINS-COSTA, Judith. *A boa-fé no direito privado:* sistema e tópica no processo obrigacional. São Paulo: Revista dos Tribunais, 1999.

MAURER, Hartmut. *Droit administratif allemand.* Paris: L.G.D.J., 1994.

MEDEIROS, Rui. *A decisão de inconstitucionalidade.* Lisboa: Universidade Católica, 1999.

MEIRELLES, Hely Lopes. *Direito administrativo brasileiro.* 25. ed. São Paulo: Malheiros, 2000.

MELLO, José Luiz de Anhaia. *Da separação de poderes à guarda da Constituição.* São Paulo: Revista dos Tribunais, 1968.

MENDES, Gilmar Ferreira. A doutrina constitucional e o controle de constitucionalidade como garantia da cidadania: declaração de Inconstitucionalidade sem pronúncia de nulidade no direito brasileiro. In: *Revista do Direito Administrativo*, n. 191, 40, p. 53, 1993.

——. *et al. Hermenêutica constitucional e direitos fundamentais.* Brasília: Brasília Jurídica, 2000.

——. O sistema de controle de constitucionalidade das normas da constituição de 1988 e reforma do poder judiciário. In: *Revista da AJURIS*, n. 75, p.234, 1999.

——. Controle de constitucionalidade na Alemanha. In: *Revista do Direito Administrativo*, n. 193, p.13, 1993.

——. *Direitos fundamentais e controle de constitucionalidade.* 2. ed. São Paulo: Celso Bastos, Instituto Brasileiro de Direito Constitucional, 1999.

——. *Jurisdição constitucional:* o controle abstrato de normas no Brasil e na Alemanha. 5. ed. São Paulo: Saraiva, 2005.

——. O apelo ao legislador: Appellentscheidung na práxis da Corte constitucional federal Alemã. In: *Arquivos do Ministério da Justiça*, n. 179, p. 81, 1992.

——; MARTINS, Ives Gandra da Silva. *Controle concentrado de constitucionalidade.* São Paulo: Saraiva, 2001.

MENEZES CORDEIRO, A. Manuel. *Da boa-fé no direito civil.* Coimbra: Almedina, 1997.

MICHELON JÚNIOR, Cláudio Fortunato. Ensaio sobre a história, as possibilidades e os limites de uma teoria das invalidades dos atos jurídicos. Revista do Ministério Público do Rio Grande do Sul, Porto Alegre, in: *Ciência Jurídica Nova Alvorada*, n.40, p. 47-74 e p. 67-68, jan./jun. 1998.

MIELE, Giovani. *Principî di diritto amministrativo.* Padova: Cedam, 1960.

MIRANDA, Jorge. *Contributo para uma teoria da inconstitucionalidade.* Coimbra: Coimbra, 1996.

MIRANDA, Jorge. *Manual de direito constitucional.* 2. ed., Coimbra: Coimbra, 1983. t.2

——. *Manual de direito constitucional.* Coimbra: Coimbra, 1996. t. 1 e 2.

MORAES, Alexandre de. *Jurisdição constitucional e tribunais constitucionais.* São Paulo: Atlas, 2000.

MOTTA FILHO, Sylvio Clemente da. *Controle de constitucionalidade:* uma abordagem jurisprudencial. Rio de Janeiro: Impetus, 2002.

MÜLLER, Friedrich. *Discours de la méthode juridique.* Traduzido por Olivier Jouanjan. Paris: PUF, 1993.

NEVES, Marcelo. *Teoria da inconstitucionalidade.* São Paulo: Saraiva, 1988.

OLIVEIRA, Marcelo Andrade Cattoni. Devido processo legislativo e controle jurisdicional de constitucionalidade no Brasil. In: *Jurisdição e hermenêutica constitucional.* Belo Horizonte: Mandamentos, 2004.

PALU, Oswaldo Luiz. *Controle de constitucionalidade:* conceitos, sistemas, efeitos. 2. ed. São Paulo: Revista dos Tribunais, 2001.

PÉREZ, Jesús Gonzáles. *El principio general de la buena fe en el derecho administrativo.* 3. ed. Madri: Civitas, 1999.

PONTES DE MIRANDA, Francisco Cavalcanti. *Tratado de direito privado.* São Paulo: Revista dos Tribunais, 1983. t.4

RADBRUCH, Gustav. *Filosofia do direito.* Traduzido por Cabral de Moncada. Coimbra: Armênio Amado, 1937.

RAZ, Joseph. *Ethics in the public domain.* ed. rev. Oxford: Clarendon Press,1996.

REDESCHI, Ronaldo. Eficácia *ex nunc* da declaração de inconstitucionalidade em via direta: modificações trazidas pelo art. 27 da Lei nº 9.868 /99 – relações com o método da ponderação de bens. In: *Temas de interpretação do direito tributário.* Rio de Janeiro: Renovar, 2003.

RODRIGUES, Walter Piva. Ação rescisória diante de decisão sobre constitucionalidade pelo Supremo Tribunal Federal. In: ROCHA, Valdir de Oliveira (coord.). *Grandes questões de direito tributário.* São Paulo: Dialética, 1997.

RODRÍGUEZ DE SANTIAGO, José Maria. *La ponderación de bienes e intereses em el derecho administrativo.* Madrid: Marcial Pons, 2000.

ROSSI, Júlio César. A reforma do judiciário e suas implicações nos modelos concentrado e difuso de controle de constitucionalidade. In: *Revista Dialética de Direito Processual,* n. 31, p. 51-71, out. 2005.

ROTHENBURG, Wlater Claudius. Velhos e novos rumos das ações de controle abstrato de constitucionalidade à luz da lei nº 9.868/99. In: *O controle de constitucionalidade e a lei 9.868/99.* Rio de Janeiro: Lumen Juris, 2001, p.282-285.

SALLES, José Carlos de Moraes. *A desapropriação à luz da doutrina e da jurisprudência.* 4. ed. São Paulo: Revista dos Tribunais, 2000, p. 92.

SANTIAGO, José Maria Rodríguez de. *La ponderación de bienes e intereses em el derecho administrativo.* Madrid: Marcial Pons, 2000.

SARLET, Ingo Wolfgang. *A eficácia dos direitos fundamentais.* 8ª ed. Porto Alegre: Livraria do Advogado, 2008.

——. *Argüição de descumprimento de preceito fundamental: alguns aspectos controversos.* In: *Argüição de descumprimento de preceito fundamental:* análises à luz da lei nº 9.882/99. São Paulo: Atlas, 2001.

——. *Dignidade da pessoa humana e direitos fundamentais na Constituição Federal de 1988.* Porto Alegre: Livraria do Advogado, 2001.

SARMENTO, Daniel. *A eficácia temporal das decisões no controle de constitucionalidade.* In: SARMENTO, Daniel (org). *O controle de constitucionalidade e a lei nº 9.868 de 1999.* Rio de Janeiro: Lumen Juris, 2002.

SARMENTO, Daniel. *A ponderação de interesses na Constituição Federal.* Rio de Janeiro: Lumen Juris: 2000.

SCALIA, Antonin. *A matter of interpretation.* New Jersey: Princeton University Press, 1997.

SCHONBERG, SOREN. *Legitimate expectations in administrative law.* Oxford: University Press, 2000.

SCHIER, Paulo Ricardo. *Filtragem constitucional:* construindo uma nova dogmática jurídica. Porto Alegre: Fabris, 1999.

SCHLAICH, Klaus. *Das Bundesverfassungsgericht:* Stellung, Verfahren, Entscheidungen. 4. ed. München: Verlag C. H. Beck, 1997.

SEABRA FAGUNDES, Miguel. *O controle dos atos administrativos pelo poder judiciário.* 7. ed. Atualizada por Gustavo Binenbojm. Rio de Janeiro: Forense, 2005.

——. Da desapropriação no direito constitucional brasileiro. In: *Revista de Direito Administrativo,* n. 14, v.2., p. 3-4

SICHES, Luís Recasens. *Vida humana, sociedad y derecho.* México: Fondo de Cultura Economica, 1939.

SILVA, José Afonso da. *Aplicabilidade das normas constitucionais.* São Paulo: Revista dos Tribunais, 1968.

SILVA, Paulo Napoleão Nogueira da. *A evolução do controle da constitucionalidade e a competência do Senado Federal.* São Paulo: Revista dos Tribunais, 1992.

SILVA, Sergio André R. G. da. Comentários acerca dos efeitos da decisão proferida no âmbito do controle abstrato da constitucionalidade das normas tributárias. In: *Revista Dialética de Direito Tributário,* n. 83, p. 150-167.

SIQUEIRA JÚNIOR, Paulo Hamilton. *Controle de constitucionalidade.* São Paulo: Juarez de Oliveira, 2001.

STRECK, Lenio Luiz. *Jurisdição constitucional e hermenêutica.* Rio de Janeiro: Forense, 2004.

SUÁREZ COLLÍA, José Maria. *El principio de irretroactividad de las normas jurídicas.* Madri: Actas, 1994.

TORRES, Ricardo Lobo. *Curso de direito financeiro e tributário.* 9. ed. Rio de Janeiro: Renovar, 2002.
TRIBE, Laurence H. *Constitutional choices.* Cambridge: Harvard University Press, 1985.
VELLOSO, Carlos Mário da Silva. *Temas de direito público.* Belo Horizonte: Del Rey, 1997.
VELOSO, Zeno. *Controle jurisdicional de constitucionalidade.* 2. ed. Belo Horizonte: Del Rey, 2000.
VIEHWEG, Theodor. *Topica e giurisprudenza.* Milano: Giuffrè, 1962.
VILANOVA, Lourival. *As estruturas lógicas e o sistema do direito positivo.* São Paulo: Revista dos Tribunais, 1977.
WIEACKER, Franz. *El princípio general de la buena fe.* 2. ed. Madri: Civitas, 1986.
WILLOUGHBY, W. W. The constitutional law of the United States. New York: 1910. v. 1, p. 9-10 *apud* MARTINS, Ives Gandra da Silva; MENDES, Gilmar Ferreira (org.). *Controle concentrado de constitucionalidade.* São Paulo: Saraiva, 2001, p. 313.
ZAVASCKI, Teori Albino. A eficácia temporal das decisões no controle de constitucionalidade. In: SAMPAIO, José Adércio Leite; CRUZ, Álvaro Ricardo de Souza (coord.). *Hermenêutica e jurisdição consitucional.* Belo Horizonte: Del Rey, 2001.
_____. *Eficácia das sentenças na jurisdição constitucional.* São Paulo: Revista dos Tribunais, 2001.

5.1. Referências jurisprudenciais

ADI nº 2.154-2. Relator: Min. Sepúlveda Pertence. (pendente de julgamento).
ADI nº 2.258-0. Relator: Min. Sepúlveda Pertence. (pendente de julgamento).
ADI nº 2.240-7. Rel. Min. Eros Grau, 09 de maio de 2007.
AgR no AI 582.280-3/RJ. Relator: Min. Celso de Mello. 12 de setembro de 2006.
RE nº 442.683/RS. Relator: Min. Carlos Velloso. 13 de dezembro de 2005.
ADI nº 3.522/RS. Supremo Tribunal Federal, Tribunal Pleno. Relator: Min. Marco Aurélio. 24 de novembro de 2005.
AgR nº 478.398, Relator Min. Eros Grau, de 22 de junho de 2005.
HC 85.687/RS. Relator: Min. Carlos Velloso. 17 de maio de 2005.
ADI nº 1.442/DF. Relator: Min. Celso de Mello, 29 de abril de 2005.
Agravo regimental no RE nº 392.139/RJ. Supremo Tribunal Federal, 1ª Turma. Relator: Min. Eros Grau. 26 de abril de 2005.
AI nº 521.546 AgR/ED, Relator Min. Sepúlveda Pertence, de 26 de abril de 2005.
AI-AgR nº427.813/RJ. 12 de abril de 2005.
ADI nº 70005449053. Tribunal de Justiça/RS Pleno. Relator: Des. Araken de Assis, de 5 de março de 2005.
RE nº 430.421AgR, Relator Min. Cezar Peluso, DJ, de 4 de fevereiro de 2005.
Pet-MC-segunda nº 2859/SP. Relator: Min. Gilmar Mendes. 3 de fevereiro de 2005, voto do Min. Carlos Velloso.
ADI nº 3.022-1/RS, Rel. Min. Joaquim Barbosa, 02 de agosto de 2004.
Mandado de Segurança 22.357/DF. Relator: Min. Gilmar Mendes. 27 de maio de 2004.
Pet. nº 2.900-3-RS. Relator: Min. Gilmar Mendes. 27 de maio de 2003.
RE nº 197.917-8/SP. Relator: Min. Maurício Corrêa. 6 de junho de 2002.
RE nº 179.272-RS, Relator: Min. Néri da Silveira, de 2 de outubro de 2001.
RE nº 175.535. Relator: Min. Sepúlveda Pertence. DJ, 13 de agosto de 1999.
RE nº 179.273. Relator: Min. Ilmar Galvão. DJ, 11 de setembro de 1998.
RE nº 215.756/SP. Relator: Min. Moreira Alves, de 8 de maio de 1998.
Mandado de Segurança nº 5106/DF. Superior Tribunal de Justiça. Relator: Min. Milton Luiz Pereira. DJ. 19 de dezembro de 1997.
RE nº 153.771. Relator: Min. Moreira Alves. DJ, 5 de setembro de 1997.
Mandado de Segurança nº 4.288. Superior Tribunal de Justiça. 3ª Seção. Relator: Min. William Patterson. DJ de 24 de junho de 1996.
RE 196.590/AL. Relator: Min. Moreira Alves. 16 de abril de 1996.
RE nº 158543-9/RS. 2ª Turma. Relator: Min. Marco Aurélio. DJ. 06 de outubro de 1995.
LEX-JSTF 238:390. Cf. HC 70.514. Relator: Min. Sydney Sanches. 23 de março de 1994.
RE nº 122.202. Relator: Min. Francisco Rezek. 10 de agosto de 1993.

ADIQO 652/MA. Relator: Min. Celso de Mello. 02 de abril de 1992.
Recurso Especial nº 6.518/RJ, 1ª Turma. Relator: Min. Gomes de Barros (DJ 19.09.1991).
ADI nº 513/DF. Relator: Min. Célio Borja, 14 de junho de 1991.
RE nº 105.789-1, Relator Min. Carlos Madeira, de 15 de abril de 1986.
RE nº 78.533/SP. Relator: Min. Firmino Paz. 13 de novembro de 1981.
RE nº 93.752. 1ª Turma. Relator: Min. Rafael Mayer. DJ. 22 de abril de 1981.
RE nº 93.356/MT. 24 de março de 1981.
RE nº 92.757. 1ª Turma. Relator: Min. Moreira Alves. DJ. 3 de outubro de 1980.
RE nº 85.179/RJ. 1ª Turma. Relator: Min. Bilac Pinto. DJ de 2 de dezembro de 1977.
Representação nº 971, Relator Min. Djaci Falcão em 3 de novembro de 1977.
RE nº 79.343/BA. 31 de maio de 1977.
RE nº 78.549/SP. Relator: Min. Bilac Pinto. 7 de junho de 1974.
RE nº 78.209/SP. Relator: Min. Aliomar Baleeiro, 4 de junho de 1974.
RE nº 79.682/SP. Relator: Min. Aliomar Baleeiro, 4 de junho de 1974.
Apelação Cível n. 162.341. Relator: Sr. Juiz Assis Moura. 3 de agosto de 1971.
MS nº 17.976. Relator: Min. Amaral Santos, 13 de setembro de 1968.
RMS nº 10.140. Pleno Supremo Tribunal Federal. DJ. 20 de março de 1963.
Acórdão nº 144/84. Tribunal Constitucional de Portugal.
Ação Ordinária da Justiça Federal nº 960002030-2, 4ª Região. Juiz: Roger Raupp Rios.
HC 82.959/SP. Relator: Min. Marco Aurélio.
HC 85.692/RJ. Relator: Min. Celso de Mello.
RMS nº407/MA. 1ª Turma. Relator: Min. Gomes de Barros.
RE nº 147.776-8. Relator: Min. Sepúlveda Pertence.
ADPF nº 45. Relator: Min. Celso de Mello.
ADI nº 1102/DF. Relator: Min. Maurício Corrêa.
RE nº 213.514. Relator: Min. Moreira Alves.

Impressão:
Evangraf
Rua Waldomiro Schapke, 77 - P. Alegre, RS
Fone: (51) 3336.2466 - Fax: (51) 3336.0422
E-mail: evangraf.adm@terra.com.br